千古人物

孙光耀 ◎ 编著

左宗棠 传

中国书籍出版社
China Book Press

图书在版编目（CIP）数据

左宗棠传 / 孙光耀编著 . — 北京：中国书籍出版社，2015.9
ISBN 978-7-5068-4402-4

Ⅰ . ①左… Ⅱ . ①孙… Ⅲ . ①左宗棠（1812 ~ 1885）
—传记 Ⅳ . ① K827=52

中国版本图书馆 CIP 数据核字（2014）第 208595 号

左宗棠传

孙光耀　编著

策划编辑	武　斌　崔付建
责任编辑	成晓春
责任印制	孙马飞　马　芝
出版发行	中国书籍出版社
地　　址	北京市丰台区三路居路 97 号（邮编：100073）
电　　话	（010）52257143（总编室）（010）52257140（发行部）
电子邮箱	chinabp@vip.sina.com
经　　销	全国新华书店
印　　刷	三河市华东印刷有限公司
开　　本	710 毫米 × 1000 毫米　1/16
字　　数	240 千字
印　　张	15
版　　次	2015 年 9 月第 1 版　2018 年 4 月第 2 次印刷
书　　号	ISBN 978-7-5068-4402-4
定　　价	30.00 元

版权所有　翻印必究

卷首辞

左宗棠是时代造就的英雄。那是一个动荡不安的时代，也是一个英雄辈出的时代。

曾国藩评价他："论兵战，吾不如左宗棠；为国尽忠，亦以季高为冠。国幸有左宗棠也。"

潘祖荫感叹他："天下不可一日无湖南，湖南不可一日无左宗棠。"

梁启超称赞他："五百年以来的第一伟人。"

左宗棠究竟是凭什么，让这三位中国近代史上响当当的人物给了他如此高的评价？

但另一方面，也有人认为左宗棠是维护封建清王朝、镇压太平天国运动和农民起义的刽子手。

对左宗棠的两极评论，即使在人物评价总是充满争议的中国近代史上，亦属少见。

其实，早在二十七岁那年，左宗棠就已自作挽联，预感一生。

上联：

慨此日骑鲸西去，七尺躯委残芳草，满腔血洒向空林。问谁来歌蒿歌薤，鼓琵琶冢畔，挂宝剑枝头，凭吊松楸魂魄，奋激千秋。纵教黄土埋予，应呼雄鬼。

他感叹将来死去之日，埋身萋草丛中，满腔热血只能洒向空寂的山林，

敢问有谁会来到坟畔为他悲歌鼓琴、挂剑枝头,凭吊祭奠,因他的事迹而激励奋发呢?想到这里,他虽然感到孤寂凄楚,却又自我勉励:纵然黄土掩埋了我,也应呼我为"雄鬼"。

下联:

倘他年化鹤东归,一瓣香祝成本性,十分月现出金身。愿从此为樵为渔,访鹿友山中,订鸥盟水上,消磨锦绣心肠,逍遥半世。惟恐苍天负我,再作劳人。

他想像来世,向往隐逸生活,能够尽抒本性,愿从此做樵子渔夫,在山中与麋鹿为友,在水边与鸥鸟作伴,以锦绣文章来消磨时光,逍遥自在地生活。但他又很清醒地预感到,恐怕苍天不能尽如他意,又要让他做那劳碌之人。

二十七岁就自作挽联,可谓古今奇闻;二十七岁便预知一生,堪称天下奇人。仅凭这一点,就足以引发我们对他的无限探索兴趣。那么,就让我们一起推开尘封许久、锈迹斑斑的历史大门,走进一百多年前左宗棠所亲历的岁月吧。

目 录

第一章　身无半亩　师友非常

少年好学	……………………	002
失意科场	……………………	004
平生师友	……………………	007

第二章　投身幕府　心忧天下

天国兴起	……………………	012
两入幕府	……………………	014
保境安民	……………………	023
险遭不测	……………………	028
时来运转	……………………	031

第三章　统帅楚军　跃马东南

大战皖赣	……………………	036
平定浙南	……………………	040
攻克杭州	……………………	050
安定浙江	……………………	056
进军闽粤	……………………	064

第四章　兴办洋务　师夷长技

- 商办船政 …………… 074
- 日夜筹备 …………… 077
- 制订章程 …………… 079
- 心系船政 …………… 083

第五章　远征陕甘　平定捻回

- 出兵西北 …………… 088
- 转战平捻 …………… 093
- 平定陕西 …………… 096
- 肃清陇东 …………… 102
- 终平回民 …………… 113

第六章　收复新疆　巩固塞防

- 山雨欲来 …………… 124
- 海塞防争 …………… 128
- 整军备战 …………… 133
- 肃清北疆 …………… 138
- 底定南疆 …………… 143
- 誓收伊犁 …………… 150
- 建设新疆 …………… 156

目 录

第七章 烈士暮年 抱恨终天

入京辅政 …………………… 162

加强海防 …………………… 167

再入军机 …………………… 172

布置海防 …………………… 176

抱恨终天 …………………… 179

左宗棠家书、诗文精选及赏析……… 185

左宗棠大事年表………………… 225

左宗棠家谱………………… 228

参考书目………………… 229

第一章
身无半亩　师友非常

少年好学

清嘉庆十七年十月初七日，即1812年11月10日，左宗棠在湖南省湘阴县南文家局左家塅降生。巧合的是，日后同样声名远扬的湘军将领江忠源和胡林翼也于此年出生。那时，尚处襁褓之中的他们当然还不知道，自己一生的命运，都将和这个日薄西山的清王朝紧紧相连。

左家的祖籍本是江西，在南宋时迁到湖南后世居湘阴。湘阴县离湖南省城长沙很近，濒临洞庭湖，并有湘水这条长沙城下最大的河流绕贯县内，景色优美，交通便利。左宗棠的曾祖父左逢圣为县学生员，以孝义著闻，熟读经史并且居贫好施。左宗棠的祖父左人锦是国子监生。而左宗棠的父亲左观澜乃是县学廪生，曾就读于长沙岳麓书院，贫居教书二十余年。在兄弟中，左宗棠排行第三，字季高，一字朴存。长兄左宗棫，字伯敏，早夭。次兄左宗植，字仲基，一字景乔，乡试解元，历任桂东教谕和内阁中书等职。左家乃书香门第，左宗棠生长于这样的家庭中，长期接受耕读家风的沐浴，自然会深深地受到传统思想文化以及伦理道德的熏陶。

左宗棠一家有祖辈遗田数十亩，岁收谷四十余石，但仅靠此来维持一个三代十口之家的生活也算不上宽

左宗棠故居

第一章
身无半亩　师友非常

裕。家境的清贫，使他的父亲左观澜不得不为一家人的生计而四处奔波，为人教读，以微薄所得维持全家的吃穿费用。对于这贫寒朴素的生活，左宗棠后来在家书中常常述及，多有感慨。他回忆说，碰上灾年，家里买不起粮食，就只能以"屑糠为饼食之"，即把糠磨成粉当面吃。每每提起此事，左宗棠都唏嘘不已。

小时候的左宗棠，因为缺乏营养，身体孱弱，病病歪歪。母亲奶水不足，也请不起奶妈，只能熬米汤来喂他。吃不饱肚子的他总是啼哭不止，时间一长，肚皮和肚脐都凸出来了。以后长大了，他仍然是腹大脐浅。由于成长于如此清贫之家，左宗棠逐渐养成了吃苦耐劳和勤俭质朴的生活习惯。

不过，左宗棠自幼聪明过人，记忆力犹佳，凡读过的书立即就能背诵，尤其是对对子，更是悟性过人。他作为家里年龄最小的男童，备受其祖父左人锦的宠爱。左宗棠三岁时，常常读书于梧塘（梧塘为左家先祖课诸子孙处）。一次，他随祖父到宅后山上采栗子，他把采到的栗子拿回家后便平均分给兄长，而自己不取一颗。左人锦看到后，深有感触，对他寄予厚望，日后常常在家人面前夸他说："此子幼时分物能均，又知让而忘其私，异日必能昌大吾门。"

到了左宗棠四岁这年，左观澜将全家迁到长沙，在省城贡院东左氏祠开馆授徒。左宗棠在父亲的指导下，开始熟读孔孟，习作八股文章。左观澜只考取过秀才，经常因为自己的不得志而郁郁寡欢，所以他把希望寄托在三个儿子身上。他对左宗棠的教育抓得很严，每次习作命完题，总是先要求他认真读一遍朱熹的《四书章句集注》，再下笔行文。左宗棠除了读经之外，还熟读历史，常常追慕古人，这使他深受传统儒家思想的熏陶。古代那些有成就、有气节的人物及其事迹给尚是孩童的他带来极大的影响。耳濡目染，他也养成了一种豪迈的性格，爱说豪言壮语，觉得天下没什么事自己办不到。

这样，左宗棠在童年时代即得到其先辈的循循善诱和严格训导，培养了浓厚的读书兴趣。正如他后来在长沙城南书院的老师贺熙龄所说："左子季高从余游，询其学之所自，则一禀于尊甫先生之教。其教于家者，必本于身，肃

然翼然，尊卑上下，罔敢稍越。余于是而知季高学业之成就，其父教然也。"不过，左宗棠在他的同伴中并不受欢迎，因为他颇有些恃才傲物，无所顾忌。也许，伟大的人总是孤独的吧。

失意科场

十四岁这年，左宗棠初次参加童子试，名列榜首。次年，左宗棠参加了长沙府试。长沙知府张锡谦看到他的文章后啧啧称奇，打算将他列为第一名。但张锡谦随即发现一名考生文章亦佳且年纪颇老，便把左宗棠列为第二名，并亲自加以勉励。左宗棠在顺利地通过了童子试和府试之后，便踌躇满志地准备参加院试。不料，这年他的母亲余氏去世，按照规定，左宗棠要在家丁忧。可是守孝期还没结束，左宗棠的父亲左观澜又病故了，因此他只有耐心等待下一次考试的机会。

此时，经世致用的思潮已经在全国范围内逐步兴起。左宗棠一向思想敏锐而犀利，深受经世思潮影响。他从长沙书肆中购得顾炎武的《天下郡国利病书》、顾祖禹的《读史方舆纪要》、齐召南的《水道提纲》以及贺长龄与魏源等人编纂的《皇朝经世文编》等书籍，青灯黄卷，朝夕钻研，每有所心得，便做笔记和批注。这可以说是左宗棠实际致力于经世致用之学的开始。

左宗棠出于对倡导经世致用之学的名臣的敬慕，去拜访了因丁母忧回家的贺长龄。贺长龄与左宗棠交谈，感叹其后生可畏，于是将家中所藏的全部官私图书都借给眼前这个爱读书又苦于没钱买书的青年人，供其随意阅览。左宗棠每阅读一本书，都向贺长龄报告心得，互相交流。左宗棠在贺长龄的热情关怀下，学问见识都大有长进。

后来，左宗棠进入长沙城南书院读书。主持城南书院的便是贺长龄之弟

第一章

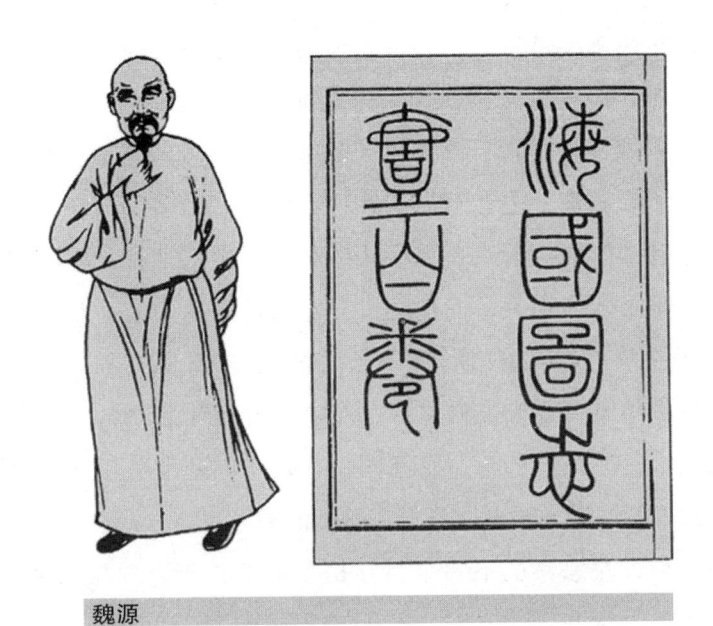

身无半亩　师友非常

魏源

贺熙龄。贺熙龄的教学，不再专门注重八股文，而是有意引导学生钻研实用之学。左宗棠追随贺熙龄求学十年，深受其影响。贺熙龄也非常器重这个品学兼优的学生，常常为他讲授汉宋大儒的著作，同时与他探讨经世之学。左宗棠在城南书院与湘乡人罗泽南、丁叙忠和益阳人胡林翼相结交，从这时起，他们就开始建立了深厚的友谊。

丁忧期满后，左宗棠又可以参加科举考试了，也恰恰在这时他遇上了恩科乡试。乡试是获取举人资格的考试，通常每三年才举行一次，而这一年适逢道光皇帝五十周岁，所以另外增加了一次，因此称为"恩科"。这样的机会，对于已经在家中守制耽误了整整五年的左宗棠来说，当然是不能再轻易错过的。可是，参加乡试的人，必须首先拥有秀才身份才行，而左宗棠上次因为母亲去世没有完成院试，当然也就不是秀才，如果依照正常途径，这次难得的机会便肯定要错过了。于是，左宗棠的兄长就给他买了一个秀才的资格，使他能够顺利进入考场。这就是左宗棠花钱买秀才身份的详情，其原因显然不是因为左宗棠水平不够，而是因为时间不等人。

本次湖南省乡试的正考官为礼科掌印给事中徐法绩，副考官为翰林院编

修胡鑑。按照惯例，考生的试卷须先经同考官阅看，择优评议，向主考官推荐，方能取中。但左宗棠的试卷，未能通过同考官这一关，就被斥为遗卷，主考官也不再取阅。然而，幸运的是这一次道光皇帝特命主考官搜阅遗卷。其间副考官胡鑑病逝，主考官徐法绩独自披览五千多份试卷，从遗卷中搜取了六人，左宗棠位居六人之首。徐法绩叮嘱同考官补荐，正因如此，左宗棠得以考中了第十八名举人，而他的二兄左宗植则高中第一名，即解元。兄弟双双金榜题名，一时传为佳话。

早在乡试结束，还未发榜之际，左宗棠就已和湘潭名门闺秀周诒端结为夫妇。周诒端，字筠心，与左宗棠同岁，同样也是出身于书香门第之家。不过，左宗棠因无钱操办婚事，只得入赘湘潭周家。

中举之后，左宗棠的下一个目标是参加第二年春季在京师举行的会试，却因贫穷而无力置办行装。左夫人从陪嫁中拿出一百两银子，为他治行。恰逢左宗棠的朱姓姐夫一家穷得揭不开锅，左宗棠便将一百两银子的盘缠全部送给姐夫。亲友们闻讯之后，便又凑了一百两银子送给他进京赶考。年底，左宗棠终于得以启行北上。考试于次年早春在北京举行，然而这次左宗棠落第了。

两年之后，左宗棠再次到北京应试。这一次，身任同考官的温葆琛看中了左宗棠的试卷，便向总裁推荐。总裁非常欣赏左宗棠的文章，对他试卷的评语是："立言有体，不蔓不枝。次畅。三顺。诗妥。二场尤为出色。"左宗棠被初步选取为第十五名。然而没料到将要揭榜时，因为湖南的录取名额超出一名，就将他的试卷撤下了，而改中湖北一人，左宗棠只被取为"誊录"。左宗棠心高气傲，不甘屈就，决定再拼搏一次。

1838年，左宗棠第三次赴京参加会试，然而他又一次名落孙山。回家途中，他便下决心从此绝意科举。此后，左宗棠转而留意农业，勤勉钻研农业书籍。他更加摒弃词章之业，努力钻研经世之学。迥异于当时那些专习词章举业的士人学子，他积极从事舆图地学的研究，按部抄录。他先后抄录了《畿辅通志》《西域图志》和各省通志，对于山川关隘和驿道远近，分门别类

第一章
身无半亩　师友非常

地做了记录，共有几十大册。除了明晰山川道里和疆域沿革，还条列历代军事。左宗棠密切注视西方列强侵华形势的发展，考察列强侵略中国的历史渊源。由此，左宗棠用以经世的地理学与军事学知识日益增长。左宗棠虽然科场坎坷，无法按正常的途径步入官场，但是经世致用之学的积累，却使他受到许多达官闻人的赏识。这对左宗棠以后的仕途，产生了重大的影响。

左宗棠此时也认识到自己生性有些粗驳，便要求自己寡言以养静气。他曾写下一副联语，张挂在书房的墙壁上，以表达自己的远大志向：

　　身无半亩，心忧天下；
　　读破万卷，神交古人。

这气吞万里如虎的宣言，是自勉，也是左宗棠一生的写照。

平生师友

尽管左宗棠在周家颇有些感到入赘的难堪，但左夫人能文善诗，对夫君关怀备至，倾心相助，也使他感受到了家庭的温馨。然而，左宗棠住在妻子娘家，长期下来深因不能自食其力而感到羞愧。于是他向岳母借得西头屋居住，单独开火做饭。这里与他的妻妹夫张声玠的住宅只隔一个院落。左张二人既是连襟，又同试礼部，还同是落第而归，因而关系融洽。后来，两人都在外谋生，每到腊月回家，便把酒对饮，切磋学问，品评文章，议论时务。

有一段时间，左宗棠因为生计曾赴醴陵，在渌江书院教书。两江总督陶澍当时在江西阅兵，告假回家乡省亲。途经醴陵，醴陵知县得知陶澍要来，连忙安排馆舍，请左宗棠撰写楹联。左宗棠出于对陶澍政绩卓著的敬慕之情，

挥笔写道：

> 春殿语从容，廿载家山印心石在；
> 大江流日夜，八州子弟翘首公归。

陶澍看到这副楹联后，连连称奇，询问作者是谁。得知是左宗棠后，便叫知县引见。左宗棠得以与大名鼎鼎的陶澍会面，两人彻夜交谈，临别前更结下了忘年之交。左宗棠在第三次赴京科考失败后，就曾在回家途中特意绕道江宁，拜见陶澍。陶澍留他住在官署内，把幕友和亲故找来，与左宗棠谈论时务。陶澍还为儿子陶桄向左宗棠长女左孝瑜求婚，两人结为亲家。陶澍对左宗棠这个会试落第而又满腹真才实学的举人确实是非常器重。

陶澍在江宁两江总督任所上去世后，归葬家乡，遗下了七岁孤儿陶桄。于是，左宗棠便来到位于安化小淹的陶澍家，当上了私塾教师，为陶桄授经教学。在这个位于偏僻山乡的陶氏家馆，他前后度过了八年时间。

1840年6月，第一次鸦片战争全面爆发，英国侵略军的炮声震撼了神州大地。左宗棠一方面考览过去的海防记载，另一方面与他居留在北京和长沙的师友们保持着广泛的联系。他闻警忧愤，密切关注时局的发展，还多次上书老师贺熙龄，议论战守机宜。1842年8月，英国人袭掠吴淞，侵入长江，攻击江宁。在被动挨打的形势下，清廷同英国达成和议，签订了丧权辱国的《南京条约》。左宗棠见清廷步入了丧权辱国的歧途，发出了"远殊深怅"的感慨。他产生了买山隐居的想法，打算努力耕读，提高自己的学识水平，待时而动。正巧陶澍的女婿胡林翼丁父忧回乡，来到小淹，于是便与左宗棠计划陶氏家事。两人雨夜连床，谈古论今，感慨时事。

次年，左宗棠用积年教书节余的银子，购得湘阴东乡柳家冲七十亩田。随后，左宗棠携带妻小，从湘潭周宅移居湘阴东乡的柳家冲，在门上题写了"柳庄"二字。他每自安化归来，便巡行陇亩督工耕作，以平日所讲求者来试行。他自号"湘上农人"，打算从此做一个"太平有道之民"。

第一章
身无半亩　师友非常

鸦片战争

秋后，左宗棠结束了在安化陶氏家馆的塾师生活，返回湘阴柳庄，致力于兵学研究。显然，投笔从戎成为一代名将，是左宗棠在科场失意后所选择的道路，也是他精心钻研军事学之后所怀抱的志向。

这时，湘阴在连年大旱以后，又大水成灾。左宗棠家乡闹饥荒，柳庄庄稼被淹，家人皆病。极为强烈的责任感让左宗棠既为一家的灾病担忧，又四处奔波，办理赈灾事务，劝富有人家捐赈。据他统计，长沙、善化、湘阴、湘潭和宁乡各地，捐献的银钱，不下五十多万两。左宗棠自己掏钱买了一些谷粮，分别接济左家塅的族人，以及柳庄的邻居。柳庄靠近湖滨，饥民都取道门径口，前往高乡求食，络绎不绝地经过柳庄。左宗棠和夫人拿出所有的储藏，送给灾民，并为生病的逃难者做药丸治病，保全了许多人的性命。赈灾事办完后，左宗棠过了一段短暂的宁静生活。

到了1849年，37岁的左宗棠来到长沙，在朱文公祠开馆授徒，女婿陶桄跟随来到长沙，仍然随他学习。这一年，在长沙湘江舟中，左宗棠第一次见到了林则徐，不过这也是他们的唯一一次会面。左宗棠对林则徐的高尚品质一向倾慕，林则徐则从胡林翼那里得悉左宗棠热心追求经世致用的学问。共同的事业追求，促成了这次"湘江夜晤"。

一见之下，林则徐惊叹他为绝世奇才。这次会面对左宗棠一生意义非

凡，两人饮宴交谈，广泛探讨各种问题，特别注重东南海防和西北塞防，这为日后左宗棠创办福州船政局的创举和收复新疆的业绩铸下了思想基础。交谈直到天明，二人才依依惜别。

临别之际，林则徐以手书一联相赠：

苟利国家生死以，
岂因祸福避趋之。

左宗棠本有经天纬地之才，吞吐天地之志，他当然知道这两句话的分量。后来左宗棠也常说："每遇艰危困难之日，时或一萌退志，实在愧对林公，愧对知己。"可见左宗棠对林则徐的敬重之情。

此时正值大清王朝的多事之秋，不久，广西金田爆发了洪秀全领导的太平天国农民运动。林则徐奉清廷之命，前往广西指挥作战，不料在途中因病去世。得知林则徐去世的消息后，左宗棠手书挽联一副：

附公者不皆君子，间公者必是小人，忧国如家，二百余年遗直在；
庙堂倚之为长城，草野望之若时雨，出师未捷，八千里路大星颓。

此后，左宗棠与同县人郭嵩焘周游湘阴东山，约定在山里比邻而居，以避太平天国运动的战乱。现在的左宗棠不过只是一个小有名望的士绅，然而，也许蛰伏半生的他等待的就是这样天下鼎沸的用武之时。

第二章
投身幕府　心忧天下

天国兴起

洪秀全，小名火秀，族名仁坤，1814年出身于广东花县的一个农民家庭。他自幼聪颖，然而多次参加科举考试却屡试不第。1843年洪秀全在广州应试再次落第后，想起了几年前他在广州街头得到的一部基督教布教书《劝世良言》。在研读此书的同时，他联想到了他之前落第后大病数十日梦中的情景，于是他便自施洗礼，开始自行传教了，当时称之为"拜上帝教"。

经过洪秀全及其表弟冯云山数年的不懈努力，拜上帝会势力迅速壮大起来，逐渐形成了由洪秀全、杨秀清、萧朝贵、冯云山、韦昌辉、石达开六人组成的领导核心。

洪秀全

1850年2月，道光帝卒，民间"清尽明复"的谣言愈炽，加入拜上帝会的人也越来越多。入会者往往一人入会，举家同来。洪秀全等将入会者的财物田产变卖归公，不许私蓄，并进行了军事组织：五人为伍，五伍为两，四两为卒，五卒为旅，五旅为师，五师为军，各置伍长、两司马、卒长、旅帅、师帅、军帅。军帅之上又有监军、总制、将军、指挥、检点、丞相、主将、军师等。

第二章
投身幕府　心忧天下

1851年1月11日，洪秀全在广西桂平县金田村率众起义，建号"太平天国"，自称"天王"。太平军一路势如破竹，当年9月占领了第一座州城永安，在永安停留半年有余，规划设施渐趋完善。洪秀全自称天王，封杨秀清为东王，萧朝贵为西王，冯云山为南王，韦昌辉为北王，石达开为翼王。天王称万岁，其余各王依次称九千岁、八千岁、七千岁、六千岁、五千岁。天王是万国真主，而其余各王还须受东王节制。此后，太平军在洪秀全的带领下，经蓑衣渡之战，冲出广西，进入湖南。

金田起义

进入湖南后，东王杨秀清与西王萧朝贵联名发布《奉天讨胡檄布四方谕》《奉天诛妖救世安民谕》和《救一切天生天养中国人民谕》三篇檄文，大谈剃发易服之恨，赞美史可法、瞿式耜誓死不事清的民族气节，宣扬洪秀全乃是奉上帝之命领导世人推翻清朝统治，号召世人响应太平军的起义推翻清朝。诸檄一出，天下震动。

在湘南，太平军连克道州、郴州等重镇，清廷为之震惊。湖广总督程矞采得知消息后极为恐惧，他自衡州疾还长沙，想躲到省城避祸，并函请尚在广西的钦差大臣赛尚阿督师湖南，但赛尚阿却把湖南军务推卸给程矞采。鉴于这种互相推诿的状况，咸丰皇帝一面严旨赛尚阿、程矞采同办湖南军务，一面改任广西、湖南、湖北三省巡抚，想以此来加强防御。于是，此时担任云南巡抚的张亮基被清廷任命为湖南巡抚。张亮基抚湘，便成为左宗棠出山入幕的重要机遇。

太平天国农民起义军的先锋在接连攻克道州、郴州并沿途袭扰安仁、攸县、醴陵后，围困长沙。太平军由湘南而进军湘中，湖南形势日蹙。左宗棠

连忙由柳庄举家避居湘阴与长沙交界处的东山白水洞。1852年10月,太平天国天王洪秀全、东王杨秀清率主力抵达长沙,大举攻城。

两入幕府

恰在此时,正在贵州担任黎平知府的胡林翼向新任湖南巡抚张亮基推荐了左宗棠。张亮基接受了胡林翼的推荐,在他赴湖南上任的路上,接连三次派专人携带书信到山中请左宗棠出山入幕,极表思贤若渴之情。同时,胡林翼又致函左宗棠劝其出山:"张中丞不世奇人,虚心延访,处宾师之位,运帷幄之谋,又何嫌焉。设楚地尽沦于贼,柳家庄、梓木洞其独免乎?"经张亮基遣人备礼走请,胡林翼的积极敦促以及江忠源、郭嵩焘等人的热心劝说,加上左宗棠曾在湘江与林则徐会面时听林则徐亲口称赞张亮基是一个宽厚敏行的官员,更是出于保卫桑梓和捍卫儒家文化的需要,左宗棠终于应张亮基之邀第一次出幕。

10月7日,左宗棠怀着补天之志攀绳索登城,进入长沙,赞襄湖南巡抚幕府。张亮基让他全权负责军事指挥。于是左宗棠便日夜调配武器和兵力,与江忠源和黄冕等人策划抗击太平军。

也就在这一次幕府生涯中,左宗棠与曾国藩首次见面。左宗棠、曾国藩均为晚清一代名臣,都为清王朝的"同治中兴"立下过汗马功劳,他们在中国近代史上有着不可替代的作用和地位。当时曾国藩回

张亮基

第二章

投身幕府 心忧天下

湖南本是为母亲办丧事。没想到正逢太平军横扫湖南，咸丰皇帝便命他出任帮办湖南团练大臣。曾国藩赶到长沙，到了馆舍，换过衣服，匆匆洗了把脸，就坐下来，与前来迎接的湖南巡抚张亮基及其幕宾左宗棠展开长谈。

论身份，在座的三个人中，以左宗棠最为卑微。然而谈起话来，左宗棠却成了主角。他不等张亮基开口，就主动详细介绍起长沙的防务安排。一声不吭的张亮基似乎倒成了他的跟班。而曾国藩也只有俯耳倾听的份，一时竟插不上话。

然而资历远高于左宗棠的曾国藩却并不觉得不舒服。相反，他越听，越觉得左宗棠确实名不虚传。在此次会面前，左宗棠之名对曾国藩来说已经如雷贯耳。有太多朋友向他介绍过这位"湖南诸葛亮"是如何卓绝特出。交谈之中，左宗棠之头脑清晰，气概慷慨，议论明达，言中款要，确实令曾国藩颇为叹服。

曾国藩

曾国藩虽然此时已是高居二品的官员，但一名京官要想在地方上开辟一番事业，其实并不太容易。因为他毕竟是在籍官员，而不是实任官员。官场上最现实、最势利的是"县官不如现管"，如果湖南的地方官员不大力配合他，无职无权的他其实寸步难行。因此，对这个小小举人，曾国藩极为尊重，言必称兄。不论大小事情，无不虚心请教。他相信，有这位明敏强毅的人才帮忙，他在湖南办理团练，一定会相当顺利。

曾、左二人的首次合作是十分顺利的。曾国藩总览天下大势，断定此时大清王朝的正规军不管是八旗还是绿营都已经彻底腐败，要想平定太平天国，

就必须赤地立新，编练一支全新的武装。所以到长沙不久，他就上了一道后来被认为是湘军成立之标志的奏折："今欲改弦更张，总宜以练兵为要务。臣拟现在训练章程，宜参仿前明戚继光、近人傅鼐成法。"

所谓英雄所见略同。就在曾国藩上这道著名的折子前三天，湖南巡抚张亮基也上过一道内容相似的折子，提出"委明干官绅，选募……乡勇一二千名，即由绅士管带，仿前明戚继光束伍之法行之。所费不及客兵之半，遇有缓急，较客兵尤为可恃"。由于张亮基对左宗棠的重用和几乎言听计从的信任，可以说，张亮基的折子，其实就是左宗棠的折子。这道折子证明，创立湘军的想法，其发明权不能由曾国藩独有，起码应该说是曾、左二人共享的。

除此之外，此二人还在另一个问题上不谋而合，那就是要加强湖南防卫，应该从扫清湖南境内的土匪入手。这样的话，如果太平军再次进入湖南，就不会再得到本省土匪的呼应。

两人同心，其利断金。更何况是曾、左二人呢！曾、左二人计议已定，具体事务交由曾国藩来操作，而左宗棠则在调人用兵和办公经费方面多方协助。曾国藩初涉军事领域，两眼漆黑，幸亏左宗棠向他推荐了塔齐布作为帮手。塔齐步为人忠勇，做事负责，后来成为湘军一员名将，对曾国藩帮助极大。对于左宗棠所做的这些，曾国藩十分感激。在这段时间里，曾、左二人往来信函极多，曾国藩探讨军务的信件干脆不再寄给巡抚张亮基，而是直接写给左宗棠，对左宗棠的称呼也从客气的"尊兄"变成了亲切的"仁弟"，这显示出两人关系的日益亲密。

太平军在长沙城下屡屡受挫后，便计划放弃长沙城，绕城而走继续北上。于是，太平军夜渡湘

湘军

第二章
投身幕府 心忧天下

江,随后又攻占了岳州。太平军北上之后,长沙之围自然解除,左宗棠决定继续协助张亮基专心整顿本省治安。张亮基曾说,他只有三个人可以完全依靠,其中就包括左宗棠。左宗棠因功,得旨以知县用,并加同知衔。在清廷将张亮基升调代理湖广总督后,左宗棠选择随张亮基离开长沙,赴武昌湖广总督衙门,仍做张亮基的幕僚,助张亮基筹划湖广地区的军事并整顿当地的吏治。

骆秉章调任湖南巡抚后,因左宗棠此前谋划有功,请旨将他以同知直隶州选用。左宗棠大力推辞,因而未获官职。左宗棠拒绝就任的原因有很多,也许他认为以自己的能力去就任那个职务颇有些大材小用了。毕竟,左宗棠总爱自比"今亮",认为自己就是具有经天纬地之才的当世诸葛亮。在张亮基奉调补山东巡抚后,左宗棠辞归湖南,归居湘阴县东山白水洞。左宗棠与张亮基私交甚笃,在同治十年张亮基病故后,左宗棠特为其作《云贵总督张公墓志铭》。

骆秉章听说左宗棠回到家乡,派人送信给他,请他出山,但是左宗棠坚持辞谢不出。

不过出乎左宗棠意料的是太平天国的西征大军进兵异常神速,锐不可当。10月15日,就在左宗棠离开湖北仅九天,石祥祯部太平军就一举攻克了曾经由左宗棠设下重防的田家镇,打开了进军湖北的门户。10月20日,太平军先后攻占汉口、汉阳。次年2月12日,太平军又在黄州大败新任湖广总督吴文镕所率清军。四天后,太平军又一次占领汉口、汉阳。紧接着,石祥祯率领太平军由湖北挺入湖南。两湖督抚大员江忠源、吴文镕等先

骆秉章

后战死，湖广震动。

当时，左宗棠居住在白水洞，从湘阴县城逃出的群众，告之太平军扬言要进山搜捕左宗棠及其家人。得知消息后，左宗棠将其家人送往湘潭辰山。太平军随后便攻占湘潭，与左宗棠带左夫人一行离开只相差了两个小时。左宗棠事后得知，深感万幸。

太平军的攻势越发地猛烈了。从2月27日至3月11日期间的十三天中，太平军连续攻克岳州、湘阴、靖港、宁乡等地，湘军只能退保长沙。之后太平军进逼靖港。这时，长沙城的上下游几十里处，到处都有太平军。城中官民惴惴不安。骆秉章此时第三次派使者催促左宗棠出山。正是缘于死里逃生的侥幸，又加上骆秉章再三敦促再出，左宗棠感到时事更加棘手，一旦太平军攻入省城，后果不堪设想，于是不得已又一次进入湘幕。左宗棠此番再入湘幕，面对的是太平军大兵压境的危急局势。

在此之前，当太平军由湖北入湖南之时，曾国藩已在衡州编成湘军陆师十五营、水师十营，实现了张亮基、左宗棠等人于湖南创设由绅士统领的军队之初衷。2月25日，曾国藩督率湘军自衡州出动，迎击太平军，并发布了著名的《讨粤匪檄》。

在《讨粤匪檄》里，曾国藩强调太平天国"荼毒生灵数百余万，蹂躏州县五千余里"，让"中国数千年礼义人伦诗书典则，一旦扫地荡尽"，这是"开辟以来名教之奇变，我孔子、孟子之所痛哭于九原"，"鬼神所共愤怒"。接着又号召普天下"凡读书识字者，又乌可袖手安坐，不思一为之所也"！因为曾国藩站在了时代道德的制高点，所以成功地动员了广大的知识分子群体投身到了消灭太平军的斗争中，为日后的胜利打下了坚实的基础。

虽然太平军此前一度接连攻占了岳州、湘阴、靖港和宁乡等地，但还是由于后继不足，放弃了这些新占领的地方，撤回到了湖北。不过，太平军石祥祯部在与林绍璋部在湖北会合后，又重整旗鼓杀向湖南。他们一路南进，连克岳州、靖港等地。在太平军的攻势面前，湘军溃不成军，曾国藩也狼狈地撤回长沙。

第二章
投身幕府　心忧天下

由于骆秉章和左宗棠早有准备，因而长沙的防守极为严密，太平军诸将领商议之后决定留下一部扼守长沙北面的靖港，而林绍璋则率主力绕道宁乡直扑长沙西南的湘潭，两地相呼应，以成南北合围长沙之势。

4月24日，太平军按照计划成功攻占湘潭。曾国藩、骆秉章、左宗棠等人连忙聚在一起商讨对策。左宗棠审时度势提出了以湘军主力南攻湘潭而暂不北取靖港的建议。曾国藩听取了他的建议，派遣猛将塔齐布统领湘军陆师，褚汝航和彭玉麟率湘军水师赶往湘潭，水陆并进以夹击太平军。

曾国藩原本准备也动身前往湘潭，却在临行前改变了主意。他没有按预先的计划行事，而是亲率湘军主力进攻驻扎于靖港的太平军。曾国藩对这一战寄予极大希望，以为自己费尽心血打造出的这支家乡军队肯定会旗开得胜。不料靖港的太平军不仅兵力雄厚，而且早就有了准备，设下圈套专等曾国藩中计。

湘军水师临近靖港时，水急风紧，将湘军的战船全都吹到了太平军的兵营前面，想退都退不回来，太平军的大炮，猛烈轰击，结果，这些战船乱成一团，纷纷起火，很快，五营水师全军覆没。

曾国藩不肯放弃，又命令步兵进攻，可湘军步兵刚刚越过浮桥，就遭到太平军的迎头痛击。水师战败的阴影笼罩着步兵，他们早就心无斗志，掉头便跑。由于拥挤，连浮桥都被踩塌了，许多士兵被踩伤、踩死，或者掉进水中溺亡。曾国藩见此惨状，连忙竖起一面大旗，上面大书："过旗者斩！"自己还仗剑站在旁边，连砍数名溃卒。可是，湘军依旧兵败如山倒，眼前的现实令满怀希望而来的曾国藩实在无法接受，曾国藩在沮丧羞愤之下，跳入湘江投水自尽，所幸被随从章寿麟救起。回船以后，曾国藩仍然寻找机会自杀，其志仍在必死。

湖南大小地方官员闻此消息，无不幸灾乐祸，唯有左宗棠闻讯立即从长沙缒城而出，赶到湘江船上去看望曾国藩。尽管他对曾国藩的行为有一些意见，但他很清楚，像曾国藩这样有一片血诚、肯担重任的高官大吏天下无二，这支新练成的湘军已经是大清王朝为数不多的希望。此时长沙的形势危急异

常，要想改变这种情况，全靠曾国藩的湘军。为了打造这支保卫桑梓的武装，一年多来，已经由全省百姓付出了很多财力物力！如今，一旦曾国藩撒手西去，湘军的结果可想而知，湖南已经为湘军所作的巨大付出也就全部打了水漂，接下来，在太平军的南下攻势面前，已经没有防御力量的湖南，下场也就不难想象了。曾国藩的生命安危已经关乎天下大局。所以，在曾国藩最需要支持的时候，他毫不犹豫地挺身而出。

此时的曾国藩很是狼狈。他的衣服上沾染泥沙，痕迹犹在。左宗棠见状，责备曾国藩"事尚可为，速死非义"。曾国藩深为没有听从左宗棠的计策而懊恼不已，他尴尬羞愧，只能闭目不语。等左宗棠说够了，才睁开眼睛，让人拿来纸，写出所剩军火的数量，请左宗棠帮他查点一下。

幸亏此时湘潭大捷的消息传来，另一路湘军终于取得了大胜。塔齐布率部攻打湘潭，获得大捷。湘军水师到来后，又水陆夹击，将太平军船只焚烧殆尽，终于攻克湘潭，累计歼灭太平军一万多人。太平军被迫北撤。这场胜利是太平军兴以来清军所取得的最大一次胜利，其光芒足以掩过靖港大败。湘军于5月1日获胜的消息传来时，曾国藩转悲为喜，从床上跳了下来。曾国藩、骆秉章、左宗棠在兴奋之余，又想一举把太平军逐出湖南。入湘的太平军也因湘潭战败，主动退守岳州，由进攻转入防御。

尽管左宗棠当面对曾国藩进行了丝毫不留情面的指责，但实际上却做了大量维护曾国藩的工作。靖港惨败之后，湖南官场再次掀起一股反对曾国藩的声浪，湖南布政使徐有壬带头要求对曾国藩进行弹劾，还有人干脆主张上奏朝廷解散湘军。然而，左宗棠告诉湖南巡抚骆秉章，这些主张万万使不得，湘军的存亡，事关湖南的安危，而曾国藩在湘军中的地位，也是绝对无人能够替代的。因此，骆秉章十分清醒地顶住了这种势头，不为所动。

在左宗棠代骆秉章拟写的奏折中，最大限度地替曾国藩开脱靖港战败的责任，真可谓煞费苦心。这份奏折是这样叙述靖港之战的：

第二章

投身幕府　心忧天下

臣曾国藩以潭城逆贼屡被官军水陆痛剿，专盼靖港之贼救援，急应乘机攻剿，俾贼首尾不能相顾。明知水师可恃者均已调赴湘潭，陆路各营，除塔齐布、周凤山两营正在潭城剿贼，升用同知林源恩一营驻防平江，此外岳州、宁乡两次失利，阵亡湘勇约七八百名，又淘汰遣散湘勇已千余名，现存营者，仅及千名，难期得力。而事机所在，又不敢不急切图之。是日卯刻，亲率大小战船四十只，陆勇八百，驰赴靖港上二十里之白沙洲，相机进剿。午刻，西南风陡发，水流迅急，战船顺风驶至靖港，不能停留，更番迭击。逆贼在炮台开炮，适中哨船头桅，各水勇急落帆收泊靖港对岸之铜官渚。贼众用小划船二百余只，顺西风驶逼水营。水勇开炮轰击，炮高船低，不能命中。战船被焚十余只，随风飘散数只。水勇见势不支，纷纷弃船上岸，或自将战船焚毁，恐以资贼，或竟被逆贼掠取。臣曾国藩在白沙洲闻信，急饬陆勇分三路迅扑靖港贼营，冀分贼势。陆勇见水勇失利，心怀疑怯，虽小有斩获，旋即却退。臣曾国藩见水陆气馁，万难得手，传令撤队回营，此又初二日靖港剿贼失利之实在情形也。

这份奏折的题目是"靖港击贼互有胜负湘潭大捷克服县城折"，文中不仅称靖港之役为"互有胜负"，并且把此役和湘潭大捷合在一起上报。湘潭一战，歼敌一万余人，是太平军征战时期整个战局的重大转折点，后来的李秀成把这次湘潭之战，总结为太平军的十次重大失败之一。尽管曾国藩和湖南提督鲍起豹都在奏折上列衔，但毕竟是由骆秉章牵头写的，其可信度当然也就大不一样。

有了以上这些铺垫，曾国藩靖港之败的责任就显得微不足道了。因此，虽然曾国藩自请处分，但咸丰皇帝相信从骆秉章的角度讲述的内容应该是真实可靠的，于是仅仅作了这样的处理：

至屯踞靖港逆船，经曾国藩亲督舟师进剿，虽小有斩获，旋以风利水急，战船被焚，以致兵勇多有溃败。据曾国藩自请从重治罪，实属咎有应得。姑念湘潭全胜，水勇甚为出力，着加恩免其治罪，即行革职，仍赶紧督勇剿贼，戴罪自效。湖南提督鲍起豹，自贼窜湖南以来，并未带兵出击，迭次奏报军务，仅止列衔会奏。提督有统辖全省官兵之责，似此株守无能，实属大负委任，鲍起豹着即革职。所有湖南提督印务，即着塔齐布暂行署理。

显然，对于曾国藩的革职留用，只是做做样子而已，相反，将与曾国藩矛盾甚深的鲍起豹革职，则是实实在在地支持了曾国藩。由左宗棠起草的这份奏折对曾国藩在当时形势之下究竟起着怎样的作用，如果仔细阅读，是不难品味得出的。

7月7日，湘军兵分三路直趋岳州。7月25日，湘军收复岳州。一个月后，太平军被迫全军退出湖南。湘潭大捷确立了湘军的声望，也让曾国藩在湖南的境遇立刻大大好转，他应骆秉章之请，重新搬回长沙办公。

太平军撤出湖南回师湖北以后，左宗棠仍然打算辞别骆秉章的幕府归乡。骆秉章诚心挽留，于是左宗棠勉强同意留下。此后，左宗棠与曾国藩在长沙谋划湘军出省作战的诸多问题，他们几乎无一日不见，无一事不商。最后决定由曾国藩率湘军出兵湖北，而左宗棠则在湖南为湘军补给军火与饷源。

这年10月，湘军出兵湖北，又连获武昌、半壁山、田家镇三处大捷。短短三个月之间，曾国藩在收复武汉三镇后，接连攻下黄州、兴国、蕲州各城。旋又进入江西，于年底兵锋直指九江。另一湘军大员胡林翼由湖北按察使改任湖北布政使并于1855年4月升任署湖北巡抚。这样，在长江中游地区基本上形成了以左宗棠经营湖南后方基地，曾国藩、胡林翼分别统帅江西、湖北的湘系势力的发展格局。

从这时起，直到1860年初，左宗棠辅佐骆秉章，度过了近六年的幕宾生活。他统筹谋划省内防御，并积极筹集军需供给在外省作战的湘军。

第二章
投身幕府 心忧天下

保境安民

在大清王朝的官兵一遇太平军即望风披靡、一触即溃之时，湘军却一枝独秀，成了维系大清统治的中流砥柱。曾国藩因此颇有些踌躇满志，以为他可率湘军举手而平太平军。有些轻敌的他令胡林翼率部到前线会师，以合力进攻九江。

一直冷眼旁观湘军在省外动向的左宗棠此时认为，连胜之后的湘军全军上下都已经显出骄态，这实在是兵家之大忌。所以他既为湘军连克数地而激动，又担心曾国藩轻敌冒进，几次写信劝诫曾国藩提高警惕，以防大的失误。他在信中说道："东征大局为天下所仰望，自复岳州以后，直捣浔阳，节节得手，军威大振，然将士之气渐骄，主帅之谋渐敌，弟尝贻书戒之，而不我察也。"不久之后，曾国藩的湘军败师于江西湖口。骄兵必败，左宗棠果然言中。为什么曾国藩还是轻敌而败呢？原因就在于虽然左宗棠写信的出发点很好，但他的风格一向是满纸批评言，给了曾国藩一顿劈头盖脸的训斥。对此曾国藩自然是难以接受，也就难逃一败了。

本次战役，当曾国藩率领湘军攻克武汉三镇，直趋九江之际，太平军翼王石达开带领西征援军从安庆抵达湖口。此时，曾国藩认为湘军已扼长江上游之险，顺流直下，他毫不费力就能肃清江面，直捣太平天国的天京。于是，他分兵多路，试图一举攻占沿江重镇湖口、九江等地。和左宗棠一样，石达开也以敏锐的眼光看出了湘军骄傲轻敌、兵分势单的弱点。于是他决定扼守各要塞，将敌人各个击破、分而歼之。果然，湘军水师随后贸然进攻湖口，中计遭伏，被太平军分割包围。湘军水师舢板被迫陷入鄱阳湖内，而湖外长

江江面上的大船也遭到太平军的拦击。此役，湘军水师遭到太平军的痛歼，曾国藩慌忙弃座船向湘军的陆营逃去。途中他羞愤欲自寻死路，终被罗泽南劝止。

太平天国西征军于是乘胜攻占汉阳，第三次攻克了武昌，接着又攻占湖口，袭击饶广。曾国藩逐渐收拢溃败的湘军水师，率部进驻南昌，留下塔齐布部驻扎九江城外，而胡林翼部则集结湖北的水师和陆师，驻扎在金口。

经此一败，曾国藩内心深为推重左宗棠。而此时移兵江西，步入危地的他，又与江西官员相处不睦，处境极为困难。左宗棠的大局观一直极为清晰。他担心江西全局因此而溃，祸及湖南，他说："吾为涤公危，亦为吾乡危。"他十分清楚如果曾国藩也就此沉沦，天下大势将更不可挽回，所以他也不遗余力地对湘军加以援助。他还向湖南巡抚骆秉章上策："贼不得志西北，欲且逞于东南。江西一有蹉跎，则江、浙、闽、广皆为贼有，而湖南亦危，东南大局不可不问矣。以时局论，固无有急于援江西者。"

左宗棠一面吩咐王鑫在湖南招兵买马以卫桑梓，一面派刘长佑速带援军赶往江西增援曾国藩部湘军。左宗棠遣刘部军马援赣，终于救曾国藩于危难之中。后来左宗棠又陆续派遣刘腾鸿、周凤山、王珍等军东援江西，并在接济军饷方面给了曾国藩以慷慨帮助。两人的关系因此又多云转晴，重修旧好。

这百余年来，曾国藩的功业被国人有意无意地夸大，被塑造成了"立德立功立言"事事完美无缺"真三不朽"的"圣人"。可事实上，仅就用兵而言，曾国藩只善于步步为营，却不善用活兵、奇兵、险兵。虽然他向来做事都追求扎实彻底，要把风险降低到最低，但也大大影响了做事的效率。与之相反，左宗棠办事总是能找到效率最高的途径。在适当的时候，他也绝不害怕冒险。因此，两个人经常发生冲突。就用兵这一点来说，左宗棠经常说的"涤相于兵机每苦钝滞"，确实是有几分道理的。

此时可以算上是曾国藩一生中最困难也是最痛苦的时期之一。由于咸丰皇帝向来对汉臣抱有防范心理，不肯委他以督抚重位，使他领兵数载转战多省，却一直处于孤悬客处之地位，用兵、用人、用饷无处不难。在江西期间，

第二章
投身幕府　心忧天下

虽然湘军为保卫江西终日苦战，仍然被江西全省视为额外负担。同时，由于手中没有实权，他的处境也越来越尴尬，始终受到官僚大吏们的排挤和刁难，可谓步步荆棘，处处碰壁。曾国藩郁愤满怀，心力交瘁，以致在一封信中表明了如此悲愤的心迹："所至龃龉，百不遂志。今计日且死矣，君他日志墓，如不为我一鸣此屈，泉下不瞑目也。"

就在此时，曾国藩在军营中收到了一封家书，原来是他的老父亲去世了。得到父亲去世的消息后，曾国藩马上把军务托与他人。他给朝廷发去了一封陈请开缺的奏折，不待收到咸丰皇帝的批复，就立即启程回家，为父亲办理丧事丁忧还籍去了。

身为领兵重臣，一贯以忠贞自誓的曾国藩在危急之际做出了这个有些不负责任的决定。他不等皇上批准就擅自离开军营，这本是一件严重违反军纪的事。但曾国藩这么做，也确实是情非得已。他是想通过此举，来表达自己对所处"极不得位"的强烈不满。咸丰皇帝得知消息后虽然颇为震怒，但是他对曾国藩的艰难处境也是心知肚明，加上湖南巡抚骆秉章和湖北巡抚胡林翼不断为曾国藩说情，于是顺水推舟传旨给假三个月，委军一事免于追究。

此事影响颇大，在曾国藩的诸位旧交中，胡林翼等人得知这一消息后都去信表示了理解并加以安慰。然而，左宗棠却在这时给曾国藩寄来了一封信，对他加以严厉批评。左宗棠看问题向来是一针见血，得理不饶人，毫不留情。信中，左宗棠引经据典，批评曾国藩平日里以"血诚"自命，此次却以父丧为由，委军归家，要挟君父，是不忠不义、不负责任的表现。他还于嬉笑怒骂之中捎带嘲讽了曾国藩的兵略寻常。曾国藩被左宗棠批了个一无是处，可以想见他在收到这封信后会多么郁闷，他决定对左宗棠的这封信不予回复。虽然事后，左宗棠抚心自思也感觉自己做得有些过分，但心高气傲的他在给胡林翼的信中仍说："此公仍负气如故，我亦负气如故也。"

太平天国的内部形势在此时也发生了变化。本来翼王石达开已经控制了江西战场，并有可能重创曾国藩的湘军，但天京方面却命令他率军东归去夹击清军的江南大营。石达开在回军东进途中，没想到天京城内又发生了东王

天京事变

杨秀清以及北王韦昌辉的内讧事件。"天京事变"的出现，使得江西战局开始向不利于太平军的方面转变，恰为湘军的卷土重来提供了客观条件。

左宗棠在曾国藩丁忧还乡后，逐渐挑起大梁，担负起对入赣湘军的指挥重任。在他的谋划下，湘军仅用一年半的时间即先后攻克瑞州、袁州、临江、吉安、抚州、建昌六府，使太平天国西征军所打下的江西根据地大部丧失。同时，胡林翼也密切配合左宗棠的行动，他指挥本部湘军在攻占湖口后又攻克了九江。这样，湘军的势力就完全控制了江西，太平军在长江中游几乎完全失势。

左宗棠非常明白曾国藩这样的以"血诚""入局"之人对于大清王朝中兴之业的重要性。在胡林翼的协调下，左宗棠替骆秉章起草奏折上奏朝廷，请求重新起用曾国藩。同时由于战局又紧张了起来，咸丰皇帝不得不勉从其请，命曾国藩重新出山。经过丁忧在家一年多的守墓"读礼"，曾国藩的为人也更加的外柔内刚，可谓"其术愈柔，其道愈广"。他在长沙与左宗棠一周之内数次深谈，并集"敬胜怠，义胜欲；知其雄，守其雌"十二字为一联，请精于篆书的左宗棠书写，表示谦抑之意。于是两人至少在公事上做到了和好如初，不念旧恶。

不久，实际上已经脱离太平天国的太平军翼王石达开部从湖北进军江西，接连攻占数城。于是，左宗棠在征得骆秉章同意后下令刘长佑率部返回省城长沙，同时商定派六千兵力增援江西。他还判断出石达开有可能出兵湘中的

第二章
投身幕府 心忧天下

宝庆，便命令湘军直扑宝庆，先入为主。到了三月份，石达开果然率军强渡湘江，向宝庆疾进。在这个夏天里，太平军同湘军在宝庆激战，连连失利。石达开只得率兵撤退，冲出湖南，进入广西，未能实现之前的进军目的。随后，曾国藩奏叙左宗棠接济军饷有功，清廷下奏左宗棠以兵部郎中使用，并赏戴花翎。

在石达开的威胁过去之后，湖南的局势基本稳定下来。骆秉章在长沙修建表忠祠，祭祀先后阵亡的湖南将领和官吏。又在表忠祠旁修建求忠书院，以教授阵亡将吏的子弟。左宗棠在骆秉章幕府确实起到了举足轻重的作用。对此，时人曾做过这样的评述：

> 宗棠刚明有智略，幼读书究心舆地，凤以诸葛亮自负。秉章资其赞画，内绥土寇，外协邻军，东征兵源、饷源倚之为根本。湖南屹然强国矣。

左宗棠的所作所为让他在政界声名鹊起。咸丰皇帝特地在紫禁城养心殿西暖阁召见了郭嵩焘，详细询问左宗棠的才干究竟如何，为什么不肯出任官员，同时要郭嵩焘劝左宗棠出来任职。郭嵩焘奏答说，左宗棠认为自己秉性刚直，无法迎合世俗。他在湖南办事，与巡抚骆秉章志同道合。又说左宗棠是个大人才，观察事物极有预见性，没有办不好的差事，而且人品极为端正。他还说，左宗棠是人中豪杰，每当谈到天下事，都会感激奋发。只要皇上重用他，他绝对不会不肯出山的。咸丰皇帝此时似乎还有些犹豫，他认为左宗棠已经年老不

郭嵩焘

太可能再为朝廷效力了。可事实上，左宗棠这些年来一直在为国鞠躬尽瘁，竭力支撑。

险遭不测

正当左宗棠有望就此升腾之际，却因卷入两湖地区统治集团围绕"樊案"所展开的一场争权夺利之争而险些身败名裂。自1854年入幕后不久，骆秉章就对左宗棠言听计从。按左宗棠自己的话说："所计画无不立从。一切公文，画诺而已，绝不检校"。由于骆秉章如此大胆放手，左宗棠也就毫不客气，把自己当成了真巡抚，将全省官员当成自己的下属，对那些品级很高的大员也不假颜色。虽然在左宗棠的治下，湖南从刑名、钱谷、征兵、练勇与夫厘金、捐输，无不布置井井，洞中机要，但他的性格和作风却得罪了许多官员。

一日，永州镇总兵樊燮因事谒见骆秉章，骆秉章让樊燮直接去见左宗棠。樊燮自恃大员身份，又认为左宗棠只是普通幕宾，故拒绝叩拜行礼。清代重文轻武，左宗棠更是看不起胸无点墨的武官。左宗棠自认为是骆秉章的代表人，对轻慢于他的樊燮非常不满，怒气大发："武官见我，无论大小，皆要请安，汝何不然？"不料樊燮也是个倔性子，顶撞道："朝廷体制，未定武官见师爷请安之例，武官虽轻，我也朝廷二三品官也。"左宗棠平时最忌讳人家提他的"师爷"身份。中不了进士才给人家当师爷，这是表面上风光无限的左宗棠内心的隐痛。他最受不了别人因为他的师爷身份而轻视自己，因此勃然大怒，起身上前就踢了樊燮一脚，嘴里还大骂："王八蛋，滚出去！"不久，樊燮气极而向咸丰帝弹劾，却因潘祖荫等人支持左宗棠，樊燮反而被朝廷罢黜，革职回了老家。

第二章
投身幕府 心忧天下

左宗棠没有想到的是，樊燮与湖广总督官文关系极为密切。他向官文告状，呈控左宗棠以幕宾的身份把持湖南军政要务，一官两印，嚣张跋扈。官文上疏，将樊燮的诬告奏报朝廷。于是，清廷发下谕旨，令官文及湖北正考官钱宝青对左宗棠进行逮捕审办，"果有不法情事，可即就地正法。"一时之间，左宗棠岌岌可危。

然而，左宗棠毕竟是一个有影响的人物，京师中许多人为解救他而积极奔走。当时，郭嵩焘以编修官职，与侍读学士潘祖荫同在南书房当直。樊燮指控左宗棠一案正在加紧办理时，郭嵩焘对潘祖荫说，如果左宗棠一走，湖南就支持不下去了，必定垮台，东南大局也就没有指望了。于是，潘祖荫便上一道奏本为左宗棠辩解：

> 楚南一军，立功本省，援应江西、湖北、广西、贵州，所向克捷，由骆秉章调度有方，实由左宗棠运筹决胜，此天下所共见，而久在我圣明洞鉴中也。上年逆酋石达开回窜湖南，号称数十万，以本省之饷，用本省之兵，不数月肃清四境。其时贼纵横数千里，皆在宗棠规画之中，设使易地而观，有溃裂不可收拾者。是国家不可一日无湖南，而湖南不可一日无左宗棠也。宗棠为人负性刚直，嫉恶如仇，湖南不肖之员，不遂其私思，有以中伤之久矣。湖广总督官文，惑于浮言，未免有引绳批根之处。宗棠一在籍举人，去留无足轻重，而楚南事势关系尤大，不得不为国家惜此才。

曾国藩也为营救左宗棠而积极努力。咸丰帝将此案交湖北正考官钱宝青审办，钱宝青是曾国藩的门生，于是曾国藩以师座身份，请他设法缓解。因为曾国藩、郭嵩焘、胡林翼、潘祖荫等人的大力相助，左宗棠才没有被逮捕。而潘祖荫奏本中的一句"国家不可一日无湖南，而湖南不可一日无左宗棠"今日则早已广为人知。

咸丰皇帝的重臣肃顺也接受了其幕宾王闿运的说项，到咸丰皇帝面前为

左宗棠说情。此时官文也在窥视京师的风向，因此也未敢对左宗棠加以处置。

"樊案"的实质，正反映了满族地方要员与新崛起的汉族地方势力的重重矛盾。在太平天国起义后，身居要位的满族贵族对太平军的勇猛攻势束手无策，恰恰是以汉族地主势力为代表的湘系集团的兴起，使清王朝得以支撑东南危局。因此，尽管曾国藩、左宗棠等人并没有得到官府的实职，却能独立操纵战事，而身为总督的官文则只能成为陪衬。所以，官文等人便借此事大做文章。

左宗棠深为遭此谤陷而痛感官场的险恶，经过此事之后，左宗棠打定主意准备再次进京参加为咸丰皇帝三十华诞而特开的"恩科"会试。他还打算以此次北上会试之机，直陈于朝，在咸丰皇帝面前剖白此事原委。于是他辞别湖南巡抚骆秉章，荐刘蓉入湘幕，从而结束了他的第二次幕宾生涯。左宗棠从长沙启程北上赴京参加会试，女婿陶桄随他同行。左宗棠抵达襄阳后，收到胡林翼密信，告诉他官文在北面派人准备抓捕他，非常危险。左宗棠看了这封信后，感到进京既无出路，回到老家，对方仍能寻踪而得，深感天地之大，却无安身之地。思前想后，他决定避难军营。

这时，湖北的湘军已经东进攻克了安徽的太湖与潜山。曾国藩在宿松驻军，胡林翼则在英山驻军。他们商议分三路收复安庆。曾国藩和胡林翼也催促左宗棠过去参与决议。左宗棠过汉口之后，乘船顺江而下。第二天晚上抵达兰溪。然后登岸，行走了一百八十里山路，到达英山，进入胡林翼大营。数日后他辞离英山，到达宿松曾国藩大营。曾国藩对左宗棠的到来大表欢迎，并加以慰勉。

第二章
投身幕府 心忧天下

时来运转

此时清朝与太平军的战争处于胶着状态，正当用人之际。终于，清廷颁下了特旨，就左宗棠一事垂询曾国藩，认为左宗棠熟习湖南形势，对军队的战胜攻取，都调度有方，眼下军情紧急，让曾国藩酌情考虑应否令左宗棠仍在湖南襄办团练事，还是调赴军营，以尽左宗棠之所长。

随后清廷命曾国藩代理两江总督。同一天，清廷下发谕旨，令左宗棠以四品京堂候补，随同曾国藩襄办军务。曾国藩在胡林翼的催促之下同意授权左宗棠组建一支部队开赴战场。清廷随后下诏，令左宗棠在湖南招募五千人，前往安徽和江西作战。左宗棠得到了随同曾国藩襄办军务的任命，便从一个仅以绅士身份参戎幕府的宾客而转变成清廷的命官。从此，左宗棠青云直上，他得以独自建立军队、自立门户，短短几年便由襄办军务升帮办军务、巡抚浙江、总督闽浙，跃居清朝督抚要员的地位，和晚清名臣曾国藩、李鸿章并称"曾左李"。

左宗棠接到襄办曾国藩军务的谕旨后，立即着手规划，他返回湖

李鸿章

南省城长沙开始招募军队进行训练。同时左宗棠凭借着两次进入湘幕的威望，广招湘军宿将，提出的要求是"勇敢朴实"，左宗棠选择了刘典和杨昌浚等人来任将官。他们招募的官兵人数如下：

王鑫旧部，一千四百四十人；
四营官兵，每营五百人，共两千人；
四总哨，每哨三百六十人，共一千二百八十人；
卫队，二百人。
总计四千九百二十人。

虽然深受曾国藩的举荐之恩，但左宗棠对曾国藩，自始至终毫无唯唯之态。在曾国藩麾下带兵之初，左宗棠就表现出不甘人下的特立独行风格。仅用一个多月时间，左宗棠就募军近五千人，并正式命名为"楚军"。以前，凡是曾国藩麾下的军队，统称为"湘军"，楚军是湘军的一个支系，但左宗棠在创立这支军队时不用湘军之名而称楚军，表明他的意向在于独树一帜，自辟蹊径，而实际上左宗棠所部楚军与曾国藩的湘军相较也确有其独到的特色。在招勇方面，左宗棠不像曾国藩那样主要招收湘乡籍兵勇，而是主张在湖南各府县招募，其兵源来自长沙、湘乡、郴州、沅州、湘阴等府县，以避免曾国藩部湘军"尽用湘乡勇丁，无论一县难供数省之用，且一处有挫，士气均衰"的弊端。在营官的选用方面，曾国藩组建湘军时主张"带勇之人第一要才堪治民"，即以文人、儒生领军，左宗棠则强调营官多用武人，因为武人能拼命打硬仗。左宗棠的这种办法，使其所部楚军战斗力较强，且完全听命于他的指挥。

在太平军相继攻占广德与宁国的形势下，清廷实授曾国藩为两江总督，任命他为钦差大臣，督办江南军务，所有大江南北水陆各军，都归他节制。

这时，石达开所部从贵州挺进四川。清廷提议将左宗棠调任督办四川军务。左宗棠认为他的部队刚刚组建，不想独自负责一方军务。胡林翼和曾国

第二章
投身幕府 心忧天下

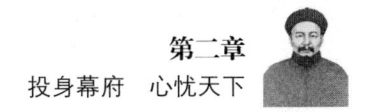

藩也以江西和安徽军情紧急为理由，联合上奏，请求留下左宗棠所部增援安徽。左宗棠得以最终留下。

1860年9月22日，左宗棠率领他这支五千人的部队离开长沙，奔赴江西南昌。此时的他，已经年近五十，可是，"老骥伏枥，志在千里"，左宗棠终于迎来了施展平生抱负的时机。

第三章

统帅楚军　跃马东南

大战皖赣

1860年10月10日，左宗棠率领楚军抵达南昌。这时的清王朝正处在风雨飘摇之中。占据长江中下游的太平天国在英王陈玉成和忠王李秀成的率领下连连出击，而翼王石达开则在整个南中国横行；英法联军攻占了北京，咸丰皇帝匆匆逃往热河；华北地区，捻军四起。左宗棠对这次率军入赣非常重视，他在家书中说道："我此去要尽平生之心，轰烈做一场，未知能遂其志否"。

楚军从南昌抵达景德镇后，与从弋阳杀来的湘军合力攻打德兴。城内的太平军见来军声势浩大，仓皇撤走。楚军顺利攻下德兴。

左宗棠抽空赶往祁门大营，与曾国藩会商军务。当时所有的湘军分布如下：曾国藩本人率部在安徽祁门驻扎；鲍超和张运兰所部在安徽休宁；曾国荃正在率大军围攻安徽省城安庆；左宗棠率楚军在江西乐平；剩下的一些部队则零散地驻扎在这一带周边地区。

太平军从德兴撤出后，逐渐收拢余部，北上安徽，攻占徽州府重镇婺源。楚军星夜急行军直奔婺源。来到婺源城下之后，楚军兵分两路进攻，呐喊攻城，太平军见状惊恐不已，纷纷夺门而逃。婺源城两面濒水，楚军扼守浮桥，大批太平军被逼到水中，溺水而死，于是楚军得以顺利攻克婺源。此役可算是左宗棠及其所率楚军的牛刀小试。

李秀成率领太平军向安徽南部增兵，企图牵制湘军兵力，为安庆解围。12月1日，太平军攻占距湘军祁门大营仅六十里的黟县。当时，曾国藩的祁门大营非常空虚，仅有兵力三千人，如果李秀成能乘势进攻，就有望将大营

第三章
统帅楚军　跃马东南

击破。但李秀成不知道曾国藩的虚实，在黟县临时调转了进军的方向，南下改道由浙江进入江西。尽管如此，其他几支太平军仍对祁门形成东、西、北三面围困之势。池州的太平军黄文金部更是击败了湘军在建德的驻军，接连攻占彭泽、都昌与鄱阳，切断了祁门大营北面与进围安庆的湘军的联系。此时，祁门的三面都已经都被太平军包围，曾国藩处境险恶，只能依靠景德镇为后援。左宗棠审时度势，将各军调回景德镇，以守卫江西省的前门，同时为祁门的湘军大营把守后门。

1861年1月初，太平军黄文金、李远率部兵分五路进攻景德镇。左宗棠分兵凭河扼守迎战。黄文金下令分路进攻，楚军则相应连连还击，将太平军击败，顺利攻占浮梁县城。不甘心的黄文金随后指挥几万兵力又杀到景德镇一带。左宗棠决定分兵防守婺源和浮梁，同时指挥部队沿河修筑河墙，阻击太平军。黄文金令部队分五路截流渡河，当然又遭到了楚军的顽强阻击。僵持之下，黄文金派出一千多人从中间渡河，牵制楚军，又派主力上万人从上游悄悄渡河，直奔景德镇。楚军黄少春部接到警报后，率军驰援，绕到太平军后方进行突袭。太平军遭到夹击，大败而逃，被楚军逼到河边，又溺死了数千人。黄文金被迫下令撤退到鄱阳和建德地界，以期整军再战。

经过商议，太平军决定多路出击，以攻代守。李秀成部从广信攻击抚州和建昌，同时分兵进攻吉安与瑞州；陈玉成则率领三万兵马分兵西进，攻打重重围攻安庆的湘军；池州太平军刘官方部则负责袭扰祁门以西；李世贤部主力占据徽州与宁国，进军乐平与鄱阳。以上诸路太平军企图合围左宗棠部楚军。

左宗棠审时度势，决定分出一部分兵力攻打清华街，自己则率主力奔赴婺源。此时婺源的太平军已全部进军乐平。左宗棠急忙领兵到柳家湾进行拦截，在涌山击败了这支太平军。他担心景德镇空虚，随即率部返回景德镇。当天，楚军攻打清华街的部队中了埋伏，余部趁夜撤回。太平军乘胜前往乐平，鄱阳太平军也向东前进。左宗棠便率领本部兵马在金鱼桥部署防御，击败了李世贤部太平军。不料，另一支太平军走小路急行军，出其不意，攻占

了景德镇，左宗棠只能被迫率部退保乐平。此役乃是左宗棠一生用兵中的罕见失利。

李世贤攻占景德镇后，回师皖南，准备分兵袭击祁门与乐平。景德镇落入太平军手中，曾国藩祁门大营随之粮断路绝。曾国藩亲率湘军从祁门抵达休宁，试图攻取徽州，打开通往浙江的通道，结果被太平军打得大败，狼狈逃回祁门。曾国藩在绝望之中，写下遗嘱交代后事，准备自杀殉道。在这关键时刻，左宗棠力挽狂澜，他亲率本部在马家桥迎击太平军的前锋。

当时，太平军在马家桥附近的山谷中扎营，分兵埋伏遍布在山中各处。左宗棠分路进攻，力战杀退太平军主将李尚扬，李尚扬丢下舆盖慌忙而逃。太平军见主将败走，心无斗志，溃不成军。楚军连连追赶，斩杀三千余人。李世贤听到败报后，把攻击祁门的部队全部调来助战。他将部队分为三路，严阵以待，挑选精兵设下几重埋伏，作为应援。左宗棠刚刚部署停当，几万名太平军就前来列队抛火焚烧民居，引诱楚军急战。楚军坚壁不出。到了黄昏时分，太平军有所松懈，楚军则士气激昂轮番出战，很快就将太平军击溃，追逐二十多里，斩杀一千多人，夺得太平军的全部器械和物资。

此战败后，李世贤决定领兵去攻乐平。乐平是一座小城，而且城墙已经坍坏。左宗棠连忙调当地团练部队进城驻防，同时令楚军各营在城东南修筑壕垒，引来长畈水，塞堰堵防太平军的骑兵。不久，太平军前锋逼到外壕，左宗棠调一支部队进城，而令其余部队分守外壕。这时楚军在壕内的兵力为五千人，而太平军号称十多万人，将乐平围困几十重。太平军乘势分批向壕垒攻击，楚军寂静无声，军士们凭壕站立，等到太平军逼近，才发起反击。太平军屡进屡退，两军相持到深夜，进攻仍未停止。次日晌午，太平军从东北方向西城逼近，进攻更加激烈。守壕的楚军也开始反击。王开化率部杀向西路，王开琳率部突向东路，左宗棠自己则与刘典率部从中路出击。鼓声一起，楚军一齐越壕而出，大声呼喊，挥刀斩杀。楚军蜂拥而上，个个以一当百，太平军大败而逃，尸横遍野。恰在这时，天气转变，狂风暴雨，畈水骤涨，太平军人马一路互相踩踏，大批士兵溺水而亡，不计其数。李世贤也狼

第三章
统帅楚军 跃马东南

狈易服潜逃。这一仗,楚军大胜,斩杀太平军五千余人。太平军被迫全部向东撤退。

曾国藩得知战况后将鲍超部调到景德镇增援,与左宗棠商议合力攻城。几天之后鲍超部抵达时,浮梁和乐平已全部平定。这时恰逢天降大雪,于是楚军趁机进扼梅源桥。鲍超部则驻扎在洋塘,与太平军相持。太平军选择进逼洋塘对岸鸡公坡,沿路筑垒,绵延二十余里。左宗棠提出让鲍超部出战,楚军则沿河保护鲍超的军营,同时派一支部队埋伏在洋塘左边,以防太平军抄袭。果然不出左宗棠所料,太平军兵分三路渡河,鲍超部随即分路出兵,在鸡公坡阻击。太平军见鲍超军营空虚,于是派兵袭击。楚军扼守河口,太平军无法渡河。鲍超部趁机渡河出击,大破太平军,斩杀四千余人。

不久,这支战败的太平军又会合建德的太平军,重新杀回。左宗棠派出四营兵力协助鲍超又一次大破太平军,攻占建德,使祁门的后路重新得以巩固。曾国藩再一次走出险境,得以绝处逢生。他大喜过望,两次上疏陈述战况,向咸丰皇帝称赞左宗棠"以数千新集之众,破十倍凶悍之贼,因地以审敌情,蓄机势以作士气,实属深明将略,审越时贤"。请求将左宗棠由襄办军务改为帮办军务。曾国藩甚至对咸丰皇帝说,他以此事断定左宗棠"将来必能为国家开拓疆土,廓清逆氛",可谓推重备至。

咸丰皇帝又一次接受了曾国藩的建议,下诏嘉勉,"命候补三品京堂左宗棠帮办两江总督曾国藩军务"。左宗棠由襄办改为帮办,一字之差,变成曾国藩的副手。随后又晋为太常寺卿,正三品,这是左宗棠出山十年来第一次被授予真正的实权官职。左宗棠也没有想到,此次他的晋升能如此迅速。

李世贤被迫向东撤退后,由赣北进入浙西。当月,徽州太平军也弃城奔向浙江。以前前往浙

太平军

江的太平军，则已从江山越过衢州，接连攻克龙游、汤溪，占据金华，袭击遂昌至义乌一带，接着又攻破了处州（今浙江丽水）。

清廷见浙江形势危急于是下诏令左宗棠率部增援浙江。曾国藩上奏说，湘军刚刚收复徽州，请求留下左宗棠部包围婺源。左宗棠两相权衡，决定留下主力部队驻守景德镇，自己则率领四千人移驻婺源。

不久，福建汀州的太平军北上围攻徽州。左宗棠派王开化、崔大光和张声恒部进军迎战。太平军未料到楚军这么快就赶到，仓促接战，大败而逃，逃向新建与当地太平军会合。王开化部到达新建后，太平军连忙渡河撤退。正在这时，崔大光与张声恒部追击太平军来到山谷口，楚军两下夹击，太平军大为惊慌，丢弃军械，奔向两岸的高岭。楚军从岭下攻击，大批太平军坠落山崖而亡。楚军一直追到白沙关，击溃太平军数千人。太平军余部撤往浙江开化。

至此，左宗棠的第一轮征战基本结束。在近一年的时间里，左宗棠统帅楚军和太平军大大小小交战二十余次，几乎每战必胜，鲜有失利。左宗棠和他的楚军在一开始就表现出了非同一般的战斗力和执行力以及对胜利的渴望与决心。

平定浙南

1861年8月20日，咸丰皇帝在热河驾崩。此时也身患疾病的左宗棠接到哀报后，感念先帝的恩遇，悲伤不已，于是决定在军中举行哀礼。咸丰帝去世后，11月2日，慈禧太后联合恭亲王奕䜣等人，解除了咸丰皇帝遗命的载垣、肃顺等八名"赞襄政务王大臣"的职务，开始垂帘听政，夺得了清朝的最高统治权，并将新继位的年仅六岁的皇帝载淳的年号由原拟的"祺祥"改

第三章
统帅楚军 跃马东南

为"同治",慈禧太后开始左右政务。慈禧太后掌权后,进一步对在镇压太平天国起义中崛起的汉族地主阶级地方实力派加以重用。不久,另一著名湘军将领胡林翼在武昌病逝。胡林翼是左宗棠的至交好友,几十年来一直在保护和支持着左宗棠。左宗棠得知这一噩耗后更是感伤,为之痛哭不已,作《祭胡文忠公文》以表哀思。

慈禧太后

胡林翼的逝世,对于左宗棠来说,损失是难以估量的。官场上,左宗棠交友不多,骆秉章和胡林翼算是他的两位挚友了。此时,骆秉章年及七旬,去日无多,而跟左宗棠同岁的胡林翼突然辞世,使他在官场中成为独行者,仕途变得充满暗礁和漩涡,凶险莫测。

这时,湘军鲍超部已经击败了江西的太平军,湘军水师也已攻克池州,而太平军却接连在浙江战场相继攻占了严州与绍兴。左宗棠纵观东南诸省形势,提议以全军增援浙江。曾国藩对此极力表示赞同。在稍后上给清廷的奏折中,他称赞左宗棠用兵"取势甚远,审机甚微",还说他"毅然以援浙为己任"。

不久之后,浙江的太平军又攻占了宁波与台州,围攻杭州,攻势日益加强。于是,曾国藩与左宗棠商议,先巩固徽州防务、保卫饶州和广信,再伺机出兵浙江。

左宗棠在赣北的战事,对牵制太平军西征和确保曾国藩集中兵力围攻安庆的战略起到了重要的作用。太平军黄文金部和李世贤部均在赣北受到重创而分别退至皖东和浙西。李秀成部太平军绕道江西腹地抵进湖北时,陈玉成

的北路太平军已从湖北撤兵两月而去救安庆之急，李秀成见状便从湖北经江西也进入了浙江。而曾国藩则在赣北之战后从祁门移营进驻集贤关，加紧对安庆的围攻，并于9月5日攻占安庆。

安庆陷于湘军之手，使太平天国都城天京上游失去了屏障。太平天国试图通过西征而解安庆之围的计划破灭，从此，太平军对清军转入防御阶段。

李世贤在赣北失利后转进浙江，攻克常山、寿昌、金华、义乌、严州等地，控制了浙中地区。李秀成进入浙江在严州与李世贤会面商议后，随即进兵攻克临安、余杭等地，并于12月29日攻破杭州。这样，浙江大部已为太平军掌握，并与苏南根据地连成一片。但是，这些并不能弥补太平天国在皖北战场和天京上游的损失，此时太平天国在军事上的不利局面已经难以扭转了。

在11月的时候，清廷令曾国藩统辖江苏、安徽、江西和浙江军务，巡抚、提、镇以下文武官员皆归其节制。同时，令命左宗棠督办浙江军务。大权在握的曾国藩决定把大营移到安庆，以对天京实施合围。他部署了三面进攻太平天国的战略：由曾国荃率湘军主力从安庆沿江东下，主攻天京；李鸿章带领新组建的淮军进入上海，主攻苏南；左宗棠率领楚军进取浙江。这时，清军在浙江的地盘，除杭州城以外，只剩下衢州、温州与湖州。温州和湖州已经被太平军团团包围，只有衢州与江西接壤。在李秀成的太平军攻占杭州后，曾国藩上了一道密疏，奏请清廷提拔左宗棠为浙江巡抚。随后函告左宗棠，称"目下经营浙事，全仗大力，责无旁贷"。

第二年年初，获得了专折奏报权力的左宗棠，首次以自己的名义向清廷呈递奏疏。他陈述了自己节节攻占、步步为营的战略考量，希望清廷不要强迫他挥师冒进，以免楚军陷入太平军重围。同时，他分析了浙江清军战败的原因在于当局未

曾国荃

第三章
统帅楚军　跃马东南

曾重视选将练兵，而将本省防御托与外省的部队。他提出要对浙江的现有兵力严加挑选淘汰，增强纪律，严明赏罚。另一方面，他又强调浙江形势严峻，而他手下人才匮乏，兵力不足，请求清廷允许他从各地湘军大帅麾下抽调将领和兵力。他请求清廷批准蒋益澧招募几千兵力前来浙江，并批准刘培元招募三千兵力驻防衢州。

此时左宗棠仍然不忘遵循"兵马未动，粮草先行"的古训，反复向清廷强调楚军在缺饷的情况下不可能在战场上获胜。他要求清廷尽快责成为他提供军饷的各省各地官府，不得拖欠军饷，否则他便要向朝廷参劾那些有意推诿、玩忽职守的官员。清廷最终同意左宗棠的奏请，还任命左宗棠补授浙江巡抚，于是左宗棠终于一跃而成封疆大吏。

浙江与天京、苏南同为太平天国后期的主要基地。李秀成、李世贤兄弟锐意经营江浙，在浙江布有重兵。李秀成在攻克杭州后，北进江苏，两次攻打上海，随即又率兵救天京之围。浙江战区主要就由李世贤负责，他以金华为中心，以二十余万的兵力设重防于浙西、浙中地区，试图阻止左宗棠由西向东的进攻。同时，李世贤还设兵于宁波、绍兴，并会同汪海洋和李秀成部将分别防守杭州、湖州。此外，杨辅清部太平军也在皖浙交界一带活动。

元宵节这天，左宗棠率军从汪口跨越大庸岭，进入浙江境内，对开化的太平军展开进攻。楚军抵达篁岸后，开始准备攻击踞险防守的几千名太平军。左宗棠令部队在到达位置严阵以待，不要急于攻击。他派出一支奇兵，悄悄绕到登横岭，企图从太平军背后夹击。太平军驻防部队见楚军开到，列队抵抗。忽然，楚军大部队从岭上冲下，太平军大为震惊，丢弃军械，狂奔而走。各路楚军合力并进，斩杀五千余名太平军，将太平军的栅垒全部捣毁。太平军只得被迫撤至遂安与常山一带。左宗棠令王开来部留守开化。这样，左宗棠率军以开化县作为入浙的突破口。

清廷议论浙江的军事形势，认为左宗棠奉命进军浙江，行军却有些迟缓，于是颁下严旨，催促楚军尽快前往衢州，以攻取金华与严州。左宗棠先后上奏，再一次陈述了自己从长远着势的战略思想，指出先要巩固自己的后方，

避免陷入太平军的大包围,因此立刻进军衢州有弊无利。他以"正值戎马倥偬之会,有时奏报稍迟,或思虑未周,奏报未及详尽"为由向清廷陈述其独到的用兵方略,得到了清廷的许可。由此可见,左宗棠和曾国藩一样,敢于对清廷说"不"。坚持自己的正确主张,是他用兵取胜的一个关键。在同一份奏疏中,左宗棠呈递了一个附件,请调李云麟、邓绎、夏献纶、谢大舒、张岳龄、周开锡、魏良、吴国佐、邹寿璋等一批干才,从各地汇聚他的麾下。在请调名单里,排在第一位的是胡光墉。此人就是后来以"红顶商人"著称于世的胡雪岩,而此举也开始了左宗棠与胡雪岩被后人议论的所谓"官商勾结"。

楚军在江西时,军饷供应就已经是非常的困难。而在进军浙江之后,朝廷拖欠官兵的军饷,已经多达一年的数额。清廷当时的财政,不但要赔款给外国列强,还要供给各种军队在十几个省份的作战,国库肯定是早已空空如也,无法指望。不过,有了得力的人才,就会有办法。左宗棠在这份奏折中请调的胡光墉,就是来为他解决军饷难题的。

胡雪岩,名光墉,字雪岩,安徽绩溪人。此人又对浙江的事务,颇为熟悉,而且人脉极广,办起事来一呼百应。如果能够让他到楚军大营听候差遣,筹集粮饷,必然能起到很大的作用。

值得一提的是,胡雪岩和左宗棠一样,所走的人生之路,都很奇特。左宗棠步入官场,走的是幕府师爷这条路。而胡雪岩的路则不同,姑且可以称之为"贾而优则仕",也就是先做商人,在经商赚足银子之后,再用银子来铺一条做官的台阶。有清一代,商人的地位并不高,真正能从商界进

第三章

统帅楚军　跃马东南

入政界的人就更少了。所以直到今天，胡雪岩一生的传奇事迹，仍然吸引着很多人。

胡雪岩生于 1823 年，比左宗棠小了十一岁，出生于人杰地灵、人才辈出的安徽省徽州府绩溪县。他自幼家境贫寒，先在杭州的信和钱庄当学徒，后来自己开钱庄，自此便一发不可收拾。

左宗棠早就听说胡雪岩是个富商。进了浙江，又听到大量关于胡雪岩勾结官府的传闻。当然，士民们对胡雪岩看法并不好。毕竟，官商勾结，人人讨厌。仇富心理，一般人多少都有一点。左宗棠收到一些禀帖，向他告状，说这个当地首屈一指的大商人，在杭州还没沦陷之前，过着暴发户般的骄奢淫逸的生活。

左宗棠是个生活俭朴的人，但他并不厌恶有钱人。他做师爷的时候经常劝富人捐款，如果天下的富人都没了，那还能找谁捐款去？只要能慷慨解囊，让部队有饭吃，有军火供应，左宗棠倒是希望他的钱越多越好。

所以，左宗棠眼里的胡雪岩，并不是一个见利忘义的奸商，而是"急公慕义，勤干有为"。由胡雪岩负责他的部队的后勤工作，自然是再合适不过了。他在当上浙江巡抚之后，就请求清廷迅速将此人调到他的大营听候差遣。

左宗棠出于军务需要，急需启用胡雪岩其人，没有疑义。官面上的理由，是"以浙江之绅办浙江之事"，坦白地说，实际上就是看中了他的财产，以及他的投资经商理念。

胡雪岩经过一番细细考量，觉得左宗棠是文武全才。这棵大树好乘凉，他没有太多的犹豫，就决定为左宗棠效力了。这个决心一下，就促成了胡雪岩日后巨大的成功。

胡雪岩初见左宗棠，带了一份丰厚的见面礼。左宗棠的军营里忙乱了好一阵，才能把这份礼物收下。因为，他给左宗棠送来的是军粮，足足二十万石大米！左宗棠非常高兴。在战争、饥荒和疾病肆虐的岁月里，有钱也难买到食物，大米比金子还要贵重。上一年，太平军攻打杭州时，把十座城门死死围住，守军又饥又饿。城中弥漫着恐惧的气氛。粮食奇缺，一石米卖到

一百两银子。居民给军队捐钱十万两，却无米可买。路边都是饿死的人，草根、浮萍和蕉叶都吃尽了，只好把皮笼煮来充饥。这二十万石大米，对于楚军来说，比雪中送炭还要珍贵。

左宗棠和胡雪岩聊到中午，并留他吃饭，用夫人周诒端亲手制作的腊肉来招待他，规格极高，宾主尽欢。事后，左宗棠对这个商人赞不绝口。

不过，在1862年，胡雪岩跟左宗棠的交往才刚刚开始，他要戴上红色的顶子，还需要一段时间的努力。

胡雪岩脑子真是好使，他为左宗棠找到了一条筹饷的新路子——从外国商号得到一次总付的贷款。这种贷款没有抵押，由政府担保。担保人是通商口岸的海关，审批人是各省巡抚。各省保证，在规定的期限内，一定会将款项加利息归还给外商。这条路子为左宗棠解决了大难题。手拿朝廷的批文，伸手向东南沿海五省要钱，那是靠不住的。各省经历了多年的战争，财政非常困难，付款不可能及时。但是军队打仗，说打就要打，不能饿着肚子，所以先把饷银拿到手里，让各省慢慢去还贷，最为稳妥。

依靠借外债来打仗平定内乱，对清王朝而言，可谓是破天荒第一遭，实在不合祖制。但是，清廷在反复权衡之后，觉得还是江山要紧。国库空虚，战事紧迫，向外国人贷款，只好不得已而为之了，祖制就暂且放在一边吧。当然，借外债一事的具体操作，左宗棠不便出面。胡雪岩当仁不让，在此以前他早已步入上海滩的洋场，跟那些洋行大佬们混得很熟，由他出面借外债，自然是马到成功。

胡雪岩十几年期间，为左宗棠办了三件大事：一是筹饷，二是购置军火，三是打理洋务。左宗棠每次挂帅征战，都是兵马未动，粮草先行。胡雪岩始终是他的一个经济支柱。他不但自己出钱，还劝别人募捐。左宗棠手头一紧，立刻就会想到他。

后勤问题妥善解决之后，紧接着左宗棠便率部进攻遂安。当晚，楚军在城外二十里处扎营，兵分几路攻打杨村。左宗棠先派出一支部队从北路佯攻县城，黎明时分，楚军抵达杨村外，依山傍水而进。太平军摇旗呐喊，沿岸

第三章
统帅楚军　跃马东南

抵抗楚军的仰攻。张声恒和刘璈部首先渡到水西迎击，黄少春和朱明亮部横向拦截，陶鸿勋与丁长胜两军越过山岭，从太平军背后出兵，三面合击，将太平军压缩到包围圈内。太平军大败，损失上万人。城内太平军闻讯，全部撤走。楚军顺利进占遂安。

在此前后，浙江战场出现了清政府与外国侵略者联合绞杀太平军的局势，使太平军处于不利的地位。英、法在第二次鸦片战争结束后，转而支持清政府镇压太平天国。英、法侵略军悍然向宁波的太平军发动进攻，占据宁波。接着，英国侵略者刁乐德克仿照美国人华尔组织的常胜军（原名洋枪队），在宁波募集军士一千人，以英人为教练，组成常安军和定胜军。宁波海关税务司法人日意格与法海军军官勒伯勒东招募华勇一千人，后增至三千人，由法国军官任教练，名为常捷军。法国公使还照会清政府，已让勒伯勒东免去法国水师参将军职，专任中国军职——署理浙江总兵，听浙江巡抚及宁波道节制。清廷竟发布上谕声称"即应由该省巡抚给付札凭，以一事权"。七八月间，英、法侵略者又协助清军攻占慈溪、余姚、奉化等地。英国驻宁波领事夏福礼说："无疑地，攻克余姚，将使宁波的形势趋于完全稳定，将来克复绍兴，更会促进宁波的繁荣"。这样，清王朝依靠着常安军和常捷军的大炮轰开了太平军占领着的城池的大门。

左宗棠不愿理会洋人，亲率本部大举进攻衢州北路，一天之内攻破太平军三十座壁垒。衢州城东南的太平军全部弃军营撤走。楚军解了衢州之围后，左宗棠决心在金华与李世贤决战，想于此歼灭太平军主力，为克复全浙打下基础。从此，左宗棠结束了在衢州一带徘徊半年的局面，把进取金华作为战略重点，展开了金华一线的会战。

洋枪队

9月，太平军向圭塘壁

垒发起攻击，被刘培元部击退。第二天，李世贤派出五千兵力，从兰溪和汤溪赶来增援。左宗棠亲自督率各部奋战两个多小时，才将太平军击退。楚军发起追击，斩杀一千余人。

到了10月，高连升部攻克寿昌，李世贤集结兵力防守太平裴家堰军营。楚军合力进攻，攻破四座坚垒。太平军驻扎南岸，兵力仍然强盛。蒋益澧部渡河攻击，太平军分别据守罗埠与湖镇。楚军刚进罗埠，太平军将领李世祥派人来约投降。楚军与他里应外合，立刻攻破了五座壁垒，湖镇的太平军被迫撤走。

随后，左宗棠率部逼近龙游城。他令蒋益澧全军从罗埠攻打汤溪，令刘典部移驻湖镇，阻击太平军援兵。蒋益澧部奉命进攻，太平军见湘军进逼两城，便向金华求援。蒋益澧部再攻兰溪，获胜。左宗棠夺得了龙游城东的塔岭，修筑壁垒。他分兵攻击城垒，将火弹抛入垒中。太平军大乱，楚军攻破了一座军营，歼灭其中的太平军，俘获大量旗帜和军械。太平军集中兵力保护其他军营，楚军力战肉搏，七百人负伤，被迫收兵。从此太平军伏在营中，不出兵作战。不久，楚军抓到俘虏，说李世贤将各支部队全部调到金华驻守，他自己则从桐庐返回溧阳。于是，左宗棠令魏喻义部从遂安移驻淳安铜关，以攻取严州。

到了冬天，左宗棠颁布了《浙江补救条例》十二条，整肃军纪，赈济抚恤，增税劝捐，以稳定浙江的大局。

楚军魏喻义部驻扎铜关，与当地士民结交已久，以便侦知太平军的动向。这时，几十艘民船来迎接魏喻义部，说严州城内太平军守备空虚，可以攻取。于是，魏喻义率部登船，带上了攻城器械，于午夜逼近严州城下，太平军毫无知觉。魏喻义令壮士登梯攻上西城，太平军发觉后，双方展开激烈巷战。楚军共斩杀两千多人，太平军余部夺门逃走。西山的太平军接到败报，军心动摇，被西山民团击溃。楚军得以占领严州城。

蒋益澧部随后大举进攻汤溪。他动用所有兵力开挖地道，攻打城垒，左宗棠劝诫他，说攻坚不是好办法，应当分兵进剿。很快太平军的援兵到来了，

第三章

统帅楚军 跃马东南

左宗棠又劝诫他，说应当趁太平军还未修好营垒时发起攻击。不久，蒋益澧部所挖的地道被太平军发现，增援的太平军从金华城西进白龙桥，修筑坚固的壁垒，连接几十里。蒋益澧害怕了，请求议罪。左宗棠写信给他，指责他率领大军，三个月都攻不下一座城市，都是因为开始骄傲，然后胆怯，不听劝告，固执己见。蒋益澧看了此信以后，惶愧不已，急忙出兵攻击增援的太平军，接连获胜。他命令埋伏在濠内的伏兵突然发起攻击，擒获李尚扬等八名太平军将领。大部队从西门进入城内，斩杀六千多名太平军，占领汤溪城。高连升、熊建益所部急速袭击白龙桥的太平军增援部队，获胜后进攻金华，太平军闻风撤走。

龙游城的太平军粮食告罄，企图突围。王德榜趁势率楚军杀到城下。他下令修筑三座壁垒，将部队埋伏在城西以图伏击。不久，太平军果然从西门杀出，被楚军伏兵击溃。城内的太平军不知楚军已经占领了汤溪，当晚发生了内讧，第二天选择弃城而走。楚军分路追击，斩杀过万。同时，蒋益澧部在汤溪已经严阵以待。太平军见状大为惊骇，只能撤往金华。不料当天高连升部已攻克金华府城，得以全歼到此的太平军残部。

至此，左宗棠在金华战区从投入兵力到占据金华府城共费时半年多，他的下一个目标是拿下浙江省城杭州。

左宗棠随即移营严州，谋划夺取富阳与杭州。同时，福建的清军将领林文察攻克武义、永康。于是，东阳和义乌的太平军都迅速逃离。黄少春和刘璈部攻克浦江，两军合力进攻诸暨。民团起而响应，太平军军心震骇，弃城而走。楚军进占诸暨。

这时候，金华辖境内各县的太平军都奔向桐庐，而宁波清军已推进到北官渡。于是，左宗棠令蒋益澧部攻绍兴，而令魏喻义部会同水师攻取桐庐，遏止太平军向西推进。宁波清军攻打绍兴，城内百姓举火为内应，清军攻占绍兴。太平军撤向桐庐。楚军水陆并进，攻克桐庐。至此，楚军平定了浙江南部的郡县。

攻克杭州

太平天国的浙江根据地在金华、宁波－绍兴两大战区失陷后，仅剩下杭州、湖州两个战区。杭州战区西南以富阳为前沿，北端以余杭为依托。太平军自金华、龙游、严郡、温、台等地陆续退守，兵屯富阳。杭州守将汪海洋亲临富阳，组织坚守。李秀成为力保杭州，也从江苏调派陈炳文部驰援富阳，并命陈炳文统帅杭州战区诸军。

平定浙南后，楚军将士跃跃欲试，要乘势攻取杭州。这时，蒋益澧部进军临浦义桥，在杭州南面一百多里。得到左宗棠推荐的刘典已出任浙江按察使，他率部从诸暨追赶太平军，抵达富阳，距杭州八十里。太平军的杭州驻军大为震惊，决定集结主力在富阳阻击楚军。左宗棠认为，安徽南部的太平军势力仍然很大，很有可能再次进攻江西。于是，他命令部队作战以歼灭太平军有生力量为目标，而不要忘了大局贪图攻克省城的眼前之功。

由于连年战乱，当地的官吏逃散，重建浙江政府就成了一个不轻的任务。浙江省的几乎每个县都曾落入太平军的手中，由于所受破坏太大，整个恢复过程就必须从基层做起。左宗棠奏调他所熟悉的二十多人，其中有顾菊生、周开锡、吴大廷、夏献纶等，又举荐浙江士人丁丙、陈其元、吴观礼等人，分别任职。而楚军刚刚攻克的州县，一片凋残。于是左宗棠严令富民捐赈，广购粮食发给饥民。令军士就地耕垦，广招邻省农民，发给耕牛和种子。

此前，法国将领德克碑请求增募一千人"助剿"，左宗棠不予批准。德克碑向绍兴士民索取犒赏，还坚持要用募捐的方法来弥补政府拖欠的军饷和奖赏，多次与官府发生龃龉。左宗棠向法国公使指控，要求公使另派将领取代

第三章
统帅楚军 跃马东南

德克碑。德克碑来参见左宗棠，表示悔罪。德克碑在第二次参见他时，穿上了中国的官服，左宗棠非常高兴，并对他进行劝诫。德克碑心服口服，愿受左宗棠节制。于是，左宗棠与他严订条约，令他留驻已被收复的萧山。

左宗棠其实是反对雇佣外国人的，尤其反对把中国士兵编制到由外国军官指挥的部队。左宗棠和当时中国的其他官员一样，认为这些外国人来中国参战的唯一动力就是对金钱的渴求。他还多次上书总理各国事务衙门，筹议撤遣外国雇佣军"常捷军"等部队。虽然左宗棠发自内心地的对外国人做事的效率和先进的技术表示钦佩，但他也表示，等到将来经费充足的时候，中国应当自己仿制轮船，这才是保卫海疆的长久之计。

一切准备就绪后，楚军将领杨政谟、罗启勇先率水师从桐庐驶往富阳。他们见太平军几百艘战船排列城下，由炮船护卫，于是决定楚军前队绕南岸截流攻击太平军中路，分派后队迎战太平军战船。霎时间，火炮齐鸣，火箭齐射。从前被太平军俘虏的水师战船，这时全部投降楚军，罗启勇受降，令

总理各国事务衙门

他们掉转炮口轰击。太平军阵脚大乱,战船几乎被楚军烧光。楚军登岸,扫平太平军的两座坚固堡垒,在富阳南岸扎营。当天,蒋益澧部会同魏喻义部渡江,驻扎新桥。王文瑞部也击败了进攻祁门的太平军。

杭州太平军不甘坐等失败,几万人增援富阳,逼近新桥扎营。蒋益澧督率亲军埋伏在田垄,派高连升、熊建益部兵分左右进行阻击。熊建益部陷入左路太平军的阵中,吃了败仗。攻打中路的湘军则遇到埋伏,惊骇奔逃。高连升部从右路穷追太平军,派精兵抄袭其后,王宗元中枪阵亡。蒋益澧亲自冲上前去搏战,高连升得以与大军会合,挥军杀来,再次将太平军击败。

1863年5月,清廷补授左宗棠为闽浙总督,任命曾国荃为浙江巡抚。又因为曾国荃在攻打天京,不能到任,左宗棠兼代理浙江巡抚。原总督耆龄调任福州将军。这一调整,大大地扩展了左宗棠的权力范围,也给了他大展拳脚的机会。

不过,曾国藩认为左宗棠已经出任闽浙总督,与安徽、江西关系不大,于是将婺源、景德镇与河口的厘税收回,归于皖赣的部队。这时楚军军饷更加缺乏,于是左宗棠将粮台迁移到衢州,更定厘税规约,在温州行运瓯盐,奏留宁波新关税以资军食,还将所得养廉银,除寄家用二百金外,全部赈济百姓。左宗棠还写信给曾国藩,对筹饷一事提出忠告。他虽未明确表示对曾国藩收回三地厘税的不满,但从字里行间中还是可以读出他有不同的看法。

这年夏天,攻打富阳的各支湘军疾病流行,左宗棠也患了疟疾,十分困倦。部队中的患者实在太多,于是,左宗棠不得不下令暂停一切作战行动,各部回营驻守。不过,这一阶段,太平军方面也毫无动静,他们和对手一样也饱受疾病困扰。

左宗棠

第三章

统帅楚军　跃马东南

到了9月，左宗棠所部的处境才有了改善。于是，楚军水路各部大举进攻富阳。徐文秀、张志公部渡江夺取鸡笼山的坚固军营，全力攻打城西壁垒，于夜深时分攻破。富阳城内的太平军逃散，湘军终于成功进占富阳。高连升和刘清亮率领精兵驰攻新桥，攻破太平军二十座壁垒，在新桥驻扎。然后联合水师长驱直下，攻抵杭州。

杭州、余杭两城相距六十里。太平军极为重视余杭，康王汪海洋亲自坐镇此地。太平军见湘军日益逼近，便增修壁垒，连营四十里，通向余杭。左宗棠调魏喻义和康国器两部从新桥进军余杭。高连升部攻破清波门的太平军壁垒，左宗棠还调德克碑的部队归他指挥，进驻万松岭。蒋益澧部驻扎留下。此时，左宗棠的军事行动已经取得了很大的进展，他的部队已经三面包围余杭，与太平军对峙着。

杭州太平军出动一万兵力攻打万松岭军营，被高连升部击退。高连升分兵进驻天马、南屏诸山，攻打余杭的部队在城东花牌击败太平军，夺得宝塔岭驻军。宁国太平军则分头奔赴昌化和於潜，黄少春从昱关岭回援，一战将太平军击退。太平军从宁国袭击孝丰，挺进临安，企图攻击余杭湘军，刘明镫等部从新城拦截，太平军败退湖州。与此同时，太平天国的慕王谭绍光被叛徒杀害。第二天，李鸿章的淮军攻占苏州。太平军节节败退，形势已经极为不利。

杭州的太平军倚靠余杭为犄角，左宗棠认为必须先攻下余杭，进占海宁，否则无法掐断嘉兴和湖州为杭州提供的接济。于是，左宗棠率部移驻富阳，他亲自前往余杭视察部队，将富阳各部调往余杭西南面，令黄少春部从分水进军新城，扼守余杭西北。他派使者急驰，招来蒋益澧的九营兵力，会同杨昌濬等部进逼城下，大战一天，杀伤甚多，击伤太平军将领邓光明。当晚，太平军增修壁垒，挖掘长濠，连通瓶窑，以通饷道。

此时，江苏的淮军在枫泾击败太平军，嘉善、平湖、乍浦和海盐的太平军全部投降。同时，左宗棠进军横溪，令高连升部攻打杭州凤山门。太平军驻军分路出兵抵抗。高连升趁太平军阵列尚未布好，纵兵攻击，太平军大败。

高连升部攻破九座壁垒，水师也攻破一座濒江石垒。高连升部逼近城下，包围四道城门。太平军坚守古塘壁垒抵抗。黄少春等部攻破余杭城东的七座壁垒，大举进攻。杨昌濬部进军城北，康国器部进军城东，魏喻义等部在城西北列营，以分散太平军的兵力，又攻破陡门坚垒。当天，黄少春部绕攻瓶窑军营，未能攻克。第二天，各部越过城北，攻打临清堰。太平军将领汪海洋背水抵抗。楚军深入，遭遇埋伏，副将余佩玉阵亡，跟随他的士卒阵亡三百人。这时候，安徽南部的太平军古隆贤部投降，献出石埭、太平和旌德。湘军驻守东坝，接连攻克建平、高淳和溧水。天京太平军将李秀成召回，商议对策。李秀成提出放弃天京，但洪秀全不允。

当月，海宁太平军将领蔡元隆见杭州与嘉兴遭到逼攻，便向湘军投降。蒋益澧请求以廖安之任海宁知府，前往探察，自己率领轻兵，驻扎隔江的小泗渡。廖安之抵达海宁后，蔡元隆便渡江，将武器和人众造册献出，于是湘军进占海宁州。左宗棠将蔡元隆改名为"蔡元吉"，留下他手下的四千人，令他率领进攻桐乡，又派张景渠、叶炳忠驻防海宁。蔡元吉率部乘夜袭击桐乡，攀梯登城。太平军惊觉，在城堞上抵抗，击伤蔡元吉部一百多人。蔡元吉部只得暂时在城西南驻扎。蒋益澧派李邦达部会同张景渠部驻扎城东南。守军何培章部献城投降。楚军进占桐乡，令何培章率所部三千人驻守乌镇，控扼杭州通向嘉兴的孔道。

湖州的太平军分出一部分兵力去援救嘉兴，但被乌镇的楚军挡住了去路，便与杭州的太平军联合攻击乌镇驻防的楚军，从乌镇到双桥，双方连营几十里。楚军高连升部趁着杭州太平军出击之时，夺取了望江门的三座壁垒。蔡元吉则率部回援乌镇，身先士卒，陷入阵中。他被枪击伤左手，轻伤不下火线，裹创力战，力战攻破十座壁垒。太平军被迫撤退驻扎在高桥。

就在双方激战的当天，淮军和楚军开始联手围攻嘉兴城。第二天，大军开炮轰垮了几十丈的城墙，淮军将领程学启率先登城，虽然他中枪负伤，但仍然奋力挥师攻城，从而攻破嘉兴。

在连连失利面前，太平军军心不稳。守卫杭州的太平军将领陈炳文，见

第三章
统帅楚军　跃马东南

形势日益不利，决定派人参见李鸿章约定近期投降。不久，情况有变，城内的太平军杀掉了内应。左宗棠得到密报后，一方面假意同意陈炳文投降，一方面又督促蒋益澧部迅速攻城，务必尽快拿下杭州。楚军水路两路攻破杭州城外的四座壁垒，然后分兵攻打五座城门，另外还派兵牵制在十里街驻扎的太平军一部。城内城外的太平军不甘心坐以待毙，双方一直鏖战到下午天降大雨。雨停之后，左宗棠继续出兵大战，重创太平军。蒋益澧料想太平军兵势已困，便收兵回营，而沿城设下伏兵，以待时机。夜半，城内人声鼎沸。楚军各部急起攻城。太平军打开北门逃遁，楚军争门而入，一通砍杀，死伤者填满沟堑。4月1日，楚军终于占领杭州，收复了浙江省城。余杭的太平军汪海洋部在这天也弃城而出，与从杭州撤退的部队会合，一起撤往瓶窑。左宗棠亲自率领亲军追赶，太平军殊死抵抗，撤入安溪军营。楚军乘胜进军，太平军不支，分别撤向德清和武康。于是，左宗棠令杨昌濬督率亲军攻打武康，派蒋益澧部攻打德清，蔡元吉部攻打石门。与此同时，李鸿章的淮军攻克宜兴与溧阳，太平军李世贤部从宁国撤到了湖州。

4月7日，左宗棠进驻浙江省城杭州。杭州城内先前有八十一万居民，经过连年兵乱，楚军进入之时，只剩下七八万人。左宗棠下令开设赈抚局，收养难民，招商开市，禁止军士进入民居。他又上奏蠲免全省本年额赋，筹资收购茶、笋、废铁，修浚河道，开设书局，刊刻经籍。很快，杭州人心就安定下来。

安定浙江

杭州失手之后，苏州、常州、宁国和广德的太平军，都把湖州当作避难所。这时，李世贤等部仍有几万人，但各将领打算各奔前路，部队支离涣散。楚军高连升部乘机进兵湖州，击毙太平军几千人，烧毁船舶一千多只。李世贤决定率部绕道昌化，袭击绩溪，奔赴湖州，进入江西。汪海洋、陈炳文部傍靠徽州，从深渡进击淳安与遂安，被王开琳所部阻击。左宗棠增派刘明珍、刘清亮部出兵严州和衢州，太平军返回屯溪。黄文金与杨辅清部据守湖州，连营几十里。

左宗棠认为湖州四面临水，必须先破菱湖，才能向西进军，实行合围。于是，他令高连升、王月亮、蔡元吉各部从德清进军灵山，攻击西南；令刘树元、何培章部从石门进军埭溪，攻击东南；先遣刘连升、罗启勇率领水师攻击菱湖。

这时，好消息传来。清廷下诏，加左宗棠太子少保衔，并赏穿黄马褂。左宗棠麾下将士，都得到不同程度的擢拔。楚军乘势攻破菱湖太平军

左宗棠

第三章

统帅楚军　跃马东南

一座营垒。

驻扎在湖州的太平军出动几万人全力攻打楚军高连升的军营，同时又派出一万人从张村抄袭楚军军营的后方。高连升审时度势，看到太平军阵势后方人员密集，知道敌人有埋伏，命令部队不要轻举妄动。两军一直相持到黄昏，太平军开始持火炬进攻楚军。高连升收兵回营，却在壁垒旁密布火器，暗中发射。太平军中计，受到重创不得不选择撤退。高连升见状，令全军出动追击，太平军在逃跑途中自相踩躏，伤亡惨重，尸骸枕藉。抄袭张村的太平军，也遭到从武康出兵的楚军罗大春部打击，失败而退。

这时又一个捷报传来，台湾的绿林起义已被清军平定。左宗棠得知消息后令清军林文察部内渡，康国器部则从蒲城增援，兵分水陆两路共同攻打菱湖。同时，蔡元吉部也在菱湖的东南扎营，渡河之后，攻破了十座壁垒，占领了荻港。

这时，太平军在江西兵力强大，李世贤部驻扎崇仁，汪海洋部驻扎东乡。在江西会师的太平军之所以为数众多，是因为他们认为湖南人是自己的克星，不敢进入相邻的该省。从赣水往东，到处都有太平军。清廷得到报告，颇为忧虑。左宗棠上奏，建议清廷在江西集结兵力，使江西太平军无法返回皖南，救援天京。他认为江西没有能够服众的统军将领，向清廷推荐杨岳斌督办江西和皖南的军务，由刘典协助办理。清廷允奏。

6月11日，太平天国天王洪秀全在天京去世，幼主洪天贵福即位，太平军日益军心涣散。僵持到7月19日，湘军曾国荃部攻克天京。当天正午，天京太平门外一声巨响，城墙崩坍，烟尘升起数十丈，天京陷落。湘军对天京的围攻终于有了一个血腥的结尾，整个天京城都笼罩在一片恐怖的氛围中。两天之后，气喘吁吁的信使叩响了曾国藩湘军大营的营门。已经睡下的曾国藩在三更天被人叫醒，马上披衣复起。他已经猜到是什么消息，颤抖的手紧紧握住咨文，读后百感交集，夜不能寐。

曾国藩从起兵到今天，整整十二年了。这十二年里，他失去了两个亲兄弟，也亲手把数万名湘乡老乡送入鬼门关。自己更是几次自杀，数度临险，

清军攻陷天京

忍受了无数艰巨和委屈，才换来这一张捷报，于是连忙向清廷报捷。

收到捷报，清廷册封曾国藩为一等侯，世袭罔替，同时册封曾国荃为一等伯。有清一代近三百年里，汉人得此荣誉者，少之又少。真是兄弟二人皆列土，可怜光彩生门户。

然而，就在封侯的喧闹喜庆过去不久，曾国藩却又一次陷入了苦恼之中。原来，曾国荃午夜送来的那张捷报存在着一个致命的问题。曾国荃没有详细调查，就匆忙汇报说，天京城内十万太平军皆被消灭，幼天王举火自焚。天京一役，圆满成功。

然而曾国藩所没有想到的是，在天京城破之际，太平军有数千人成功突围。而这在突围的数千人当中，就有洪秀全的儿子幼天王。太平天国幼天王成功逃脱，使得太平军残部仍心有所系，那湘军平定太平天国自然不能算是彻底的成功，那么曾国荃围困天京血战两年得来的"首功"由此也大打折扣。曾国藩得知真相后，如同当头一瓢凉水。他只能盼望周围布防的湘军能在天京城外迅速抓住幼天王。这样，他也可以从容向朝廷汇报，极力回旋，使他们兄弟不至于十分难堪。

更让曾国藩想不到的是，太平天国幼天王居然一路逃过湘军在天京城外的层层布防，直走千里逃到湖州投奔了太平军剩余诸王中的堵王黄文金部。更严重的是，居然有人不禀告他，而是直接将此消息报告给了朝廷。

第三章
统帅楚军　跃马东南

此人就是左宗棠。

原来早在此之前左宗棠就已经通过线人，提前得知了太平天国幼天王的行踪。而按常理而言，左宗棠应该及时把这个消息告诉曾国藩，让曾国藩来决定如何处置整个事情。退一步说，即使是由他来向朝廷汇报，无论如何也应该先与曾国藩、曾国荃两兄弟通报一下情况。这样于国家无损，而于私谊有益。事实上，在以前的军务大事上，左宗棠一直是这么做的，唯有这次，在涉及曾氏兄弟根本利益的大事上，左宗棠似乎出于"瑜亮之争"的复杂心态，并没有这样做。在获得了幼天王下落后，他选择了绕开曾国藩立刻直接奏报朝廷。

收到左宗棠的奏章后，慈禧太后勃然大怒。她万万没想到素称老实厚道忠心耿耿的曾国藩居然敢撒弥天大谎如此欺君罔上。于是她降下严旨，沉重切责曾国藩。这道谕旨的语气可谓是空前的严厉，不仅指责曾国藩以前的奏折"茫无实据""全不可靠"，而且还表示要严惩曾国藩"防范不力"的部下。不要说慈禧主政以来，对曾国藩一直是客客气气，就是对曾国藩不太感冒的咸丰皇帝，也从来没有说过这样的重话。曾国藩的自尊心受到了空前打击，声誉也大大跌落。

其实，曾国荃克复江宁之后，清廷疑忌之心就已加重。当得知幼天王脱逃的情况之后，清廷更是借题发挥，要求对责任人从严参办，就更加清楚地摆明了一副借此事对曾氏兄弟实行打压的态势。

这时候，事情已经十分明显。曾国藩此前的奏报与事实是有差异的，有这么多线索反映幼天王已经逃逸，曾国藩本应认真对待，检查一下真相究竟如何，但是，他根本不去考虑自己的奏报有可能失实，而是再三辩解，理直气壮地采取了另外一种做法。在8月30日的奏折中这样回复：

> 臣初闻金陵克复，亦深虑极大之城，必多窜逸之贼，湖熟追杀尽净之说，臣亦不敢深信！迨臣至江宁小住经旬，距克城已逾二十日，而附近如溧水、句容、丹阳、高淳、东坝、建平各防之将，各

县之官,并未禀报有贼匪窜过之事。……臣再三推详,由金陵至广德,县县有兵,层层密布。其中如驻句容之刘铭传,驻溧水之王可升,驻建平之李榕,驻东坝之郑魁武,皆晓事不欺之人,又奉严防逸贼之札。若谓洪福瑱仅带零贼,剃发潜遁,此数处者,或不知之。若贼众至二三千之众,而谓此数处一无闻见,既不截剿,又不禀报,此事理所必无也。

曾国藩既然如此辩解,左宗棠不能不作答复,于是,针对曾国藩的奏折,他也在随后的《杭州余匪窜出情形》中作了这样的回答:

> 顷准曾国藩抄送七月二十九日复奏洪福瑱下落一片,内称杭州克复时,伪康王汪海洋、伪听王陈炳文两股十万之众全数逸出,未闻纠参,此次逸出数百人,亦应暂缓参办。臣窃有所未喻也。当臣军肃清浙东时,军威颇壮,杭城守贼无多,本可速克,比因皖南贼势鸱张,不得已调刘典分军赴皖助剿,而臣驻严州以资兼顾,其攻富阳及杭城者,仅蒋益沣一军及水师数营,又正疾疫繁兴之时,兵力更薄。此机一失,首逆陈炳文、汪海洋纷纷踵至,贼数始多。自富阳克后,贼悉力守杭城、余杭。维时臣战余杭,蒋益沣战杭州,屡次破垒获胜,臣奏两城贼势窘促,并未以贼数众多为言,每与交战,逆贼多不过一万数千而止,迭次奏报甚详,尤堪复按。其所以持久而后克复者,实由杭、余两城中间相距六十里,我军未能合围,贼占地势,攻守之难易悬殊也。曾国藩称杭城克复,十万之众全数窜出,所谓十万全数,果何据乎?两城之贼于二月二十三夜五更窜出,陈炳文启杭州武林门而窜德清,汪海洋出余杭东门而窜武康,官军皆于黎明时入城,臣前此奏报克复两城时业经详细陈明,并无一字稍涉含糊。夫以片时之久,一门之狭,而谓贼众十万从此逸出,殆无是理!此固不待辩而自明者也。

第三章

统帅楚军　跃马东南

　　至湖州之贼，如黄文金、李远继、杨辅清等，皆从江西、皖南而来，此外苏常丹句嘉兴诸贼亦麇聚于此，最后则李世贤大股一并窜入。陈炳文、汪海洋之窜德清、武康也，李世贤实迎护之。杭、余两城之北数十里，处处皆为贼守，非可一攻即下，观于武康、德清之复，两城在克复旬日之后，可见贼数之多不在杭、余两城也明矣。李世贤与陈、汪两逆既入湖城，贼数自有增无减，李世贤由湖州、广德、绩溪窜徽州，旋由婺源窜江西，贼数十五六万，其时曾国藩有皖南诸城岌岌之奏。陈、汪两逆窥浙军赴歙南小川，遂由白际、马金诸岭翻入浙境，又经浙军迭次截剿，其窜入江西者尚数万计。厥后与李世贤合并，其党之或分或合，更无从知。曾国藩殆以陈炳文降数之多，谓均从杭州窜出乎？臣阅鲍超抄示陈炳文降书诸头目姓名，多非杭州旧有之贼也。

　　至云杭贼全数出窜，未闻纠参，尤不可解。金陵早已合围，而杭、余则未能合围也。金陵报杀贼尽净，杭州报逆首实已窜出也。臣欲纠参，亦乌得而纠参之乎？至若广德有贼不攻，宁国无贼不守，至各大股逆贼往来自如，毫无阻遏，臣屡以为言，而曾国藩漠然不复介意。前因幼逆漏出，臣复商请调兵以攻广德，或因厌其絮聒，遂激为此论，亦未可知。然因数而疏可也，因意见之弊遂发为欺诬之词，似有未可。臣因军事最尚质实，故不得不辩。至此后公事，均仍和衷商办，臣断不敢稍存意见，自重怨尤。

　　随着前线传来的越来越多关于幼天王的消息，他的存在已经确凿无疑，那么，曾国藩前面奏折中所说的，又该如何解释？曾国藩和他的将领到底有没有责任？大量太平军之所以能够往来自如，全部是因为广德在他们控制之中的缘故，在这一问题上的失误、过程和责任，也应该是清清楚楚的，如果继续辩论下去，肯定会越来越无法招架。

　　于是，曾国藩采取了十分明智的对策，就是再也不发言了。

　　这年10月，清军终于在江西擒获幼天王，他被押解到南昌处以磔刑。从

事实上证明了左宗棠所言非虚，曾国藩更陷于难言的尴尬。双方彻底失和，自此而始，直到曾国藩去世，两人之间再没任何私下交往。

此时其他战场还在一片烽火之中。楚军蒋益澧部在思溪结扎浮桥，沟通蔡元吉部，到中流时被太平军攻击，伤亡几百人。左宗棠训斥道："双福桥既难攻下，就应该改图荻港和袁家汇，进军长超山，则贼寇必定回顾。那时，蔡元吉部就可趁机杀出。"于是高连升部改攻荻港，击破三座军营。当晚，太平军水师将领投降。楚军水师从太湖抄袭袁家汇，高连升等部继进。正如左宗棠所料，太平军果然全军回援。蔡元吉派遣杨应龙率五百人首先突围，杨应龙力战而死。楚军各部加紧攻击袁家汇。当晚，蔡元吉率部涉水突出，兵力损失四分之三。蔡元吉部被围三十天，粮食吃尽，煮桑树皮为食，军士陆续饿死，但无人叛逃。左宗棠念他该部死守，奏请清廷将蔡元吉免罪。当天，张景渠会同淮军攻破晟舍。太平军起初以全力围攻东埠，而蔡元吉部突围以后，晟舍又被淮军所破。于是，太平军士气低迷。思溪和双福桥的太平军全部撤走，湖州城内的太平军陆续投降。刘树元部攻拔升山军营，高连升部急攻袁家汇。忽然湖州城内起火，太平军狂奔而出。楚军追逼到城下，城内太平军已经溃散。楚军急忙绕城西截击，斩杀二千多人。水师从四面进入，将太平军战船全部烧毁。

楚军攻克了湖州，杨昌浚部攻占安吉，将太平军追到孝丰。这时，湖州撤出的太平军也抵达孝丰。杨昌浚部会同驻军刘端冕等部追击。太平军一并奔向宁国，与广德的太平军会师。蒋益澧督率各部沿四安、梅溪歼灭一万多名太平军，遣散几万人。左宗棠令衢州和严州的黄少春、刘明珍各部，加强边界防备，调王德榜、王开琳部东返，扼守婺源。左宗棠这时已经意识到，福建还会有很多麻烦在等着他，于是他从海陆两路调兵遣将，做好了准备。

刘端冕部从宁国追击太平军，击毙了黄文金。太平军撤至昌化，分兵进军淳安，其余部队西奔绩溪。左宗棠派罗大春部从临安、於潜出兵，扼守昌化。罗大春部到达时，昌化驻军刘光明部已经与太平军交手，于是罗大春挥师夹攻，太平军败走昱岭关。进军淳安的太平军抵达蜀口，遭到黄少春、刘

第三章
统帅楚军　跃马东南

明珍各部拦击，太平军大败。

楚军随后在黄金岭击败太平军，追逐五十多里，斩杀六千人，释放一万多名百姓。太平军余部奔入徽州、歙县境内。楚军各部又赶到建口拦截，接收三万人投降，收缴七千杆洋枪。太平军余部分散逃亡遂安、开化。所到之处，都遭到楚军攻击，无法喘息。逃出者傍靠江山和常山奔向江西的广丰。于是，浙江全境战事平息。

天京的陷落和苏南、浙江根据地的丧失，标志坚持了十四年之久的太平天国农民运动已基本失败。曾国藩、左宗棠、李鸿章等人在镇压太平天国的过程中为清政府立下了汗马功劳。然而，太平军余部的顽强抵抗，又成为清朝统治集团面对着的一个棘手问题。曾国藩与左宗棠也在对待这个问题上闹得不可开交，互相上奏告状。清廷恰好利用这一点，一面表示"朝廷于有功诸臣，不欲苛求细故"，以使左宗棠对清廷感恩戴德，一面也通过进一步重用左宗棠限制曾国藩的势力过分膨胀。这样，在湘系集团中，左宗棠率先敢于同曾国藩分庭抗礼，他们二人的矛盾也从此臻于激化，以致彼此不通音讯。

太平军余部从广东大埔折入福建汀州，又接连攻克龙岩、南靖和漳州。李世贤和汪海洋等将领全部进入福建，闽地的清廷官府大为震惊。于是，左宗棠调林文察部扼守泉州，康国器部增援漳州，令黄少春率四千五百人从衢州进军延平，令刘典的八千新军从建昌挺进汀州，令高连升率三千五百人从宁波泛海抵达福州。他的战略是取远势，将太平军逼到一隅，加以聚歼。

清廷对左宗棠论前后战功，诏封他为一等伯爵。左宗棠上疏固辞，清廷不准，又赐名"恪靖"。左宗棠随即受命率军进入福建，速筹进剿。他还上奏请以蒋益澧为浙江巡抚，杨昌濬代理布政使。当月，左宗棠还上言说，兵燹凋敝，如果又是关厘并举，无异于竭泽而渔，遗孑之民必定会更加穷困。他请求暂缓开关，每年从厘捐收入中抽出十万两银子供给织造。

进军闽粤

太平军余部分为北、南两支。北方余部由皖北的陈玉成部将赖文光等人统率,与张宗禹率领的捻军会合,组成新捻军,活动于黄淮一带。南方余部以皖南和苏、浙的太平军为主,分别在李世贤、汪海洋等人的统率下,先是汇合于江西,后转战于福建、广东。左宗棠此时所面对着的正是太平军南方余部。

福建战事日益吃紧,作为闽浙总督的左宗棠又奔赴福建去镇压太平军余部。他在离开浙江时,还牵挂着这个省份的民生疾苦,奏上《浙省购置义烈遗阡请列入祀典致祭并蠲免地税片》:

> 浙江省城前遭发逆窜踞,官绅、兵民、男妇、大小惨罹凶难,死得以数十万计。官军入城,尸骸枕藉。当饬办理善后事务在籍道员胡光墉等,克日收殓其无主之全具尸骸,均备棺掩埋义山。此外累累白骨,遍地纵横,经胡光墉同各绅士等广雇民夫,陆续收殓于西湖南北两山,择地分造大冢,北山仁寿山麓地方收瘗二十一大冢,均甃石封筑,前树石碣,四面缭垣,门中建亭立碑。工竣绘图禀报前来。

他在奏折中遗憾地谈到,浙江百废待兴,除匪安良、剔除痼弊、修复水利三件大事刚刚起步,应办未办之事,他已向蒋益澧和杨昌浚详细交代。

左宗棠于1864年11月28日离开杭州,前往福建。12月14日,左宗棠

第三章
统帅楚军 跃马东南

抵达福建蒲城。这时候，李世贤部占据漳州，分兵占据龙岩、永定、南靖、云霄与平和。汪海洋部则袭掠长汀、连城、上杭等县境，他自己驻扎南阳乡。太平军总兵力达二十多万。清军林文察部攻打漳州，驻扎万松关，在太平军的袭击中阵亡。当地会党趁机起事，局面更加混乱，泉州、厦门震动。

楚军各部终于先后到达。左宗棠令高连升部前往同安，以保泉州、厦门；令黄少春部开赴长泰，以攻取漳州；令刘典部进军连城。王德榜已补授福建按察使，率部随刘典继进，合力攻打龙岩。左宗棠自己则督率亲军，挺进延平策应。

不久，太平军在漳平包围康国器部，刘典部从连城东援。楚军轻率进军，被太平军抄袭，丢失军营，退保连城。王德榜、王开琳两军抵达指定位置，会同刘典部将领黄有功、张福齐等部从连城进军。高连升、黄少春两部逼近漳州，与太平军相持。

左宗棠在进入福建之前，就知道这是一个贫瘠的省份，于是决定从浙江每月筹办支援福建军饷十四万两。进入福建之后，他发现福建的政治比他想象的更为腐败混乱。在《沥陈闽省困敝情形请调员差委折》中，他上奏陈述福建省的困难和凋敝情状：

> 奏为沥陈闽省困敝情形，应请调治事之才赴闽差委，力扶危局，仰祈圣鉴事。
>
> 窃闽省吏治、军政之坏，由于因循粉饰已久，积习相沿，骤难更易，外观虽尚无他，而切按则鲜有一事可期实济者。臣入闽以后，详加访察，觉其习气之深，竟与各省十年前景象无异，深抱隐忧。一省之大，筹兵则无一卒之恃，筹饷则无一月之储。问守令，则朴干者难得数人；察局员，则练达者未能指数。而民俗则悍戾几若性成，罔识法纪。所在匪盗蜂聚，官司莫敢谁何。其在都邑，率畏贼而不畏官；其在乡团，则抗官而兼通贼。制兵率虚存册籍，训练久荒；武职则但事营求，胆技均弱。推原致弊之故，约有数端：

各省捐例同开，流弊虽多，尚有限制。闽自铁钱、钞票难以通行，乃图借此收捐，为绕算通融之计。捐生买票上兑，层递减折，明符例价，暗得便宜。一经得官，即可兼权子母。入仕之始，即怀苟利之心，取息稍丰，又可为捐升之本。而且委署必计年限，更换多因调剂。其作官也，俨若经商；其视官也，一如传舍。此吏道之所以杂也。

制兵之饷，本为至薄，闽之减给，又已三年。或每日给银三分，而米则停发；或每年仅得米一石八斗，而银则全无。虽日事平补给，实则一饱无时。如是而责其荷戈用命，其谁甘之？其黠者，且纳资以捐千、把，但能营谋差使，便可积有盈余，于是有递捐至都、守、参、游者。官秩稍崇，则索陋规，买弁缺，取偿尤易。若辈但晓牟利营私，何知整军经武。此军政之所以坏也。

闽省山乡狭瘠，本地所产谷米，不足供本地之食。民之谋生既艰，复喜游惰，不勤工作。又近年鸦片流毒日宽，吸食者十人而五，其流为盗贼，势所必然。慨自吏治不修，官司不知教养为何事，治本之策已亡；官司不知政刑为何事，治标之策复失。民无耻为盗贼之心，复无惧为盗贼之心。小则伏路杀人，大则入会行劫，而盗贼日盛矣。盗贼盛而制兵不足制之，势不能不增募勇丁；勇丁散则复为盗贼，而又加以粤东游手、下府奸民杂错其间，于是闽中各郡县皆匪与盗之渊薮矣，何怪巨寇一人，从乱如归乎？

臣前在浙，但忧闽省无贤能之官，冀尚有安静之吏；但虑闽省无朴勇之将，冀尚有可战之兵。乃自入闽以来，所见所闻竟有出意想之外者，中夜以兴，罔知攸措。窃维经武之道，丰财居一；理人之术，得才为先。闽省吏治、军政之坏，实均因贫困而起。则治闽之要，首在理财。理财之要，在于修明政事。孟子所谓"无政事，则财用不足"者此也。今欲修明政事，则必先求治事之才。臣请就所知者先调数员入闽，以资襄助。新授浙江督粮道周开锡、记名道

第三章

统帅楚军　跃马东南

吴大廷、按察使衔福建补用道胡光墉、奉旨交臣差遣刑部员外郎张树菼，此四员皆近在浙江，可以速到。伏乞敕下浙江抚臣，催饬迅速来闽，以资差委。又臣迭次保奏留浙文员中，尚有可调赴闽省者，可否由臣酌调赴闽，遇有地方诸事急需整饬者得以差遣委署，暂请勿拘成例，俾臣得以及时整理，庶危局借以支持。如蒙俞允，容臣随时具奏请旨。又今岁会试后，新中贡士之以即用知县分发各省者，并请敕下部臣多签十数员来闽，以供差委。

左宗棠指出这个省份在吏治、军事和政治方面的弊端，都是因为贫困引起的。因此，要把福建治理好，首先就要理财。而理财的关键在于整顿政务。而要整顿政务，就要起用办事的干才。他请调周开锡、吴大廷、胡光墉等来福建，由他差遣委派。清廷同意左宗棠的奏请。

1865年2月，太平军侍王李世贤分兵攻占漳浦，同时召集汪海洋部在龙岩会师，两军抄袭楚军背后，全力进攻长泰和安溪。由于楚军王德榜部在庙前扼守，使得太平军无法推进，而另一支楚军康国器部又击败了龙岩的太平军。因此太平军不得不放弃龙岩，前往漳平，楚军成功占领龙岩。汪海洋又打算从新泉前往漳州，再与李世贤部会合。王德榜部会同刘典部紧追不舍在

太平天国后期形势

马阳洞击败汪海洋部，斩杀太平军六千余人。高连升部也火速出兵，掐断了进攻丹州的李世贤部太平军的归路，顺势大破这支太平军，杀伤其精锐过半。李世贤只能撤回漳州。同时，在楚军的重压之下，汪海洋部被迫放弃南阳乡，前往上杭。楚军杨芳桂、戴奉聘、王德榜、刘典、王开琳等部连连追击，太平军一败再败，折损数千人，被迫向永定逃去。

不久，李世贤部联合南靖太平军进攻楚军，楚军各部越过赤岭迎击，重创太平军，斩杀四千人，杀伤者数以万计。同时，刘典部在龙岩、漳平交界处的奎洋击败了汪海洋部，不久，又会同康国器、张恒祥部攻破汪海洋的军营。王开琳部也在永定屡次挫败太平军。左宗棠认为，太平军已无路挺进江西，而楚军从东北合力攻击，太平军一急之下，又会进入广东，随着他们占据着的漳浦和诏安的丢失，更有撤向海上的可能。于是，他令水师分别扼守铜山与硿口，又致书广东官府，请他们派兵防守大埔和饶平。当月，江苏的淮军郭松林与杨鼎勋部八千人从海路抵达福建。左宗棠令他们分路推进海澄与漳浦，以攻击漳州以南，又派刘明镫部赶赴漳州以北，与王德榜、刘典两军共同攻打南靖。

5月初，左宗棠从由延平进驻福州。王德榜、刘清亮两部攻打乌门太平军营垒，未能攻克。高连升见乌门太平军与城东北楼内的太平军互为犄角，认为要攻克漳州，一定要先攻占楼内寨，而要攻占楼内，就一定要攻克乌门。于是，楚军与淮军大举进攻乌门，高连升分出部分兵力以牵制楼内的太平军。两军包围乌门后，太平军坚守壁垒抵抗。守备何世载部首先攻破一座壁垒，各部一并攻击，将所有壁垒攻破，斩杀多达万人。这时风大雨急，楼内的太平军已抵挡不住攻势。高连升部冒雨转战楼内，黄少春部前往北尾桥助攻。楚军顺风放火，太平军突出城外。高连升挥师攻进漳州，李世贤率部投入巷战，拼死抵抗。一个时辰后，李世贤率部从西门撤往南靖。楚军占领漳州。在此几天前，刘典所部会同康国器部接连在奎洋的苦竹击败太平军。汪海洋部奔赴大埔。王德榜、刘清亮部随即攻克南靖。

在南靖被楚军拿下之后，当地的太平军会合漳州的李世贤部一起撤往平

第三章

统帅楚军　跃马东南

和。楚军跟踪追击一路杀到羊城，斩杀太平军五千人。楚军乘胜围攻剩余的太平军，高连升部绕到太平军后背攻击，太平军阵势动摇。高连升派出所有精兵冲锋，太平军大败而逃。李世贤拔剑斩杀几百名后退的士兵，仍然无法制止溃退。平和城内的太平军十分恐慌，弃城出逃至大埔。同一天，淮军郭松林部也攻克了漳浦。当晚，云霄的太平军接到败报，军心大乱，溃不成军。

不久，楚军将李世贤部逼到猎射坳，予以重创，李世贤受伤，部队溃散，一万名太平军投降。太平军另一将领何春贵也率领两万人投降王开琳部。汪海洋部逃往上杭的中都。左宗棠从泉州移节漳州，命令各部追击。高连升和黄少春两部追赶汪海洋部，抵达姑滩，将之挫败。汪海洋部从武平奔向广东镇平。至此，福建的战事也全部平息。

7月，太平军奔赴嘉应州，攻破广东清军的石峰、白渡军营。楚军康国器部出兵龙川，太平军撤回镇平。这时，湘军鲍超部霆字营的叛卒从兴宁到来，与太平军会师。太平军军势重新振作。随后，太平军大举进攻武平，企图取道汀州，进入江西。高连升、黄少春所部分路出兵阻击，当天下午，左路军将领汤复春中炮阵亡，部队稍稍退却。黄少春见状麾军陷阵，高连升部也斩杀了太平军将领伍金保，打击了太平军的士气。太平军被迫撤回镇平。

镇平处在万山丛中，山高谷深，左宗棠认为太平军不可能长久驻扎，必定将试图再次进入江西，如果楚军翻山越岭进入广东，就到了太平军背后，可以将太平军引诱到福建边界加以重击。于是，他令康国器、关镇邦部攻击太平军东南；高连升、黄少春、刘清亮各部严密扼守武平边境，阻挡太平军的北面；刘典、王德榜两部分别驻扎在上杭和武平。他又多次知会广东清军扼守镇平西南，配合夹攻。

康国器率部设下埋伏，重创镇平的太平军。李世贤孤身一人来到镇平去见汪海洋，然而此时太平军却发生内讧，汪海洋派人设计杀死李世贤，使太平军内部的彼此猜忌更加严重。汪海洋担心部队遇险，部众将会瓦解，便分兵进入龙川，攻占长乐。广东清军回师援救，同时催促福建的楚军出兵攻打镇平。

楚军高连升、黄少春部越岭驻扎分水坳。太平军进攻分水坳军营，楚军奋力阻击，击毙太平军三千余人，然后步步为营，进逼到镇平城下。康国器部又攻破石古军营。太平军陷入困境，放弃镇平，西进平远。黄少春、高连升部会同康国器部分道追击，太平军四千多人投降，一万多人被杀。于是，左宗棠将王德榜部留在福建，令其余各部分头出击消灭太平军。

11月，清廷任命左宗棠为广东、江西、福建三省军队的最高统帅。左宗棠亲自督率各军进入广东境内联合作战。

左宗棠认为，太平军既然已经逼近汀州和漳州，他必须首先巩固福建的防御，然后才能主动进兵。他在一切布置安排妥当后移驻大埔，督率各军围攻嘉应州城。

最后的战役打响了。汪海洋见各路清军渐渐逼近，便在四周山上设下埋伏，以抄袭清军后路。刘典听说太平军出战，分兵疾进，与太平军遭遇，双方肉搏血战一直到黄昏时分。黄少春、王德榜两部在营垒修成之后，各自率部攻击太平军左右两翼，给予太平军重创。汪海洋率部死战，太平军横尸累累，闭塞川原。负责抄袭清军后背的太平军，遭到高连升部拦击，全部都被击败。1月28日，汪海洋重伤而死，偕王谭体元率领残部继续战斗。入夜，城内守军看到围城部队火如龙蛇，军心动摇。谭体元下令打开西南门，悄悄撤出嘉应州城，企图越过黄沙嶂逃走。此时太平军仍有几万人，由于山路险峭，无法迅速前进。清军各部得到消息，连忙合力追击，太平军一万六千余人被杀。太平军将领胡永祥被楚军高连升部将丁贤发部俘虏。

楚军进入嘉应州城，并分路追击太平军。太平军残部全部聚集北溪，追击至此的楚军从四面山头涌出，呼喊道："放下武器者免死！"六万多名太平军跪地投降，漫山遍野都是丢弃的武器，楚军接受了投降。至2月9日，黄沙嶂战役结束，江南太平军的余部全部败灭。清廷上谕嘉奖左宗棠督办军务调度有方，赏戴双眼花翎。于是各部凯旋，回师途中左宗棠作《祭楚湘闽粤忠义将士文》，以告慰亡灵。

第三章
统帅楚军　跃马东南

维昔祖征，载筛东驰，江西以奠，皖南是毓，荡平浙水，讫于海陲，逾峤陆岭，梅循并规，斩巢域让，种灭无遗。曰维公等，实左右之，如雷如霆，以张我师。我师还归，公等莫随，威尊命贱，遇赛数奇，冲锋蹈刃，裁体堕肢。自古有死，凛凛须眉。我愧生存，追想涕洟。凉月满庭，南郊凄其。梦瘖吞声，甚矣吾衰！命驾出郭，薄奠陈词，涂车当灵，以妄塞悲。大白飘摇，恍惚灵旗，素车白马，赤豹文狸。桓桓毅魄，毋与鬼嬉。繁藻有荐，遍东南维。妥兹英灵，式鉴庶其！

左宗棠立下大功之后回到福州，他的夫人周诒端带着家人也来到了福州与他团聚。左家夫妻父子相见，唏嘘不已，相抱呜咽。左宗棠自从1859年离家以后，时隔六年多，才第一次与家人团聚。他和家人此次相见时恐怕已经料到此后的岁月依然会是离多聚少了吧。

第四章
兴办洋务　师夷长技

商办船政

第二次鸦片战争结束后，西方列强鉴于通过发动侵华战争攫取到了新的权益，向清政府表示了"中外合好"的姿态，并建议清政府"借师助剿"，以便共同镇压太平天国。目光敏锐的曾国藩、左宗棠抓住了清政府与列强关系暂时缓和这一机遇，开始了仿造轮船的活动。

时任中国海关总税务司的英国人李泰国为清政府买下了一支舰队，却擅自任命英国海军上校阿恩本担任舰队司令。总理衙门大臣奕䜣等人认为李泰国是想借此举将中国海军兵权、利权移于外国之手，这是决不能接受的。双方争执不下，最终结果是该舰队被遣散，已买回的军舰变价出售，清政府在这次购船过程中经过一买一卖的折腾总计浪费掉了七十万两白银。鉴于此，左宗棠上书总理衙门，指出买船难处颇多，还提出自造轮船才是当务之急。

左宗棠在积极倡导仿造轮船的同时，也曾在杭州仿造小轮船一艘，试航于西湖，但航速较慢。他邀请法国军官德克碑、税务司日意格前来观看。德克碑等人出示法国造船图册，请求代为监造轮船。但由于太平军攻克漳州，左宗棠忙于进军福建，未暇顾及。直到左宗棠平定了太平军余部后，才集中精力把加强海防，以御外侮的问题置于主导地位。德克碑辞去军职回法国后，将制船图式、船厂图册及购买轮机、招募洋匠等事的方案

奕䜣

第四章

兴办洋务　师夷长技

托日意格转送左宗棠。

身为总督闽浙的封疆大吏左宗棠行抵福州后，经过两个多月的深思熟虑，他正式向清廷提出了创办福州船政局的请求。他认为中国自华南到东北，海岸线连绵不绝。而自海上用兵以来，西方列强的火轮兵船横行于中国沿海，无法抵挡。左宗棠觉察到了世界许多国家争先恐后的军备竞赛情况，深刻指出：

西洋各国与俄罗斯、咪利坚，数十年来讲求轮船之制，互相师法，制作日精。东洋日本始购轮船，拆视仿造未成，近乃遣人赴英吉利学其文字，究其象数，为仿制轮船张本，不数年后，东洋轮船亦必有成。独中国因频年军务繁兴，未暇议及……彼此同以大海为利，彼有所挟，我独无之。譬犹渡河，人操舟而我结筏；譬犹使马，人跨骏而我骑驴，可乎？……欲防海之害而收其利，非整理水师不可；欲整理水师，非设局监造轮船不可。

后来，左宗棠还曾应魏源后人之请为《海国图志》作序，其文如下：

邵阳魏子默深《海国图志》六十卷，成于道光二十二年，续增四十卷成于咸丰二年，通为一百卷。越二十有三年，光绪纪元，其族孙甘肃平庆径固道光熹惧孤本久而失传，督匠重写开雕，乞余叙之。

维国家建中立极，土宇宏廓。东南尽海，岛屿星错，海道枚分，内外有截。西北穷山水之根，以声教所暨为疆索，荒服而外，大喻无垠，距海辽远。以地形言，左倚东南矣，然地体虽方，与天为圆，固无适非中也。以天气言，分至协中，寒暑适均，则扶舆清淑所萃，帝王都焉，历代圣哲贤豪之所产也。海上用兵，泰西诸国互市者纷至，西通于中，战事日函，魏子忧之，于是搜辑海谈，旁樵西

人著录，附以己意所欲见诸施行者，俟之异日。呜呼！其发愤而有作也。

人之生也，君治之，师教之。上古君、师一也，后则君以世及而教分，撮其大凡，中儒西释，其最先矣。儒以道立宗，受天地之中以生者学之；释氏以慈悲虚寂式西土，由居国而化及北方行国。此外为天方，为天主，为耶稣，则肇于隋、唐之间，各以所习为是，然含形负气，钧是人也。此孟子所谓君子异于人者也。其无教者，如生番，如野人，不可同群。此孟子所谓人异于禽兽者也。释，道微而天方起，天方微而天主、耶稣之说盛。俄、英、法、美诸国奉天主、耶苏为教，又或析而二之，因其习尚以明统纪，遂成国俗。法兰西虽以罗马国为教皇，其人称教士，资遣外出行教，故示尊崇，然国人颇觉其妄，聊以国俗奉之而已。今法为布所败，教皇遂微，更无宗之者。是泰西之奉天主、耶稣，固不如蒙与番之信黄教、红教也。佛言戒杀绝纷，足化顽犷，时露灵异，足愒殊俗。其经典之入中国，经华士润饰，旨趣玄渺，足以涤除烦苦，解释束缚，是分儒之绪以为说者，非天方所可并也。天主、耶稣，非儒非释，其宗旨莫可阐扬，其徒亦鲜述焉。泰西弃虚崇实，艺重于道，官、师均由艺进，性慧敏，好深思，制作精妙，日新而月有异，象纬舆地之学尤征专诣，盖得儒之数而萃其聪明才智以致之者，其艺事独擅，乃显于其教矣。

百余年来，中国承平，水陆战备少弛，适泰西火轮车舟有成，英吉利遂蹈我之瑕，构兵思逞，并联与国，竞互市之利，海上遂以多故。魏子数以其说干当事，不应，退而著是书。其要旨以西人谈西事，言必有稽；因其教以明统纪，征其俗尚而得其情实，言必有伦。所拟方略非尽可行，而大端不能加也。

书成，魏子殁。廿余载，事局如故，然同、光间福建设局造轮船，陇中用华匠制枪炮，其长亦差与西人等。艺事，末也，有迹可

第四章

兴办洋务　师夷长技

寻，有数可推，因者易于创也。器之精光淬厉愈出，人之心思专一则灵，久者进于渐也。此魏子所谓师其长技以制之也。鸦片之蛊，痛养必溃，酒过益醒，先事图维，婴粟之禁不可弛也。异学争鸣，世教以衰，失道民散，邪愚愈炽，以儒为戏不可长也。此魏子所谓人心之寐患，人才之虚患也。宗棠老矣，忝窃高位，无补清时，书此弥觉颜之厚，而心之负疚滋多，窃有俟于后之读是书者。

前后综合来看，很明显，抵御列强对中国沿海的进一步侵略，未雨绸缪防患于未然，是左宗棠创办福州船政局的主要思想动因。

日夜筹备

　　清廷颁布上谕，对左宗棠设厂造船的奏章表示赞许，批准了他的请求。左宗棠创办福州船政局的上奏被清廷批准后，即着手于船厂的筹建。他函邀法国人日意格和德克碑速到福州商讨设厂造船等项事宜。

　　选择局址是一项首要任务。日意格抵达福州后，随同左宗棠前往马尾。他们最终选定在马尾山下建造船厂。选定马尾作为福州船政局的局址自然是经过一番深思熟虑。马尾山下之地，宽阔广大，土实水清，可以设为船槽、铁厂、船厂及安置中外工匠之所。并且马尾地理位置险要，沿闽江而上距离省城福州有六十余里，顺闽江以下抵五虎门海口八十余里，闽江口外有许多岛屿，星罗棋布，沿江的金牌门、长门、罗星塔等处设置有炮台，江的两岸群山环绕，只要布置几个水雷，便能阻住入侵的船只。所以，局厂设于马尾，临江依山，有利于设防。局址选定后，左宗棠同日意格以及德克碑议订了设局、建厂、工程期限、经费、造船、驾驶等事项，并草签了合同。于是，福

州船政局最终得以创办,成为近代海防的重要产物。

正当左宗棠踌躇满志着手船厂事宜时,忽于10月14日接到清廷调他担任陕甘总督的谕令。此时的清王朝,南方刚刚略为安定,北方又沸腾了起来。当时的捻军分东、西两支。西捻军由张宗禹领导,他率部进入陕甘,以联络回民起义军。左宗棠感到形势紧迫,离闽在即,于是加紧了船政局的筹建工作,并物色主持船政的人选。

经左宗棠再三考虑,认为只有丁忧在籍的前江西巡抚沈葆桢可以担当此任。沈葆桢不仅为官久负清望,为中外所仰,而且还是林则徐的女婿,左宗棠把举办船政的重任托付于他,用意十分明显。左宗棠三次登门商请沈葆桢,希望他主持此事,而沈葆桢始终不愿答应。左宗棠便请求朝廷出面勉沈葆桢以大义,并特命沈葆桢总理船政,凡涉及船政的事,都由他专奏请旨,以防他人的干涉。另外,左宗棠还布置设局经费由周开锡会商福州将军和督抚调取。一切工料及延聘洋匠,招募华工,开设艺局等,责成胡雪岩一手经理。

左宗棠调任陕甘总督的消息传出后,沈葆桢与绅民百余人联名呈称:"创造轮船一事,关系甚巨,非常之功,非他人任……事成则万世享其利,事废则为四裔所笑,天下寒心。诚使督臣左宗棠驻闽中,豫将赴甘之师先行部署,俟外国工匠毕集,创造一有头绪,即移节西征。"同时,左宗棠也以福建事务尚未妥定为由,请求缓期启程。他日夜操劳,精心筹划,改革吏事和兵制,心力交瘁。他还就统筹制造轮船所需经费一事上奏,说制造轮船是由他创议的,现在他奉旨调督陕甘,但他决不会因为军饷缺乏,就专顾西征,而不顾轮船经费的统筹。清廷同意左宗棠提出的宽限数旬赴陕甘以及福建绅民恳留左宗棠暂

沈葆桢

第四章
兴办洋务　师夷长技

缓西行的请求。左宗棠宵衣旰食，抓紧进行人事、购机、筹款、制订船政章程、艺局章程、购买局厂地基、挑选驾船人才等事宜的落实。

在人事方面，左宗棠向清廷递上《请简派重臣接管船务折》举荐沈葆桢总理船政后，立即将该折抄给沈葆桢阅看。沈葆桢以丁忧人员不应与闻政事为由，引经据义，坚决推辞。左宗棠则以船政所处之地并非公署，所用之人亦非官僚来打消沈葆桢的顾虑，并反复与沈葆桢商议。沈葆桢被左宗棠的数次真诚相邀所感动，致函左宗棠答应等到第二年六月丁忧期满后便来主持任事。至此，左宗棠才如释重负，感叹大局可成。进而左宗棠请旨要求沈葆桢在任事之前，所有船局事宜，也要一力主持，以系众望。1866年12月7日，左宗棠收到清廷下发的任命沈葆桢总理船政的谕旨，鉴于船政接办有人的情况，左宗棠才放心地起程离开福建。

制订章程

临行前，左宗棠与日意格、德克碑最后敲定船厂规划：兴建工厂与船厂，以修造船舶，制造所需机器；建立船政学堂，以培养造船和驾船人员；雇用外国工匠造船制器，并教导中国工匠和训练艺童；建设船槽、铁厂各一座，以备修船和炼铁。

此时，船局规模粗定，已经派人去国外购买机器和船槽。于是首先开设求是堂艺局，挑选聪颖的子弟入局，学习英法语言文字、算术、绘图法，以备使用。

左宗棠除了将日意格、德克碑所呈禀《保约》《条议》《清折》《合同规约》照抄咨报军机处、总理各国事务衙门存案外，他还亲自制订《胪举船政事宜十条》和《艺局章程》八条，上奏呈报清廷。

079

《胪举船政事宜十条》（即《船政章程》）所列主要内容为：

一、洋员应分正副监督也。日意格、德克碑各有所长，臣前折曾陈及之。现经上海总领事自来尼以日意格通晓官话汉字，办事安详，令德克碑推日意格为正监督，德克碑为之副。各咨商允洽，均无异词。一切事务均责成该两员承办。

二、宜优待艺局生徒，以拔人才也。艺局之设，必学习英、法两国语言文字，精研算学，乃能依书绘图，深明制造之法，并通船主之学，堪任驾驶。是艺局为造就人才之地，非厚给月廪，不能严定课程；非优予登进，则秀良者无由进用。此项学成制造、驾驶之人，为将来水师将才自出。拟请凡学成船主及能按图监造者，准授水师官职；如系文职、文生入局学者，仍准保举文职官阶，用之水营，以昭奖劝。庶登进广而人才自奋矣。

三、限期、程期应分别酌定也。轮船一局，实专为习造轮机而设。俟铁厂开设，即为习造轮机之日。故五年之限，应以铁厂开厂之日为始。一面造铁厂房屋；一面购运铁厂机器。计自法国购运来闽，约须十个月、十一个月不等。日意格、德克碑两员回国后，一员约五个月带船厂洋匠来闽，开船厂、造船槽；一员俟机器等件齐备，交铁厂洋匠管解启程后，先趁轮船来闽，八九个月可到。

四、定轮机马力，并搭造小轮船也。大轮船轮机马力以一百五十四为准。除拟买现成轮机两副外，其余九副皆开厂自造。铁厂造轮机颇费时日，船厂配造成船转为迅速。恐船厂闲旷，虚縻辛工，因议于大轮船十一只外，另购八十匹马力轮机五副，其式与外国梗婆子兵船相近，乘船厂闲工，加造小轮船五只。

五、饬洋员与洋匠要约也。洋人共事，必立合同。船局延洋匠至三十余名之多，其中赏罚、进退、辛工路费，非明定规约，无以示信。已饬日意格等拟定合同、规约，由法国总领事钤印画押，令

第四章

兴办洋务　师夷长技

洋匠一律遵守。

六、宜预定奖格，以示鼓舞也。洋员及师匠人等，须优定奖格，庶期尽心教导，可有成效。现已与日意格等议定：五年限满，教习中国员匠能自按图监造，并能自行驾驶，加奖日意格、德克碑银各二万四千两；加奖各师匠等共银六万两。计定奖格银共十万八千两。如果有成，则日意格、德克碑之忠顺尤为昭著，应更恳天恩，再加奖励，以示优异。

七、购运机器等件来闽，须筹小费也。各项器具、物件由外洋运载来闽，非按洋法包扎，恐多损坏；非交洋行保险，难免疏虞。此项包扎、保险银两，已一并议给。

八、凡需用纹银之项，应准开销银水也。闽省通行银色，向较江、浙、广东为低。番银到闽，无论官民皆不辨花样，但用铁錾烙印，以辨真假，行之他省、外洋，即减成色。船局支发各款，除在闽境采办物料无庸补水外，其采买洋料等用款，应准将补水银两作正开销。

九、宜讲求采铁之法也。轮机水缸需（钱）[铁]甚多。据日意格云，中国所产之铁与外国同，但开矿之时，熔炼不得法，故不合用。现拟于所雇师匠中，择一兼明采铁之人，就煤、铁兼产之处开炉提炼，庶几省费适用。此事须临时斟酌办理。

十、轮船中必需之物宜筹备也。轮船中应用星宿盘、量天尺、风雨镜、寒暑镜、罗盘、水气表、千里镜、玻璃管，以及垫轮机之软皮即章陈勒索等件，现饬日意格等回国探问制造器具价值，如所费不过数千金，即由日意格等筹购一分，并约募工匠一人同来，一并教造。

《艺局章程》分为八条，主要是明文规定了船政学堂学生的学习纪律、学堂的规章制度、奖惩办法以及学生毕业后的待遇等问题。左宗棠在折中提

出的《求是堂艺局章程》规定：

第一条 各子弟到局学习后，每逢端午、中秋给假三日，度岁时于封印日回家，开印日到局。凡遇外国礼拜日，亦不给假。每日晨起、夜眠，听教学、洋员训课，不准在外嬉游，致荒学业；不准侮慢教师，欺凌同学。

第二条 各子弟到局后，饮食及患病医药之费，均由局中给发。患病较重者，监督验其病果沉重，送回本家调理，病痊后即行销假。

第三条 各子弟饮食既由艺局供给，仍每名月给银四两，俾赡其家，以昭体恤。

第四条 开艺局之日起，每三个月考试一次，由教学洋员分别等第。其学有进境考列一等者，赏洋银十元；二等者，无赏无罚；三等者，记惰一次，两次连考三等者，戒责，三次连考三等者斥出。其三次连考一等者，于照章奖赏外，另赏衣料，以示鼓舞。

第五条 子弟入局肄习，总以五年为限。于入局时，取具其父兄及本人甘结，限内不得告请长假，不得改习别业，以取专精。

第六条 艺局内宜拣派明干正绅，常川住局，稽查师徒勤惰，亦便剽学艺事，以扩见闻。其委绅等应由总理船政大臣遴选给委。

第七条 各子弟学成后，准以水师员弁擢用。惟学习监工、船主等事，非资性颖敏人不能。其有由文职、文生入局者，亦未便概保武职，应准照军功人员例议奖。

第八条 各子弟之学成监造者，学成船主者，即令作监工、作船主，每月薪水照外国监工、船主辛银数发给，仍特加优擢，以奖异能。

左宗棠派人对该章程加以刊刻，出示招募艺局子弟，逐一加以遴选，才

第四章

兴办洋务　师夷长技

准报充，以显示招人的慎重。

上述《船政章程》等项条文的制订，明文规定了船政局使用外国人监督和指导造船属于雇佣性质，那种认为船政局长期被法国势力所把持的说法是缺乏根据的。另外，这还表明了左宗棠不但要把船政局建成国内第一个近代化的造船工厂，进而还要将它发展成为一个培养海军人才的基地。

心系船政

11月23日，左宗棠交卸闽浙总督印，随即入营料理军事，准备西行。他上奏起用刘典帮办陕甘军务，还从湖南招募旧部三千人到汉口会师，并再次提出组建战车营和开办屯田，请求户部指定各省协助甘肃的实饷。

12月9日，左宗棠即将就道，入城辞行。福州的士民再三挽留，人群拥塞了街巷。左宗棠深受触动，决定再留几天。12月11日，左宗棠奏调胡雪岩等五人，咨送船政大臣差遣。

这样，左宗棠自接奉总督陕甘的谕令后，经过五十多天的紧急筹商和连日奔波，船政局务终于都有了眉目。清廷在上谕中称：

> 此次创立船政，实为自强之计。自当坚定办理，方能有效。左宗棠所见远大，大臣谋国，理当如此……其所议优待局员酌定程限甚为周妥，均著照所请行……其余所议各条亦属妥协，并著照所议办理……左宗棠虽赴甘省，而船局乃系该督创立，一切仍当预闻……遇有船局事宜，均著仍列左宗棠之名，以期始终其事。

左宗棠得此高度评价，是当之无愧的！此时的他是"身虽西行，心犹东注",仍念念不忘船政局的相关事宜。

12月16日,左宗棠终于启行,离开福州,赴陕甘总督新任。一周之后,福州船政局在马尾动工兴建,船政局的求是堂艺局也开学了。清廷随即也批准了左宗棠的船政局规划、资金筹划和人事安排,对他大为赞赏,并令他对船政一切仍当与闻,遇大事会衔上奏。

清末的近代工厂

船政局的建设工程破土动工,标志着福州船政局的正式成立。日意格依照合同的规定,当年便动身去法国办理购买机器、轮机和招募洋员匠等事宜。次年,他带领所雇洋员匠以及从法国购到的各种机器及轮船所装配的轮机回到福州。1868年1月,沈葆桢、日意格亲自督率中外师匠开始绘一百五十匹马力船式于地板之上,按图仿造第一号轮船。到1869年6月10日,这艘被命名为"万年清"号的轮船造成,"自陆入水,微波不溅",并且是由中国人驾驶。八月底,该船展轮北上,驰进天津海口,由清廷派大臣勘验。总理衙门大臣奕䜣等人对福州船政局试造轮船的成功给予肯定,并认为这艘船全由中国人驾驶,尤为难得。

福州船政局在早期经营阶段在造船和培养人才两方面的成绩,与左宗棠"设厂制造轮船、习造轮机兼习驾驶为当今应办急务"的初衷是相符合的。此时远在西北的左宗棠深为船政局各事日见精进而感到高兴,认为:

> 去海之害,收海之利,此吾中国一大转机,由贪弱而富强,实基于此,快慰奚如。……今船局艺堂既有明效,以中国聪明才力,兼收其长,不越十年,海上气象一新,鸦片之患可除,国耻足以振矣!

1874年2月16日,由左宗棠与日意格等所签订的合同中规定的5年限

第四章
兴办洋务　师夷长技

期届满，福州船政局辞退了外国员匠，进入自造轮船阶段。左宗棠甚为欣慰，在致总理各国事务衙门函中称赞说：

> 幼丹诸疏，语语切实，能见甚大。尊疏议允其每年造船两只，庶几有基无坏，日起有功，洵为开物成务要图……今幸闽厂工匠自能制造，学生日能精进，兹事可望有成。再议遣人赴泰西游历各处，藉资学习，互相考证，精益求精，不致废弃，则彼之聪明有尽，我之神智日开，以防外侮，以利民用，绰有余裕矣。

虽然福州船政局的造船水平与西方先进国家相比还是有很大差距，但不能就此来否定福州船政局的创办。要求福州船政局在短短几年中就赶上西方工业发达国家的造船水平，显然是不现实的。福州船政局让中国近代造船业从无到有，且培养了轮船自制和驾驶人才，这是值得肯定的。

总之，由左宗棠创办的福州船政局，让中国有了第一家机器造船工厂，有了第一所船政学堂，并派出了第一届留欧学生，有了第一代近代轮船布防于沿海各省。正是在左宗棠的一再坚持、清廷的积极响应和沈葆桢勇于以船政为己任的情况下，福州船政局的兴办和早期经营便有所起色。这些，都为左宗棠和福州船政局赢得了应有的地位。

第五章

远征陕甘　平定捻回

出兵西北

1867年，左宗棠一行从江西取道湖北，于1月11日在途中接到诏书，令他暂勿进京陛见，而是立即驰赴甘肃督办军务。随即又奉到上谕，说捻军首领张宗禹部攻入陕西，令他从湖北进入陕西，先行攻打捻军，再入甘肃镇压回民起义。

捻军是由捻党转化而来的活跃于中原一带的农民起义军。1853年太平军北伐路过安徽、河南，捻党纷纷响应，捻军起义由此兴起。各路捻军推举张乐行为盟主，建立黄、白、红、黑、蓝五旗军制。后张乐行又被太平天国加封为"沃王"，捻军接受了太平天国的领导。1864年，太平天国运动因天京失陷而基本失败后，太平军北方余部在遵王赖文光率领下与张乐行战死后由梁王张宗禹、鲁王任化邦统率的捻军会合，整编组成"新捻军"。新捻军于1865年在山东曹州全歼清军僧格林沁部，随后又重创曾国藩部湘军和李鸿章部淮军，声势复振。次年，新捻军在河南许州分兵两支，一支为东捻军，由遵王赖文光、鲁王任化邦率领，在中原继续抗清；一支为西捻军，由梁王张宗禹、幼沃王张禹爵督率，进兵陕甘，以联络回民起义军。

1862年太平军扶王陈得才率军进入陕西，当地回民相继发动反清暴动，甘肃各地回民蜂起响应。回民起义在甘肃省内不断高涨，逐步形成了四个

第五章
远征陕甘　平定捻回

中心,即灵州马化龙部,河州马占鳌部,西宁马永福、马桂源、马本源部和肃州马文禄部。而陕西回民军则主要活动于陕甘交界的宁州董志原一带,主要首领有禹得彦、崔伟、马正和、白彦虎、马长顺等。

1867年1月28日,左宗棠一行抵达湖北黄州。这时,捻军赖汶光、任柱等部已分兵攻进湖北。左宗棠抵达武昌后,在汉口后湖扎营,集结部队。左宗棠夫人周诒端特地从福州取水道返回长沙,与左宗棠相聚于汉口。左宗棠的兄长左宗植也从长沙赶来会面。小聚之后,一家人依依惜别。只是此时,有谁能想到,左宗棠与周诒端的这一分别竟成永诀?

清廷发布上谕,任命左宗棠为钦差大臣,督办陕甘军务,令宁夏将军穆图善暂代陕甘总督。在收到清廷让自己督办陕甘军务的任命后,左宗棠悉心准备,他逐步创制独轮炮车,派人到北口购买战马,同时募集吉林的猎户组建骑兵队,奏调八旗将领喜昌来训练骑兵。2月14日,左宗棠向清廷上奏陈述了他的用兵方略:

> 方今所患者,捻匪、回逆耳。以地形论,中原为重,关陇为轻;以平贼论,剿捻宜急,剿回宜缓;以用兵次第论,欲靖西陲,必先清腹地,然后客军无后顾之忧,饷道免中梗之患。……兰州虽是省会,形势孑然孤立,非驻重兵不能守。驻重兵,则由东分剿各路之兵又以分见单,不克挟全力与俱,一气扫荡。将来臣军入甘,应先分两大枝,由东路廓清各路,分别剿抚,俟大局勘定,然后入驻省城,方合机局。是故进兵陕西,必先清关外之贼;进兵甘肃,必先清陕西之贼;驻兵兰州,必先清各路之贼。然后饷道常通,师行无梗,得以壹意进剿,可免牵制之虞。……已复之地,不令再被贼扰。当进战时,即预收善后之效。民志克定,兵力常盈。事前计之虽似迟延,事后观之翻为妥速。

左宗棠把对清朝统治威胁最大的捻军视为首先消灭的目标,而其后在平

定陕甘回民起义的过程中也基本上是按照这个战略构想进行的。

此时，皖南镇总兵湖南湘乡人刘松山率领老湘营九千人进入陕西境内进行增援，再次击败了西捻军，解除了清军在西安受到的威胁。西捻军被迫渡过渭河向北挺进。清廷随即下诏，令左宗棠兼管刘松山部。

甘肃的回民起义军借着西捻军的势头，兵分几路大举进入陕西。此时陕西西北部几乎到处都有起义军的踪迹，在这样的形势下，陕西巡抚乔松年连连催促左宗棠率部入关。这时，左宗棠刚刚练出战车营，所调各部也渐渐集结。于是，左宗棠分配车炮，编为前、中、后十五营，令刘端冕、周绍濂、杨和贵分别统领，自己率领十哨四旗亲军，加上骑兵队，于3月25日离开汉口启行北征。

由于捻军同时攻击湖北，企图渡汉水西进，左宗棠在德安留下部队，期待湘军和淮军到达后，对捻军形成大包围。

当捻军骑兵出现在随州城东北面的高城时，左宗棠用炮车对付捻军的骑兵，用骑兵对付捻军步兵。由于刚刚采用新的阵法，他告诫各部不要纵向出击。捻军一见炮车，都不战而逃。左宗棠整军追赶，东捻军北撤信阳。这时，湘军和淮军先后赶到，左宗棠便取道枣阳，进军樊城，从随州拔营出发，抵达樊城。

湖北形势刚刚稳定没多久，东捻军就又再次兵临枣阳。左宗棠决定回师张家集拦截，捻军败走河南新野。刘松山部又在泾阳击败西捻军，捻军东撤同朝，不久撤至蒲城。清廷同时寄谕左宗棠，令他在陕西境内歼灭捻军，不许西捻军逃到河南、湖北，与东捻军会合。于是左宗棠便分兵三路入关。他率本部从樊城进军潼关；刘典部取道荆紫关进军蓝田；高连升的新军从汉水开抵洵阳登陆，以照顾兴汉。

6月12日，左宗棠上奏《预陈剿抚回匪事宜片》。内称：

此次陕西汉回仇杀，事起细微，因平时积衅过深，成此浩劫。

此时如专言"剿"，无论诛不胜诛，后患仍无了日；且回民自唐以

第五章

远征陕甘　平定捻回

来，杂处中国，繁衍孳息千数百年，久已别成气类，岂有一旦诛夷，不留遗种之理？如专言"抚"，而概事曲赦，则良、匪全无区分，徒惠奸宄，而从前横被戕残之数百万汉民，冤痛未伸，何以服舆情而弭异日之患？窃惟办理之法，仍宜恪遵前奉上谕："不论汉、回，只辨良、匪"，以期解纷释怨，共乐升平。

由此可见，左宗棠此时在汉回矛盾以及"剿""抚"问题上有着独到而深刻看法。

左宗棠部从樊城启行后，于7月15日翻越函谷，历经艰辛终于抵达潼关。此时，左宗棠各部每天都有战事。刘松山部正会同蜀军黄鼎部在蒲城攻击西捻军。皖军郭宝昌部也从洛河赶来会师。联军在富平昌宁村重创捻军。

此战失利后，捻军分头袭击保安和安塞。甘肃清军胡世英部驻守延安，无法抵御捻军的锋芒。从庆阳进入陕西东北部的捻军占据北山董志原、黄龙山，从洛川进入澄城、韩城、郃阳，游骑兵抵达朝邑。

左宗棠闻讯，派遣杨和贵、周绍濂、周金品各部渡过渭水，以阻击试图进入北山的朝邑回民军。在他看来，捻军远远要比回民军强大，用兵的次序，应该是先平定捻军，再来对付回民军。对于回民军，应当利用其内部的矛盾，分别进行攻击和安抚。于是，他命令山西清军严密扼守黄河东岸，防止西捻军偷渡；令刘松山、郭宝昌部改道，从富平奔赴蒲城，抄到捻军前方；杨和贵等部从三河口返回，扼守华州；刘端冕部和刘典部从蓝田进军临潼；刘效忠部转移到泾水西岸；高连升部从蓝田进驻咸阳南岸。各部都要凭河扎营，以期将捻军压迫

清朝军队

到泾水与洛河之间，加以歼灭。

8月，刘厚基部进攻安塞的回民军，在桥扶峪取得大胜，回民军首领张幅满溺水身亡，李雄安等三十多人被杀。失利的捻军趁着清军各部尚未集结，决定向西攻击临潼和三原，悄悄渡河进入咸阳。

左宗棠听说捻军再次渡过泾水，亲自率领大军进驻临潼，随后又赶赴泾西，召集各部将领开会，令黄鼎部防守泾河西岸，刘效忠部扼守耀州山口，调刘典、高连升部开往高陵，刘松山、郭宝昌部开往富平。此举旨在缩小包围圈，就地消灭西捻军。

捻军见清军大举进逼，知道很难渡河南下，于是趁着狂风暴雨奔赴白水进山，与占据着整个北山的回民军会师，刘松山请高连升和刘典两部在山外扎营，自己率部西进同官和耀州，企图逼迫起义军出山，与山外部队夹击。左宗棠认为，捻军主力已向东南奔赴宜川，如果刘松山部西进，那么韩城和澄城兵力空虚，捻军必然南下，抄袭湘军后背。左宗棠特别担心的是，宜川濒临黄河西岸，如果冬天冰桥形成，捻军便会趁机进军山西。于是，他令总兵李南华率部扼守韩城神道岭，令刘松山和郭宝昌各部沿黄河从北面拦截捻军，令高连升、刘端冕部与刘松山等部合力攻击。

不料，同官回民军突然掩杀回来，在大贤村斩杀寿春镇总兵李祥和。宜川的捻军主力部队顺势长驱北上，袭击延长。

到11月中旬，捻军攻占延川，北奔葭州。庆阳的回民军则从延安出兵，攻占绥德。于是捻军又回师绥德，与回民军会合。这时，捻军从南向北纵击一千多里，回民军从西向东，横扫一千多里，陕西清军和外省援陕清军，具有作战能力的不到五万人。左宗棠见凤翔告急，又分出渭河防御兵力西进，扼守凤翔。黄鼎部绕过灵台，前往凤翔，听说河、狄回民军正在攻打汧阳，急忙率部进战，参将徐占彪部陷入回民军阵内，被回民军重创，折损三千人，败退扶风。回民军攻打岐山，未能攻下，于是全军奔袭凤翔。杨和贵部正在城东阻击，大批回民军从扶风与岐山杀来，抄袭杨和贵部后背。杨和贵下令炮车结为圆阵，四面抵抗，他自己率领精骑冲突回民军的中坚。大战一天，

第五章

远征陕甘　平定捻回

斩杀回民军两千多人。战到黄昏，黄鼎部赶到，两下夹击，再次将回民军挫败。回民军从东北川口撤进山内。

与此同时，楚军谭玉龙部在邠州与三水接连击败回民军，邠州和凤翔稍稍平静。刘典与高连升部也屡次战胜北山的回民军。但回民军刚刚撤走，又回头杀来，未有了局。不久，回民军派出一万人乘虚向耀州推进，刘端冕率部驰达杨家店，大破回民军，穷追三天，斩杀了两千多人。

就在湘军与回民军大战之时，西捻军已经抄小路南下，抵达黄河岸边准备渡河。山西驻防的清军由于黄河尚未结冰，已经将河防各部向北转移，而左宗棠先前请求增募的部队也没有到位。不曾料想，大风骤起，气温骤降，一晚上冰桥就已经形成。等到刘松山与郭宝昌率部赶到河边时，才发现西捻军已在前一天从宜川龙王辿踏冰东过黄河，抵达山西的吉州与乡宁。得此消息，山西大震，巡抚赵长龄和按察使陈湜都被清廷治罪。左宗棠急调喜昌率骑兵取道孟津渡东奔泽潞，令河南清军马德昭部从潼关防御解州和运城，保护盐库，自己向清廷请求进入山西指挥军事。

此时东捻军的势力已经衰微，清廷根据形势令宋庆、程文炳、张曜各部分道赴援山西河北，同时令左宗棠兼管这些部队。而此时甘肃东部的回民军都在泾州集结，企图再次攻入陕西境内。左宗棠令谭玉龙和黄鼎两部分道出兵长武，阻击泾州的回民军；令杨和贵部防守渭河以北；令周绍濂、刘端冕、周金品各部从郃阳与澄城取道河滨，赶赴宜川以西，阻遏回民军东进。

转战平捻

1868年1月，刘松山率部与郭宝昌部会合，绕道洪洞，突然在捻军前面出现，出其不意，重创捻军。捻军从绛县经横岭关转移到了河南济源。左宗

棠担心捻军向东挺进，会震动京城，而湘军若从垣曲向东追赶，势必落在捻军后面。于是，左宗棠率亲兵近五千人，从潼关急行军进入山西。左宗棠所部抵达曲沃的同时，捻军已经从新乡北进直隶。刘松山、郭宝昌部会合喜昌的骑兵追到磁州时，捻军已转移到了巨鹿、平乡。湘军从南和绕到西边截击获胜，捻军只能北上定州，还派出游骑兵袭击保定。当月，李鸿章所部经过苦战终于将东捻军全歼，西捻军已成孤军深入之势。

2月18日，左宗棠率大军移驻正定。经过一番深思熟虑，他上奏清廷表示打算在靠近京城之处设立重防，在涿州、固安设立近防部队，在保定、河间、天津一线部署攻防部队，余部作为攻击部队，根据西捻军的动向，并力进攻。

当左宗棠呈上这道奏折时，京城的神机营已经奉命出驻涿州提防捻军。清廷又采用户部侍郎李鸿藻的提议，令恭亲王奕䜣节制各路统兵大臣和各位巡抚。这时，根据清廷的布置，侍郎崇厚驻守天津，山东巡抚丁宝桢驻扎河间，李鸿章与安徽巡抚英翰率部北援，尚未抵达。清廷还令官文出省指挥军事。

捻军兵分东西两路并进，一部杀到安平，被淮军杨鼎勋、郭松林部击败，被迫返回饶阳。而刘松山等部急行军恰好先一步赶到了饶阳，四面出击围攻捻军。捻军正在行军，遇到湘军大部队攻击，猝不及防大为惊骇，死命夺路而逃。张曜和宋庆两部一昼夜疾驰一百六十里，长驱直入，直捣捻军中坚，斩杀和捕获大批捻军，捻军首领张五孩中枪阵亡。

左宗棠率领亲军赶到时，适逢捻军从饶阳向东南方败退。他命令步兵并进，捻军一触即溃，程文炳部释放三千多名难民，捻军军势大为削弱。

此时，李鸿章也已经率部到达直隶景州。于是，清廷命恭亲王奕䜣总统各军，左宗棠与李鸿章同为偏师。左宗棠再次抵达定州，第二天他奔赴正定，调春寿的骑兵跟随征战，上疏请以刘松山为翼长。接着，左宗棠部渡过滹沱河，向南攻击。

3月下旬，捻军从成安渡过漳河，试图进攻彰德。张曜和宋庆两部沿卫河

第五章
远征陕甘　平定捻回

拦截，捻军折向修武东进。刘松山部在封丘追到捻军，攻破其二十余座营垒。随后左宗棠率部抵达彰德，紧追捻军。捻军急行军几昼夜，抵达大名的龙王庙渡口，但因左宗棠部在西岸紧逼，始终无法渡河，便折向开州、南乐，进入山东境内。几路大军一直尾随捻军前进，每天都与捻军接战，虽然能够追上捻军，却始终无法消灭捻军。

直到五月，刘松山东进海丰与阳信，在武定城西击败捻军。随后，他又抵达商河，捕杀捻军八百多人。捻军被迫南下茌平。左宗棠渡运河返回吴桥。这时运河水暴涨，黄河水倒灌张秋。潘鼎新等部打开捷地闸，将水注入减河，与天津防军凭河驻守。李鸿章建议修筑长围困死捻军。这时的局势是，李鸿章驻扎德州，英翰驻扎临清，丁宝桢驻扎东昌，同时又令淮军会合山东、安徽清军，从东昌沿运河以北划地筑墙，进行防守。

清廷采纳了李鸿章的策略，左宗棠也表示同意。不久，捻军抵达茌平，又掉头回师扑来。左宗棠闻警，从吴桥赶赴宁津，令刘松山、张曜、宋庆三部向东北进击，他自率程文炳所部向正北攻击。捻军屡战不利，于是奔向运河东岸。但清军已沿运河修成墙垒，捻军只得再转向东进。刘松山部从德平跟踪追到庆云，分三路进攻，将捻军击败。清军各部压来，步步紧逼捻军。

平定捻军的战斗接近尾声。清廷令左宗棠趁捻军势力已衰之时，与其他清军发起南北夹击。捻军徘徊在陵县和济阳之间，接连被淮军与河南清军挫败。李鸿章部将捻军围困于茌平。捻军挺进宁津，刘松山部趁夜逼近捻军列阵，捻军军心涣散，刘松山部乘势发起攻击，捻军自相践踏，陆续投降。湘军追到吴桥西南面，斩杀一千多人。捻军余部奔向德平与乐陵交界处，刘松山与郭运昌所部纵横扫荡，捻军破散，溃不成军，几天内有七千人投降。张宗禹率残部从商河、济阳奔向临邑、清平和博平，清军四面围困。这时天降大雨，徒骇河暴涨。淮军刘铭传等部将张宗禹部逼到河滨，张宗禹投水自尽。西捻军至此全军覆没。

清军各部大帅争相上奏告捷，唯独左宗棠坚持督率各部搜捕捻军残余，独居诸位报捷者之后。清廷下诏，询问各部战况。根据军功，清廷赏加李鸿

章太子太保衔,并以湖广总督协办大学士;赏加左宗棠太子太保衔,撤销历次处分,并交部照一等军功议叙。左宗棠自称追剿无功,恳请朝廷收回成命。清廷不许。

此后,左宗棠下令编查捻军投降部众,分别发给路费遣散。这便是捻军最后的结局。

平定陕西

在消灭了捻军之后,清政府又急忙把镇压的目标对准了陕甘的回民起义军。8月末,清廷给左宗棠下发寄谕,一方面答应了左宗棠进京"陛见"的要求,另一面以"陕甘等省军务紧要"为由,令左宗棠节制陕甘各军,统带刘松山、郭宝昌、喜昌等军回陕西镇压。另外,清廷还令李鸿章和英翰等从其余部队中选拔将士跟随左宗棠西征陕甘。

左宗棠回复朝廷说,只等粮饷到齐,刘松山等部便会开拔西进。但是他不同意仓促从其他部队选拔将士,必须要等他回到陕西,根据所能筹得的军饷计算出能供养多少部队,再派出营官和哨官到安徽与河南招募勇丁,以维持楚军的旧制和战斗力。清廷同意了了他的请求。

左宗棠于9月25日进入京城。清廷在他进京之后随即颁下谕旨,着加恩左宗棠在紫禁城内骑马。慈安、慈禧两宫皇太后也于9月30日召见左宗棠,谕令他进兵须由东而西,力顾山西防御,勿令回民军进入内地。同时,两太后还询问陕甘之事何时能了结,左宗棠回答"非五年不办"。慈禧太后听后颇为惊讶,左宗棠解释说,"西事艰险"而他又才干太小,所以不敢不细细谋划。

此后,左宗棠提出了自己平定回民军的战略构想。他表示对回民要且防

第五章

远征陕甘 平定捻回

且剿，且战且耕，不能专靠军威来平定陕甘。毕竟平定回民与"剿群寇"不同，陕甘时势也与各省情形有别，想要安此一方，永绝后患，那就不能只急眼前之效，而忘了长远的规划。这可以说是左宗棠谋略陕甘的基本方针，他试图通过剿与抚兼施的政策不仅把陕甘回民起义弹压下去，而且通过"善后"之方以保持西北地区的长久稳固。

10月4日，左宗棠陛辞出京。10月底，左宗棠下令拔营前进，西征陕甘。

左宗棠认为，以史为鉴，山西的防御全靠黄河一线，而上一年清军刚刚攻占绥德，捻军就从西南火速向东挺进。从大局着眼，应该令山西巡抚和绥远城将军在冰桥尚未合成之前，事先筹划辖境防务，不能远靠邻省的作战部队来巩固防守，否则就会重蹈覆辙。于是，清廷令河南清军分防中路，调张曜、宋庆部赶赴榆林，又令左宗棠统筹全局。

左宗棠从孟津渡河前行，于11月26日抵达西安。当时，陕西各地的起义此起彼伏。在陕西东北部，董福祥与李双良、高万全等人招兵买马，袭击延安、绥德和榆林，溃勇与饥民纷纷投靠，这些部队拥有十几万人的兵力。在陕西的西南部，则有回民马正和、白彦虎、余彦禄、崔伟、陈林、禹得彦、冯君福、马长顺、杨文治、马正刚、马生彦与毕大才等人的部队，他们还占据了甘肃宁州境内的董志原，兵力号称十八营。这些部队裹胁了甘肃回民与汉民，势力北接庆阳，南连邠州与凤翔，人数超过二十万。

左宗棠和当时任陕西代理巡抚的刘典等人连日分析陕西局势，认为要肃清全局，必须从东北面入手，先扫平陕西东北的"土匪"势力，然后集中兵力攻击回民军，这样才能没有后顾之忧。于是，左宗棠调兵遣将，将各军分东北和西南两路，由东而西前进，并力固山西边防。

左宗棠派出多路大军进攻陕西东北的董福祥等"土匪"。他的兵力部署如下：金顺部和刘厚填部分别驻扎在榆林和延安；刘厚基与知州成定康部驻扎在绥德；郭运昌部从同州北进，通过宜川向延长推进；张曜部从保德渡过黄河，沿长城向西南突进，赶赴榆林，以减轻金顺的压力；刘松山部则从汾州以西的茅津渡过进入陕西，攻占绥德，在横跨陕北的贸易大道上向西挺近。

另外，左宗棠为了阻止回民军沿着渭河进入陕西中部，又派出数支部队增援宝鸡、凤翔、陇州和乾州等地。高连升、周绍濂、魏光焘各部，分别从宜君、中部和鄜州进军，向西进攻，逐步抵达庆阳，刘端冕部驻扎鄜州与甘泉，扼守要冲。西路和中路则有黄鼎部驻扎邠州，张岳龄、喻步莲部驻扎陇州与汧阳。川军李辉武部驻扎宝鸡，将吴士迈的洛川军调驻凤翔，与邠州和陇州的驻军相连。

1869年1月中旬，董志原的回民军听说左宗棠将清军兵分多路向西各自推进，彼此相距遥远，便决定先发制人，将其各个击破。回民军分兵攻打鄜州、洛川等地，主力则全力西攻陇州。同时，董福祥部也联合甘肃的回民军攻打绥德，李双良等部则袭击清涧与延安。

刘松山全军从永宁渡过黄河，抵达绥德。他派遣易德麟、章合才与成定康部先绕向西边，攻打大理川，吸引敌军注意力，他自己率领主力在绥德、清涧等地迎战绿林军。刘松山率军一天内攻破一百多座壁垒，斩杀六千多人，俘虏三千多人，解散民众二万人。刘松山令成定康所部回师防守绥德，分兵两路追杀，从怀远折向南面，抵达安定。然后，又绕到西边，抵达靖边。董祥福的军队望风挫败，一万多人战死，余部全部奔向靖边的镇靖堡。刘松山部沿途释放几万难民，俘虏五千多人。

左宗棠得知捷报后，写信给刘松山，向他表示祝贺：

> 雄师所指，如劲风埽箨，擒斩解散，各以数万计，不但榆边内外，即可肃清，而官军易客为主，全股可期殄灭。贵军门威略高远，机神敏速，虽王壮武当年，何以过之！

刘松山率部紧追不舍，乘胜一路追至镇靖堡。刘松山的大军兵临城下时，董福祥之父惶恐不已，决定率部投降。刘松山赦免了所有的降军。董福祥和李双良等人听说后，也对刘松山心悦诚服，相互劝告，率十多万人投降。刘松山选拔其中的精锐千余人改编为董字三营跟随征战，并对镇靖堡一带无家

第五章

远征陕甘　平定捻回

可归，被迫成为"土匪"者加以招抚，于是榆林和绥德全部平定。

新年过后，郭宝昌、刘端冕与魏光焘等部接连出击，几次大败回民军。至此，陕西东北部的战事大致平息。

回民军因屡战屡败，于是决定集中力量，对清军来一次反攻。他们集结三四万部队，占据正宁的南原和北原，企图先进攻邠州和三水，然后再合力打下秦州。黄鼎侦知消息后，一方面派总兵徐占彪率领二千人扼守牛家堡，另一方面自己则率领大军一路跟踪回民军。不料就在黄鼎率队跟踪回民军的途中，几千名回民军的骑兵骤然杀到，黄鼎镇定自若，他稍稍整理队形，然后下令拔队迎击。回民军见状反身而走。黄鼎率部一直追到白吉原，回民军首领余彦禄、马正和等人率主力分十路迎击，黄鼎令部队分头接战。不久，追击部队从四面汇合，结为方阵，向前推进，枪炮齐发。回民军遭到重创，渐渐撤退。副将驰入回民军阵内，斩杀将领，回民军失势溃逃。雷正绾和张岳龄分路拦截，回民军余部撤向宫河。

在此期间，老湘营有四营发生兵变。

当初刘松山从永宁率部渡河时，在永宁军用渡口开设粮局，后来从绥德前进，又分兵留守绥德，逐次递运，直达靖边。军士们轮流往返，散布在几百里之间，哥老会会党趁机进入军营，煽动军心诱发哗变。

3月25日，老湘营中的哥老会会党煽动官兵，并劫持四营袭入绥德州城。此时刘松山驻扎在靖边，安抚投降的回民，听说部队哗变，火速从瓦窑堡折向南边，抵达清涧，派部将曹义胜先进绥德城。中军听说统兵大将将到清涧，心中大喜，乘夜杀死一百多名会党，被胁迫的军士群起绑缚叛卒，将他们驰送清涧。由于刘松山采取了断然措施，再加上一部分官兵的自觉抵制，这件事便暂时告平息。

然而，不久之后，兵变又再次发生。哥老会成员丁玉龙纠合营勇突入清军杨店军营，杀死将领高连升，胁迫各营全部哗变。第二天，桂锡桢率部会合周绍濂部迎战叛军，杀死几百人，叛军先后有两千多人投降。当晚，回民军也杀到山河镇，刘倬云令军士假装叛卒，将回民军招来，予以重创。不久，

哥老会

各部都将反叛者捕到。左宗棠下令将带头反叛者 77 人处以磔刑，并作《祭高勇烈公文》，以祭奠高连升。

哀痛不已的左宗棠决定将军心不稳的高连升旧部加以改编，将这支部队分解开来分别编入魏光焘和李辉武队伍。

当刘松山的部队突发兵变时，山西巡抚郑敦谨和将军金顺等人已经迅速奏报清廷，不过他们将事实大大夸大了。不久，高连升部也发生兵变，朝野震惊。很多朝廷大员都认为左宗棠的整支部队都处在崩溃的边缘。御史宋邦德上奏说，湘军已经不能再用于西北作战，应当遣散他们，就地招募兵员。曾国藩上疏，极力为刘松山辩护，力言刘松山可靠。清廷下诏询问左宗棠，左宗棠也表态坚决支持刘松山。刘松山因而得以保全，才能在日后多立战功。

此后，左宗棠通过侦查得知回民军将会把老弱人员迁到金积堡。于是，他当机立断，下令各部准备好粮草，密切关注回民军的动向，回民军一有动静，无须报告，直接全力追击。不出左宗棠所料，回民军果然向驿马关、三叉河方向移动。当天，雷正绾和黄鼎部侦知回民军精锐还埋伏在董志原，于是，他们兵分四路，向三不通推进，又派杨世俊、陈义率二千五百人从小道攻取道萧金镇，前往镇原。

回民军凭借地势抵抗清军的进攻。两军交锋，回民军的炮石如雨点般落下，清军骑兵无法前进。黄鼎见状，指挥步兵从左右两侧越过壕沟，从背后

第五章

远征陕甘　平定捻回

攻击回民军。回民军准备不足，阵脚大乱。清军全力进攻，回民军全线溃散。原上的回民军出来接战，也被败军冲乱，一起狂奔而走。黄鼎等部乘胜追击，顺势攻下董志原及焦村、石社、萧金镇等回军寨堡。此役，回民军大败，尸骸枕藉，填塞山原，余部北撤前往西峰镇。

第二天，黄鼎等部继续出击追赶回民军。追击途中他们得知回民军一部从驿马关前往环县，另一部则从蒲河川奔向三叉河，于是清军也相应分兵，黄鼎与马德顺两部前往环县，雷正绾、李耀南两部则前往三叉河。当天经驿马关，黄鼎与马德顺部在党家腰崄前追上回民军。由于前方有深沟阻挡，回民军大队互相拥挤，黄鼎等部又从后面追杀，大批回民军都堕入了坑堑之中，军队溃散。不久，雷正绾、李耀南两部在三叉河追上回民军，沿途斩杀甚多。追到洪河川时，侦知回民军已经远去，才班师返回。此役，解散难民一万多人，回民军战死者多达三万。庆阳和泾川一带得以全部平定。

随即，左宗棠分兵进驻各地，挑选行政官员，招回流亡民众，发给粮食、种子和农具。经过一番努力，陕西北山以北的地区已经安定下来。

就在魏光焘、刘端冕两部接左宗棠命令西进庆阳整军待发之时，忽然抓到捻军余将袁大魁的一名部属，此人供称袁大魁已经逃到了保安的老岩窑，凭险结塞，侦察清军动向，不时乘虚出兵剽掠。于是，魏光焘令此俘虏当向导，进军老岩窑。老岩窑面临洛水，山高谷深，壁立千仞，窑洞孤悬于其中。袁大魁还在窑洞左右设立了木栅，外面都是深堑，只有放下小桥才能出入。窑前有一道石磴，迂回曲折。袁大魁还建了一座水楼，濒临洛水，作为外郭。守军从楼上发射火枪，可以击伤外面的人。老岩窑可谓地势险要，防备森严。

魏光焘等部连续仰攻几天，始终无法攻克老岩窑。经过一番商议，他们决定在水楼下堆起柴薪，假装要发起火攻，暗中却派部队在岩顶凿石，设立柱子，牵挂绳索，挑选壮士攀绳而下。老岩窑的守军遭到突袭，乱成一团。湘军趁机短兵杀入，混战中袁大魁被杀，守军余部大多数都堕下悬崖沟壑身亡，几乎无人幸免。老岩窑据点就此被铲平。

与此同时，其他战场清军也捷报频传。宜川、延长等地的回民军余部被

郭宝昌等部击败。这样一来，陕西境内全部平定。

肃清陇东

陕西平定之后，回民军的势力分布如下：撤走的陕西回民军散布在灵州和固原境内的黑城子及预望堡、同心堡等处；而甘肃河州与狄州的回民军则刚刚击败甘肃清军，向南朝秦州推进，截断了兰州的饷道；甘肃北部的回民军袭击平罗、灵州和中卫，向东奔出关外，抵达阿拉善亲王旗的辖地，进围定远城。

左宗棠分析形势，决定兵分三路进军甘肃，他自己离开乾州西行，取道永寿、邠州和长武，向泾州推进；北路的刘松山全军从西北推进，指向定边花马池，以阻截宁州和灵州的回民军；中路的魏光焘部进驻安化、庆阳，刘端冕部分驻合水，张福齐部进驻宁州以西，丁贤发部进驻正宁，周兰亭部进驻萧金镇。以上各部移营渐进，就地屯垦。

这时候，甘肃回民军和其他反清武装势力蔓延，其中最强的有以下几支：西面有马尕三部占据西宁；南面有马占鳌部占据河州；北面有马化龙部占据宁夏、灵州。其中，数北面的马化龙部实力最强，所以左宗棠决定先平定这一部。

马化龙占据的金积堡，是黄河秦渠和汉渠间的枢纽，南、东、北三面群山环绕，西对黄河，地势险要。他起初利用宗教收抚回民，然后再从其中扶植自己的心腹势力。当穆图善代理陕甘总督时，马化龙公开输送银子和粮草，表示归诚，穆图善便委任他从事招抚。于是马化龙公开增修堡寨，购买马匹，制造武器，与陕西的回民军相呼应。穆图善对马化龙始终信任，多次奏请清廷加赏，直至马化龙被赏加提督衔。

第五章

远征陕甘　平定捻回

陕西回民军的部分首领在左宗棠攻克董志原之后便去灵州投奔马化龙。马化龙一方面安抚他们以增强自身实力，另一方面则趁机上书代陕西回民军请求招抚，以探明左宗棠的态度。很快，马化龙就发现他面临的对手在能力上与杨岳斌和穆图善不可同日而语。

左宗棠早就察明了马化龙的心思。当他接到马化龙的书信时，随即答复：本来他对于回民军是用剿还是用抚，并无成见，但是他担心回民军空有求抚的言语，却无求抚的真心，在暗中有所企图。同时，左宗棠以陕甘的长治久安为出发点，向马化龙表示事关大局只问是否良民或土匪，而不分汉民与回民。在书信答复马化龙的同时，左宗棠也做好了相应的用兵准备。

左宗棠经过一番深思熟虑，认为此次用兵必须首先攻克金积堡。于是，他派遣刘松山率部沿着长城向灵州和金积堡推进；张曜和金顺率领骑兵渡过黄河，在宁夏以南作战。此外，魏光焘、雷正绾、黄鼎等部也各有任务。

驻守在郭家桥的马化龙部回民军得知左宗棠大军前来的消息后，主力倾城而出抵抗刘松山先行率领而来的湘军。刘松山审时度势，决定分路纵击，湘军先后攻破二十多座庄堡，一直推进到了下桥。此桥跨秦渠与汉渠，回民军在桥上人马相挤，互相踩踏，大批人坠下桥去溺水而亡。湘军一路穷追到吴忠堡，然后回师驻扎在永宁洞。马化龙如今见湘军首战告捷，颇为担忧，便上书左宗棠，代陕西回民军求抚，而对兵败之事只字不提，希望左宗棠批准他的请求，作为缓兵之计。左宗棠坚决予以回绝。

马化龙决定让部下决开秦渠水，阻隔金积堡，以图自固。他劝说灵州的甘肃回民军占据州城，夺取湘军饷银，又派出精兵协助打了败仗的陕西回民军，在吴忠堡抵抗，摆出与楚军对抗的架势。从这天起，接连二十多天，马化龙召集宁安、四百户、黑城子和半角城的陕西回民军，络绎到达金积堡附近，前后夹击湘军军营。刘松山部每天接战，先后击杀一万多人。西宁的马尕三派出骑兵增援马化龙，也被击败，只能回师西宁。

另一方面，左宗棠命令已经拿下水洛城的简敬临率部移师与已经攻克威戎堡的黄鼎部一起向北进军。此时，马化龙正令甘肃回民军李正荣部和陕西

回民军白彦虎部联手挺进固原，以阻击北上的楚军。楚军雷正绾部与周兰亭部在半角城迎击回民军。双方激战正酣之时，黄鼎、简敬临部从中路赶到，各部会师，合力重创回民军。固原的回民军全部撤退到了黑城子。

左宗棠上奏清廷，陈述前后战事并予以分析。他认为马化龙之所以敢于抗拒清军，是因为金积堡有险可守，加上陕西回民军作战强悍，马化龙借以自卫，打赢了便能拥兵自重，打败了也有理由为自己开脱。在这道奏疏中，左宗棠还为刘松山等将领请功。可是清廷尚未览奏时，绥远城将军定安听说灵州城被回民军攻破，已紧急上奏报告，说刘松山轻率进兵，滥杀无辜，激起民变。朝廷上下讨论此事，大起疑心，于是清廷颁布上谕：

> 刘松山前在绥德曾有哗溃之事，宁夏甘回投诚已久，此次轻进激变，贼众兵单，倘无食可就，复蹈故辙，则北路大局何堪设想！着左宗棠将起衅情形，查明具奏，不得稍涉回护。其马化漋阳为归顺、阴纵党与滋扰变乱情形，究因如何起衅，着穆图善查明，据实具奏。

不久，穆图善又添油加醋地上奏说：

> 马朝清实已抚良回，刘松山激成事端，恐甘省兵祸无已时。即将来左宗棠剿而后抚，亦未必能坚回民之信。奴才不敢知而不言，闻而不顾。已敕胡昌会督同马朝清仍行妥为开导，令回民毋生猜疑。

清廷接连将这些奏疏下发给左宗棠。不过，左宗棠没有理会这些，他依然十分器重刘松山，决定等到日后再为他辩解。

马化龙又派人参见刘松山，仍然是要求代陕西回民军求抚。刘松山不为所动，令他交出全部战马和武器，才同意受降。几天后，马化龙交出一些老朽的兵器和羸弱的马匹，刘松山催促甚急，他又声称，必须等到楚军退到横

第五章
远征陕甘 平定捻回

城,才全部缴械。同时,马化龙又令回民军日夜修筑堡寨、疏浚壕沟,派游骑四出,侦察湘军的动静。

金积堡和吴忠堡的回民军一起出兵进攻刘松山部。刘松山分兵迎击,击败回民军,接连攻克敬家庄的两座堡寨。不久,回民军又在吴忠堡以南筑坝,开决秦渠,使渠水东流,灌淹楚军,并在一旁埋伏几千名骑兵等候。刘松山令部队携带锄头和铁锹,攻打坝西的壁垒,假装不知回民军的计划。等到回民军全部通过水沟,便开决水沟,发起纵击,使大批回民军溺水而亡。之后,刘松山命令部下用袋子装土扔进渠中,填平壕沟以发起攻击,先后攻破了回民军的多座坚寨。

自从回民军占领灵州以后,清廷屡次下诏,询问战况情形。左宗棠由于灵州城尚未收复,没有即时陈奏。直到刘松山部屡次告捷,清廷仍然不肯放过灵州的问题,依然怀疑是刘松山纵兵激起民变。左宗棠不得不上疏陈述原委,再次为刘松山辩白。

清廷收到左宗棠的奏折后,答复说:

> 回目马化龙既给与马重三伪札,是其狂悖之情,业已败露,而求总兵胡昌会保其永不反复,并代陕回甘言求抚,前后两歧,殊难凭信。着左宗棠严饬刘松山乘此声威,迅图扫荡,不得轻率收抚,转遂奸谋。

刘松山部从灵州回师,一路强攻,一直杀到金积堡。马化龙见形势不利,再次请求招抚。刘松山限他在三天内全部缴械。此后的十几天内,马化龙每天会交上一些马匹和武器。但是,陕西回民军就降还是战的问题意见并未统一。

12月3日,左宗棠率大军进驻平凉,正式接受了陕甘总督印。

在援军到达之后,刘松山亲率大军攻打金积堡的东北面,同时命令金运昌部和雷正绾部从西南进军以相呼应。此次攻击,先后攻破回民军二十多座堡寨。第二天,东西各堡的回民军不甘心坐以待毙,大举出击。刘松山设计

诱敌深入，再次重创回民军。大败之后的回民军调动所有部队，沿波浪湖增修长墙，试图死守。

刘松山下令乘胜进攻，率部直扑沿波浪湖驻守的回民军。回民军依靠修筑的长墙顽强抵抗楚军的进攻。激战之中，回民军炮石如雨，沿长墙倾泻而下，楚军简敬临、李就山、姚连升和谭正明等十几名将领先后在乱军中力战而死。在付出了惨重的代价之后，湘军成功地摧毁了长墙。金积堡周围的各座堡寨，也被楚军攻毁殆尽。

刘松山日夜指挥部队进攻，回民军的几次出兵反击，都被楚军击败。就这样僵持到了1870年1月，陕西回民军无力坚守各寨，马化龙令他们撤到金积堡的长濠旁，支帐篷居住，而将甘肃回民军迁入各寨据守。他多次出兵东南方，从护家堡取粮。刘松山侦知，在夜里派出几路兵马拦截，拔除赵家寨和马家寨两座附堡。回民军从韦州堡运粮回来，也被雷正绾和周兰亭各部截夺。西宁的回民军战败撤回之后，不再赶来救援。河州的马占鳌刚到宁夏时，扬言要派兵增援金积堡，但慑于楚军声威，马化龙多次催他发兵，却没有得到响应。

马化龙无奈之下只得再次向崔伟、白彦虎等部求援。这些回民军的援军从狄道大举东征，抵达固原半角城时，已经接受清廷招抚的各回民堡寨纷纷响应。马化龙又派陕西回民军马正刚、海万新部，以及甘肃回民军马升明等部，先后从东南方翻山奔赴环县与庆阳，袭扰清军后路。魏光焘和刘端冕两部分路拦截，击败海万新等部。马正刚部乘虚急袭宁川和正宁，奔赴陕西三水。这时，由于刘松山部逼近金积堡扎营，派重兵扼守永宁洞口，因此，马化龙的计划没有实现。

左宗棠在仔细考察地形之后，认为金积堡墙壁坚实，沟壕深险，只有开决渠水灌入堡内，才能攻破。而渠首的要地在龙王庙峡口。于是，他密令刘松山派雷正绾所部据守险要。马化龙大为恐慌，召唤米拉沟的回民军绕道赴援。此时，临洮回民军骑兵赶到，马化龙又令其从秦渠以南的石家庄入驻马五寨、马八条寨和马七寨，企图向吴忠堡垒推进。

第五章

远征陕甘　平定捻回

　　刘松山带领大军进攻石家庄时，回民军已在寨旁修筑三座坚固的壁垒。刘松山分兵三路，各攻一垒，一鼓作气，便已攻下。回民军余部投向马五寨。刘松山正在谋划逼近寨堡东南修筑壁垒时，回民军的几千名骑兵突然杀到。刘松山出兵先攻回民军援兵，回民军败退胡家堡。刘松山分派易致中、朱德开和赵彩明三部攻取马八条寨和马七寨。由于马五寨坚固庞大，刘松山亲自督率谭拔萃、周明胜、李占椿等部攻击，激战一个多时辰，攻破马五寨外卡。刘松山策马到寨前加紧督战，忽然从寨中飞来一炮，击中刘松山左胸。谭拔萃等人奔来探视，刘松山大吼："我受国恩未报，即死，毋遽归我尸，当为厉鬼杀贼！"各位将领愤怒不已，手执火弹，冒着炮石搭梯登墙，攻破马五寨，俘虏寨主马五。当天，刘松山伤重去世。左宗棠接到噩耗，大为悲恸，感叹痛失股肱之人。

　　与此同时，为了争夺峡口，修筑壁垒的雷正绾部，遭到回民军援兵袭击，伤亡几百人。马化龙听说刘松山已死，峡口清军又已落败，便派马正和、马万春所率领陕西和甘肃的回民军各部包围预望城，又令各部加紧攻击吴忠堡垒，以夺取永宁洞的水口和宁夏。

　　同时，马化龙还号召通昌堡、通贵堡等堡寨的回民起事，而河州、狄道、米拉沟的回民军也相继增援来到。这时，马正刚所部已从三水袭击渭水以北，向东挺进蒲、富、同、朝；北路的回民军挺进定边；马朝元部从金积堡出兵宁条梁，抵达鄜州与甘泉，影响及于韩城与合阳。一时之间，整个战局大变，战场形势对回民军大为有利。

　　刘松山的意外身亡以及前线战场形势的突变，让左宗棠经受着严峻的考验。他深思熟虑之后，决定派刘端冕和李辉武部分道进援陕西，同时让年仅二十六岁的刘松山之侄刘锦棠接统老湘营，以提督黄万友为副手。左宗棠之所以委刘锦棠以重任，主要是因为刘锦棠曾随刘松山征战数载，作战经验相当丰富，而且老湘营只服从湖南将领的指挥。后来的事实证明，刘锦棠比他已经很出色的叔叔更胜一等。这支刚刚遭受挫折的部队，军心不稳，有些将领自恃资格老、战功多，对刘锦棠这个年轻人颇有点不以为然。刘锦棠则对

他们谦谦有礼，十分尊重，而老资格的黄万友则铁面无私，对这些人严申军纪，一点不讲情面。两位新上任的将领配合十分默契，一个唱红脸一个唱黑脸，于是，"上下辑睦，军声大振"，很快就度过了刘松山阵亡以后的不稳定时期，金积堡前线战事，节节胜利。

就在此时，又一个不幸的消息传来，3月2日，与左宗棠"相呴以湿，相濡以沫"数十年的夫人周诒端病死于长沙家中。周诒端与左宗棠堪称是寒素夫妻，知己红颜。周诒端乃深明大义之人，早在左宗棠还是一介寒士之时，周诒端就并不因自己出身富家千金而感到嫁给左宗棠辱没了身份，也决不拿世俗富贵利禄的话来在左宗棠耳旁唠叨。在左宗棠失意时，她总是写些"书生报国心常在，未应渔樵了此生"的诗句来安慰和鼓励左宗棠。而在左宗棠挂印封侯仕途显达以后，也不因自己成了一品夫人而处处张扬，更不会拿家庭琐屑来麻烦丈夫。

虽然秉性刚直，为人豪爽，但左宗棠终究还是一个性情中人。当妻子病逝的消息传来时，他悲痛不已，于是在军中为妻子撰写《亡妻周夫人墓志铭》以诉说衷肠。

当马化龙听说马正和阵亡（3月10日马正和在黑城子被击杀）的消息后，异常震惊。他派遣数万大军东进全力攻打吴忠堡垒，决心要为马正和复仇雪恨。两军激战一天，各有损失。刘锦棠根据谍报，于二鼓时分出其不意与黄万友率部沿河东进，逼近回民军营垒，而后发起猛攻，杀死大批回民军，还攻破了两座营垒。此役过后，湘军军势重新振作。

等到4月，南路清军集结完毕。趁着星夜，吴士迈部从汧阳出击，大破回民军，将之截断为两部。禹得彦部东奔岐山，崔伟部掉头从陇州西撤。吴士迈部追击禹得彦部，在罗局镇大获全胜。禹得彦率部越过渭南，挺进蒲城和白水。左宗棠派张福齐部进入陕西增援，从高陵追击。禹得彦部回师甘肃宁州，奔赴固原。徐占彪、苏如松两部联合作战，大破这支回民军。禹得彦率几百人西撤。崔伟部从陇州抵达秦安，不敢与南路清军交手，直奔向庄浪和隆德，又被杨世俊部击败，被迫撤回河州与狄道。

第五章

远征陕甘　平定捻回

马化龙决定重修长濠，将马连渠水引入湖内，以阻止湘军进攻。从4月14日到4月23日十天之间，刘锦棠指挥湘军昼夜抄袭，终于将长濠破毁。渠水决口后，四处横溢，平地成为汪洋，湘军并力疏浚水流，忽然西北风大作，渠水猛涨，波浪汹涌，冲击蔡家桥垒的长堤。湘军各营排打木桩，装填土袋，抵御洪水。两天后风停，渠水也渐渐落入黄河。

马化龙不甘失败又生一计，他派老弱回民到湘军军营求见，请求到板桥、琴桥和吴忠的各座废堡耕作。中路回民军首领王洪也请求修筑秦渠，灌溉田地，企图夺取永宁洞的水口。刘锦棠知道这是对方用计，但表面上仍予以批准，而暗中在永宁洞和下桥埋下三重伏兵。王洪等人果然联合胡家堡的回民军到来，湘军伏兵突起，擒获王洪，将他斩杀，乘胜攻下马八条寨和马七寨。这时，胡家堡到海子墩、洋麻湖和大沙井的新麦将要成熟。刘锦棠和金运昌指挥部队分路收割新麦。回民军出兵争抢，湘军乘机攻破海子墩和杜家寨。仅余一个王红连寨，因规模最大，尚未攻克。

刘锦棠和金运昌部决定联手向王红连寨发起攻击。大军首先攻下寨外的礼拜寺，然后在上面支架火炮，分兵攻击寨堡西北面。寨内发炮反击，炮石如雨点般落下。谭拔萃率领一批壮士，竖起三座梯子，攀爬而上，前仆后继。军功张俊肉搏先登，后继者涌入，攻破该寨，斩杀王红连和一千多名回民。刘锦棠和金运昌部也伤亡几百人。

左宗棠令雷正绾和黄鼎再次整理部队，向北攻取峡口。两部从固原进兵，以马家河湾为要隘，韦州堡为间道。其间已经被安抚的回民首领，暗中接受马化龙的封号。左宗棠一方面将马家河湾的回民马忠海召到平凉议事，同时又派冯桂增率一千五百人火速出击，包围五座堡寨，将图谋造反的回民军全部捕杀，并缴获回民军抢夺的清军军装和旗帜，搜到与马化龙相通的造反书信，然后斩杀了马忠海。同时，他又令丁贤发所部佯装从韦州堡进兵。回民首领苏兆明先前在堡内藏匿了几百名金积堡的回民军，听说清军开到，立刻令这支部队出堡逃走。丁贤发率一百人进入堡中，苏兆明率部参见丁贤发，被丁贤发捕杀，所部接受安抚。雷正绾和黄鼎便率领各部北进。左宗棠肃清

109

了中路，几千名陕西回民军先后受抚解散。

刘锦棠部和金运昌部越堤修筑壁垒，之后再决堤反灌回民军。马化龙下令筑堤抵御，傍靠马连渠修筑三座壁垒，以抵抗板桥的湘军。湘军分路攻击，力战之下，将壁垒攻克。从此，金积堡与胡家堡、王洪堡、阳明堡都被湘军隔离，河西的粮路也已完全断绝。

此时，已经攻克张恩堡的雷正绾部和黄鼎部、徐文秀部会师，三部联合进军牛头山。左宗棠增派陈广发、冯南斌部先从四百户渡河，扼守峡口北岸。雷正绾、黄鼎两部攻打峡口壁垒，金积堡派出主力增援。黄鼎部在牛头山将回民军击退。峡口的回民军已无力抵抗，企图渡河西撤，被陈广发所部阻击，又返回壁垒之中。清军各部乘机攻入，拿下峡口，夺得五座壁垒，将回民军几乎全部歼灭。

清军夺得峡口以后，金积堡的回民军每天都来争夺，屡屡被清军击败。于是，回民军决定凭借汉河地利，死守古灵州。徐占彪所部夜袭古灵州，回民军败退丁家堡。清军合兵进攻，将丁家堡攻克。而后，清军乘胜攻破汉渠附近的二十多座堡寨，逼近洪乐堡扎营，距金积堡西门只有十几里。马化龙派部队坚守老马家寨和丁家寨等各堡寨，又在石屹塔和田家桥增修壁垒，以护卫洪乐堡。在西北面，则依靠秦坝关向马家滩提供接济。

通过各部商议，左宗棠决定分段开凿堑壕，形成长围，困死金积堡。从10月1日到10月5日，黄鼎、雷正绾、徐文秀等部攻下了洪乐堡附近的所有寨堡，集中兵力攻打秦坝关。10月7日，余彦禄率领一千多名陕西回民军从堡寨西面突围而出，刘锦棠部急起拦截。回民军趁清军刚刚攻破秦坝关的时机，突然袭击蜀军后背，奔向汉伯堡，向河西挺进。另一支回民军南奔预望城。

清军在攻破秦坝关后，便形成了对金积堡地区的合围之势，唯有王洪堡、阳明堡、枣园堡和汉伯堡还近处濠外，对围攻部队构成威胁。清军集中兵力攻打汉伯堡，被水阻挡，无法前进，便移师东北方，攻打枣园堡等三座寨堡，全部攻破。清军又大举进攻汉伯堡，将沙装进袋子，填塞壕沟，发起冲锋。

第五章
远征陕甘　平定捻回

二鼓时分,回民军在墙上凿洞,向外突围。清军四面出击,击杀六千余人。

左宗棠率领大军攻打金积堡已经超过一年,仍然没有攻破,清廷已经很不耐烦,给他发下寄谕:

> 陕甘回匪滋事以来,朝廷大张挞伐,命左宗棠为钦差大臣,督兵剿贼,每岁拨用饷银不下八百余万两。该大臣于用兵筹饷事宜,有所陈奏,立见施行,畀任不为不重。乃抵甘以后,虽屡报胜仗,总未痛埽贼氛,致金积堡一隅之地,日久未克,逆首稽诛,军务安有了期?竭东南数省脂膏以供西征军实,似此年复一年,此巨帑岂能日久支持!该大臣扪心自问,其何以对朝廷?

左宗棠上疏答复,向清廷详细陈述战况。他既充分表述了所部的战功,展示了战胜的希望,也强调了战争攻坚的难度。左宗棠再三请求清廷稍稍放宽限期,使他的部队在伤亡较小的情况下最终攻克金积堡。

其实在这时候,回民军的处境已经十分困难了。湘军攻克汉伯堡后,只有东边的王洪堡和杨明堡与清军对峙,扼守着灵州西南面的要道。在进攻之前,刘锦棠亲自激励兵卒士气。11月3日,湘军开始合围杨明堡,仰攻一天一夜,回民军已招架不住。两天后,回民军纵火突围,到得堡外,湘军伏兵突起,俘虏回民军首领杨洪,将其斩首,随即又开始进攻王洪堡。

到了12月,回民军出山袭击徽县和两当,接着又去进攻陇州。清军各部合兵将之击溃。刘锦棠部包围马家滩,督促各部进攻,连战三十多天,回民军伤亡惨重,仍然顽强死守。金积堡的回民军被湘军封锁,更是饥寒交迫。于是,马化龙将陕西回民军全部赶到堡外以节省粮草。

左宗棠料想金积堡的回民军已经山穷水尽,于是派投降的回民将领刘秉信到军营前招抚,先后有几百名回民军过来投降。陕西回民军见湘军主力久攻马家滩未下,打算趁东北方湘军兵力空虚,攻击濠墙,突围出去。清军侦知这个动向,预设伏兵,严阵以待。半夜时分,回民军从堡寨墙根下悄悄向

东北方运动，越过壕堑，攀墙堞而上。突然间，清军枪炮并发，回民军成片倒下。于是，清军逼近东门修筑高台，安放火炮，火力俯瞰堡内，守军更为恐慌。

1871年的新年第一天，陕西回民军余部陈林等将领率领八千名老弱回民，跪在壕外请求安抚。刘锦棠决定受降，将壮丁分别安置在各营，而将妇女安置在壕外。马化龙请求湘军从马家河滩撤围，说愿意给壕外的妇女输送粮食，而马家河滩的回民军也愿意接受安抚。刘锦棠同意受降。于是，湘军进入马家滩，收缴马匹和武器，留下一千多名回民，令他们拆平堡寨，在故乡居留。

几天后，王洪寨也拆平堡寨投降。马化龙见抚局已定，于1月6日只身到刘锦棠军营投降，湘军进占金积堡。湘军将士都想杀掉马化龙，以雪愤恨。刘锦棠派人飞马请示左宗棠，同时令马耀邦平毁寨墙，呈缴马匹、武器和户籍，等候命令。此后，余彦禄等人从河西率领几千部众陆续赶来投降。陕西回民尚存男女一万一千多人。左宗棠令湘军将这些人分批解送平凉，安置到平凉华亭境内的化平川。从此宁、灵两州没有了陕西的回民。

由于河西王家疃各堡尚未攻破，刘锦棠便将马化龙留在军中。同时左宗棠向清廷上了一道密奏，请求暂缓将马化龙处死，并说明了必须严守秘密的原因。在他看来，清军攻克了金积堡，全局已在掌握之中。如果先杀了马化龙，王家疃的回民首领便会心怀疑惧，这样反而会拖延战事。清廷同意左宗棠的办法。

2月，马化龙派人到王家疃，将他派到王家疃的何生洲等部几百人招回金积堡接受安抚。金顺、张曜部得以顺利攻克王家疃。通昌堡和通贵堡的回民军也向黄鼎部投降。

3月2日，马化龙父子及其亲属十三人，以匿藏枪械的罪名被处以极刑，同时处死回民军中有官职者共八十多人。

从此，灵州和宁夏全部安定下来。攻打金积堡一役，左宗棠手下仅提督、总兵级别的军官，就多达四十余名战死沙场，其中包括左宗棠帐下第一大将刘松山。

第五章
远征陕甘　平定捻回

为什么攻打金积堡的这场战役会耗时如此之漫长、伤亡如此之重大？这主要是金积堡及其周围作战条件造成的。

首先，金积堡本身就是一个极为坚固的堡垒，它的围墙总长有4.5公里，厚10米，高13米，全部用黄土筑成，任何炮弹打上去都只能留下一点浅坑，无关痛痒。其次，围墙四周以水濠环绕，挖洞炸墙之类的方法在这里也行不通。此外，在金积堡的东西两侧，更有数百个大小堡寨拱卫，以成呼应之势。

所以，除了强攻之外，找不到其他合适的办法。左宗棠选择了对金积堡周围的堡寨实施了强攻，而对主堡则进行了围困，待其粮尽之后开门投降，不仅耗时一年零四个月，而且伤亡巨大。他承认：

陇事艰阻万分，先攻金积，尤非时局所许，一年之间，连丧大将，人心震骇。……仆十余年剿发平捻，所部伤亡之多无逾此役者。

战后，清廷对左宗棠所部将士论功行赏，称赞左宗棠此役运筹决胜，调度有方，着赏加一骑都尉世职，另外再给刘松山赐祭一坛。

终平回民

金积堡之役结束后，左宗棠兵锋指向河州马占鳌部回民军。

马占鳌占据的河州属于兰州府，且与省城相连接。因而河州回民军对陕甘总督治所兰州构成直接威胁。

河州一地，自从陕甘回民起事以来，就已经完全不在清廷控制之中了。左宗棠审时度势令刘明灯部从马盘向安定方向前进，同时令徐文秀部从静宁开向会宁，逐步造船修桥，渡过洮河，修治兰州大道，以利运输军资火药在

静宁储备。左宗棠强调要稳扎稳打,等到粮食足备、桥梁修成时再进兵,比较稳妥。

8月,左宗棠决定兵分中、左、右三路部队合力进攻河州,各部队分路前进。左宗棠则率亲兵从平凉进驻静宁。

到了9月,清廷得知俄国人侵占了新疆重镇伊犁及周围地区,即命左宗棠为收复新疆做准备,首先全力攻取肃州。左宗棠调徐占彪的靖远部队六千人,从凉州和甘州赶赴肃州。他分析甘肃的形势,改变原定先攻河州后攻肃州的计划,决定同时并举,急派记名提督徐占彪统率蜀军马步十二营向肃州推进。

左宗棠取道会宁,抵达安定,集结各部,决定先取康家岩。同时,他又派遣徐文秀、刘明灯两部从安定分路搜查前进,想要将回民军驱赶到康家岩,加以聚歼。徐文秀部前进到好麦川,刚好遇到回民军骑兵二千人,将之击败,追到沙合岭。第二天冒雪前进,越过马寒山,抵达东沟,直逼回民军卡垒,将其攻破。当天,刘明灯部抵达新田铺,攻破新岩堡和孙家堡。回民军全部撤进康家大堡。清军会师合围。回民军突然弃堡,向洮河狂奔。清军压迫过去,击毙大批回民军。清军占据各堡,设立营垒。

回民军将精锐部队驻守在康家岩周围的三甲集、太子寺、大东乡等据点,作为河州的门户。左宗棠发现,从康家岩渡河,河岸险峻,水流湍急,对岸有邓家湾和边家湾坚垒,防御森严,仓促间无法过渡。于是,他命令中路军从狄道架设浮桥先渡。傅先宗、杨世俊各部渡河完毕,分别在西坪、三义河扎营,派游击何建威所部扼守陈三坪,开始攻打三甲集。回民军在高家集、红庄、胭脂山一线阻击,又在黑山头、大坪山修筑坚垒,护卫三甲集。清军会攻高家集,攻破八座壁垒,乘胜攻下红庄和吉家山各堡,击毙二千多人。刘明灯、徐文秀两部从康家岩西渡,副将睢金城、喻有才等人战死。不久,徐文秀部开炮炸裂对岸的一座炮垒,牵船急渡,但因水流太急,终于无法横渡。徐文秀请求绕道狄道渡过洮河,奔赴黑山头,以横捣三甲集。左宗棠对他的计划深以为然。可是,左宗棠发现黑山的回民军壁垒太多,仰攻须费时

第五章
远征陕甘　平定捻回

日，而洮河上游的清军兵单，担心回民军乘虚偷渡，便命令徐文秀部不要绕道。

这时，王德榜和朱明亮来到左宗棠军营，总理营务。左宗棠令他们率领二千兵力，从狄道渡过洮河，会同杨世俊所部奔向八羊沟，又令徐文秀、刘明灯两部修筑浮桥，等到王德榜部抵达八羊沟，便在东岸列队渡河。

王德榜、朱明亮部顺利渡过洮河，他们观察地势，发现只要占据石鼓墩，便可左攻黑山头，右扼边家湾。11月17日凌晨，二将指挥部队在石鼓墩上修筑两座壁垒。天明时，回民军主力来攻，东岸的徐文秀见友军已经占据石鼓墩，急忙架桥截流，渡到河西。回民军连忙撤围，奔赴边家湾，协助防守。朱明亮率部从石鼓墩山上冲压而下，立刻攻破边家湾壁垒。徐文秀和刘明灯部移驻西岸。

傅先宗部攻打黑山头，徐文秀等部攻打邓家湾。一万多名回民军从三甲集赶来增援，徐文秀分兵阻击援军，同时加紧攻击壁垒，到黄昏时终于攻破，增援的回民军也大败而归。于是，清军骑兵沿岸扫荡，步兵上山追击，从邓家湾到三甲集，附近的堡寨全部攻破。傅先宗部也攻破黑山头的回民军兵营，追逐几十里，急杀大批回民军。傅先宗部进驻三甲集背后，派敖天印、王铭忠部接连攻破三甲集以西的庄堡。王德榜等部从黑山南进三甲集前方，杨世俊部也攻破了胭脂、三川的各个军营，赶来会师。清军大举进攻，回民军凭墙守御，发炮掷石。清军各部冒险猱攀而上，从凌晨5点打到下午3点，从四面登墙，击杀几千人。马占鳌夺门而逃。

清军扫平三甲集，合兵进攻大东乡。从山口、甘坪到大贝坪一线，回民军修筑了几十座壁垒。清军各部分路猛攻，将所有壁垒全部攻破。各部会攻大东乡，山口守军望风而退。敖天印所部留守谷口，作为援应，各部陆续推进二十里。这时，回民军的伏兵从四山杀出，清军拼死抵抗，敖天印闻警，急忙沿谷口杀入，两下夹击，清军各部才安全撤离。

本月正值左宗棠六十生辰。清廷下旨赏寿，赐予左宗棠御书旗常以及尚方珍玩，以表彰其功绩。对于同时代的很多人来说，六十岁就意味着人生即将谢幕，但对左宗棠来说，他最辉煌的时刻还尚未来临。

1872年1月，清军趁回民军向谢家坪壁垒推进之机，奋力出击，夺据山腰，傅先宗等部分路疾进，回民军仓促撤退，全部翻山而去。徐文秀率部登山，修筑壁垒，打通了通向太子寺的路径。

　　太子寺是河州要隘，过去清廷有州判驻扎在此地。马占鳌见清军日益逼近，召集循化撒拉的各路回民军，环绕太子寺挖掘长濠防御。他发现徐占彪部已开往肃州，洮河东岸空虚，便几次派出部众，越过古城沙泥站，劫夺清军粮运。左宗棠调灵州驻防军董福祥部，以及庆阳驻屯军张福齐、徐万福等部，进兵洮河以东扼守。徐占彪部抵达高台拦截回民军，在清水激战，击败崔伟、禹得彦、白彦虎等部。回民军绕道关外，回师西宁。

　　徐文秀部攻打太子寺北面的大红庄，没能攻克。傅先宗部决定改从南山进攻，刚刚攻到半山腰，回民军出动一万精锐抄击清军后路，双方苦战四个多时辰，杨世俊部斩杀回民军首领，回民军才开始撤退。回民军又在寨外挖掘深濠，同时在南起瓦房山，连通塌马桥、折抵黑山一线，修筑几十座壁垒，企图切断狄道的粮食运输路线。

　　肃州已有十年混乱，而回民首领马文禄已经就抚。但他听说清军在关外用兵，便重占肃州城，宣告叛变。徐占彪提议先进军肃州以南的红水坝，以遏止马文禄部南下。

　　回民军在新路坡至傅先宗军营一线修筑三座壁垒，占据烂泥沟的庄垒，互为犄角，致使清军的狄道运粮线中断。傅先宗率部进攻壁垒，未能攻克。回民军枪炮并发，击伤大批清军。傅先宗一身当先，手执大旗，捷足先登，被炮子击中，当即阵亡。回民军乘势反攻，杨世俊部拼死抵抗，撤出战场。徐文秀闻警，率部驰援，攻下烂泥沟的庄垒。傅先宗所部失去大将，后撤到党川铺照顾粮道，杨世俊率部驻扎石梁坡，势单力孤。回民军加紧攻势，杨世俊部不支，也撤退扎营。徐文秀见东西两路部队都解围而去，担心大东乡的回民军乘虚进攻董家山，令所部回营，留下亲军助守各营。

　　2月19日这天，大风扬沙，回民军乘势攻打傅先宗所部。徐文秀部将回民军击败。黄昏，回民军主力开到，清军两营首先弃垒逃跑，各营随之溃败，

第五章

远征陕甘　平定捻回

一发不可收拾。徐文秀恼愤至极，独自率领三百人拼死抵抗，身上多处受伤，直到战死，身边的官勇一百四十人阵亡。左宗棠接到败报，飞马传令，让沈玉遂接收徐文秀部的指挥权，派王德榜统领傅先宗所部，斩杀傅先宗部最先溃退的六名将官，令各部推进扎营。

马占鳌见清军士气重新振作，又听说西宁的外来回民和本地回民都已投降清军，他的退路已经断绝，便派回民首领马俊等人到清军营中参见，表示愿意呈缴马匹和武器，接受安抚。

在此之前，陕西回民军崔伟、禹得彦和白彦虎部占据了西宁的大南川和小南川。当时马尕三已经去世，马永福继任首领，他也愿意投降。

正好此时左宗棠派到河州的已降回民马寿清也回来报告，说回民首领都头顶经书，表示永不反悔。于是，左宗棠令马桂源与冯邦栋返回西宁，商议安抚事宜，陆续收缴河州回民的三千匹战马和六千多件枪矛。马占鳌等人又派子弟抵达安定献马，接受约束。左宗棠将他们全部放回去，令他们搜缴马匹和武器，不要重蹈金积堡的覆辙。左宗棠仍令前线各部分别驻扎在各个关隘，及时就地耕垦。陕西回民首领马生彦和冯君禄等人也请求在收割庄稼以后立即迁移，左宗棠批准。

肃州的回民军不肯投降，他们埋伏在城濠，继续抵抗。徐占彪部在距城十里处迎战，佯装战败，回民军出动全部兵力追杀。清军伏兵杀出，拦截马文禄，差一点将他抓获。从此，马文禄躲在城里，不再出战，只是沿城加强守备。

肃州城内的回民军决心以攻代守，他们又出动几千兵力，着白衣，戴白巾，从南门排列阵式，步步逼压推进。徐占彪令各营戒备，等到回民军气尽力竭才挥兵纵击。很快，回民军推进到距离清军兵营几丈处，忽然，西边有大片黑云压来，回民军阵列上空雷雹交加，将其火器全部淋湿。清军中军鼓起，部队开壁，一并杀出，回民军乱作一团，全线溃退。徐占彪挥师纵横出击，回民军留下一片尸体。清军一直追到城下，方才收兵。徐占彪部乘胜攻打城东北的各座回民军堡垒，全部扫平。随即又围攻朱家堡，攻克堡垒。从

此，回民军环城修筑的防御堡垒大部分都被拔除。

这时，之前护送刘松山灵柩还乡的刘锦棠率领老湘营从湖南赶到。左宗棠给他增拨龙锡庆和熊隆名的四营骑兵和步兵，令他的部将何作霖率领四千人先从平番奔赴碾伯。刘锦棠自率五千人继进，又令冯邦棫加紧催促回民军呈缴马匹和武器，把回民军拖住。

到此为止，河州的回民军呈缴了全部马匹和武器。左宗棠下令张贴告示，允许他们就抚，并逐步将陕西回民和外来回民迁出，并于同一天批准河州回民首领马占鳌求抚，将三千三百四十四名回民和汉民迁移到安定和平凉等地安插。

8月，肃州回民军首领马文禄求抚，徐占彪认为他并非诚心想要投降，予以拒绝。回民军悄悄出城，占据废堡，收割粮食。每次出城都被清军击退。徐占彪分兵环城驻扎，但因兵力不够，剩下北门无法合围。回民军每天出城攻打清军营垒，清军四处抵御，斩杀大批回民军。

刘锦棠率老湘营先后进驻碾伯，声言要进攻大南川和小南川的陕西回民军。部队刚刚开到平戎驿，马桂源已集结西宁本地回民军，约好陕西回民军一起起事。他们共同推举马桂源之兄、代理西宁游击马本源为元帅，统帅城内的回民部队和百姓。另一回民首领马永福根本无法制止。

西宁城东北有湟水作为屏障，从大峡口直达小峡口，有八十多里，其间高峰危耸，中间只有一线河岸可通，路宽只有几尺。南面和北面则是沟岔纵横。回民军在其中依险屯驻，防守清军。

回民军连续几天攻击刘锦棠部营垒，每战都出动大批兵力，弥山塞谷，四处袭击。湘军从湟水两岸夹击，忽南忽北，轮流援应。湘军一直战到9月29日，才夺取了陕西回民军的南川军营。随后又接连攻破骆驼堡、观音堂沟各寨。部队冒险深入，往往列队露立风雪之中，昼夜不得休息，先后击杀上万名回民军。

刘锦棠部夺占高寨，在湟水北岸增修壁垒，并先后击杀两千名回民军。他分兵扼守要隘，移营驻扎高寨。湘军进袭小峡口的回民军军营，夺得山麓

第五章
远征陕甘　平定捻回

的三座壁垒。小峡之内的一万多名回民军援兵并力杀来争夺，从早晨战到下午，湘军将士裹创力战，才将回民军击退。回民军分兵抄袭湘军后路军营，都被何作霖部击败。

刘锦棠挑选精锐将士攻打南山各卡，他自己则领兵攻打北山壁垒。湘军抬炮攻到山腰，回民军从各个壁垒出击，从小峡口分三路进攻。刘锦棠分兵抵御，令邓增测准回民军的壁垒，用大炮轰击。顷刻间，各垒墙障坍塌。刘锦棠挥师猛进，士卒无不一以当百，回民军大乱，全线溃败，湘军随即攻破北山四面卡垒，乘胜从山梁俯冲而下。回民军分两路迅速撤退，峡内的各个军营顿时瓦解，丢弃的马匹、骡子和武器堆积成山。当晚，马桂源和马本源纵火焚烧东关，率领所有回民首领奔向东川。

湘军主力抵达东关。城中被围已有两个多月，西宁道郭襄之和知县恩禄率领男女难民三万多人出城迎接湘军，喜极而泣。城内尚存一千多名回民，刘锦棠令他们全部在原地安居。于是，附城内的本地回民纷纷出城请求安抚。陕西回民军崔伟和禹得彦等部败居西川，也纷纷到湘军军营请求投降。刘锦棠令他们即日呈缴马匹和武器。马桂源见势头不对，继续逃亡，进入巴燕戎格，跟随他的回民陆续逃回，接受安抚。

1872年1月，左宗棠率军从兰州出发进军陇西。左宗棠还把肃州视为通往新疆的通道，认为陇中局势，"自宜先规河、湟"，"然后一意西指"。这样，他派徐占彪赴肃州的目的除替出成禄出关之外，就是要消灭肃州回军，以打开西进的道路。1月7日，徐占彪军驰抵高台，与成禄会晤，交接防务，开始对肃州发动进攻。肃州回民起义军首领马文禄率部抵抗长达一年九个多月。

同时，马占鳌被左宗棠所展现的决心和意志所吓倒，于是派遣马俊去左宗棠大营请降。为了进一步表示诚心，马占鳌还把自己的儿子马安良送到左宗棠大营当人质。在这样的情形下，左宗棠同意了马占鳌的请降，3月18日，左宗棠派遣部队进驻河州。投降后的马占鳌被任命为清军将领，他为左宗棠招降回民提供了重大帮助。

就在不久前的3月12日，一代名臣曾国藩因病逝世于江宁两江总督府。

消息传出，天下震动。一时之间，他的同僚朋友、门生故吏云集江宁，纷纷属文作联悼念。

听说曾国藩去世的消息，身在军营之中的左宗棠十分震惊。他没有想到，他们二人之间的恩恩怨怨，这么早就结束了。也许他早就有了与曾国藩和解的想法了，但一方面由于军事匆忙，另一方面，也因为他以为时间还长。没想到，和解的机会永远失去了，身在西北前线的他只能派人千里迢迢送去他的挽联：

谋国之忠，知人之明，自愧不如元辅
国心若金，攻错若石，相期无负平生。

这是左宗棠对曾国藩和他们两个关系由衷而做的评价。左宗棠的挽联使我们重新看到了其自身人格的完满，同时又衬托出曾国藩为人处世的情操，不然怎么能让左宗棠心服呢？

更为令人意外的是，左宗棠在这幅挽联后面，居然署的是"晚生"二字。凡曾、左二人通信，从左宗棠为布衣时起，都是称兄道弟，左宗棠从不肯让一步。在曾国藩官拜大学士后，按惯例左宗棠对曾国藩须自署"晚生"，左宗棠却说，"唯念我生只后公一年，似未为晚，请仍从弟呼为是"。所以生前左宗棠从来没对曾国藩称过晚生，这也成为当时官场上一则趣事，因此谁也没想到左宗棠会在挽联上署"晚生左宗棠"。

"日月经天，江河行地。"曾国藩与左宗棠都是那个时代的杰出人物，他们志同道合，乡里乡亲，年龄相近，本应是极好的朋友，然而，他们之间的关系，其实一直都不融洽。两人的矛盾、冲突，跟日常司空见惯的这类事情大相径庭，根本不是为了升官发财，仅仅是因为意气！尽管已经老死不相往来，但却都一直在内心深处保留着对方的位置，因此，曾国藩在离开人生舞台最终谢幕的时候，对于这个问题，大概也是带着深深的遗憾走的吧？

坐在西北军营之中，左宗棠回想起与曾国藩一生的林林总总、恩恩怨怨，

第五章

远征陕甘　平定捻回

越想越觉得伤怀。只有失掉了老朋友的这一刻,他才意识到他的损失是多么巨大,他又是多么对不住这位忠厚长者。他和曾国藩较量了一生短长,总也不服气,但是到了这一刻,静心反思,他服了。他自甘同时代第二人的身份,所以以"自愧不如"四字作为二人关系的最后总结。这对心高气傲的左宗棠来说,实在是太难得了。

伤心过后,左宗棠在当年夏天进驻兰州,9月份他派遣刘锦棠去镇压西宁及其周边地区的回民军。刘锦棠几乎兵不血刃就攻占了西宁。在此的回民军另一首领马桂源投降,随即被处死。至此,甘肃的回民军只剩下肃州这最后的根据地了。

在10月份的时候,左宗棠亲抵肃州,驻营城南两里许,指挥攻城。到了1873年2月,左宗棠开始大规模向肃州调兵,对该城进行合围。

左宗棠命令各军用后膛大炮和劈山炮等新式武器对肃州城猛烈轰击,肃州城墙被轰塌多处,但回民军坚决死守,清军强攻之下损失颇重。左宗棠为避免更大损失,决定环绕肃州城修筑壕沟与壁垒,死死围困回民军。这一招果然奏效,肃州城内粮草不足,饥荒已经让城内居民付出了沉重的代价。马文禄部回民军难以抵挡,遂出城投降,随后被杀。清军在夜间攻克肃州。

至此,活跃了十几年之久的陕甘回民起义基本被镇压下去了。左宗棠曾于1868年9月25日回答慈禧太后说,他需要五年的时间来平定陕甘,他做到了。清廷在左宗棠平定陕甘之后,赏加他为协办大学士。

肃州以西便是嘉峪关,而嘉峪关再往西去便是新疆。左宗棠远眺西北,"士不可以不弘毅,任重而道远"。

第六章
收复新疆　巩固塞防

山雨欲来

新疆,自古以来就是中国的领土。19世纪中期以来,英、法等国从海上大肆侵略中国,睡在中亚大陆旁的沙皇俄国也不甘落后,把侵略的魔掌伸向中国新疆及西部广大地区。趁着鸦片战争中国战败,沙俄出兵占领了中国的巴尔喀什湖东南的塔拉塔勒河、伊犁河等七河地区,迫使清政府签订了《伊犁、塔尔巴哈台章程》,沙俄得到了在伊犁、塔城地区的通商、贸易免税、自由居住、传教等特权。沙俄在鲸吞了我国的古尔班玛图等地之后,进一步强占伊塞克湖和巴尔喀什湖以东以南地区,深入中国境内七百五十公里,割去我国这片领土上的许多地方。

1864年,就在清朝在沙俄军队的炮口下被迫签订丧权失地的《中俄勘分西北界约记》的同时,新疆各地也被卷入了太平天国运动和陕甘回民起义影响下的各民族反清起义浪潮。这年6月,库车的一群被迫服劳役的百姓发动了起义,这如同是扔进干柴中的一颗火星,从此点燃了连绵十余年的战火!各族人民先后在库车、乌鲁木齐、伊犁等地举行起义,打击清王朝的腐败统治。

此时驻扎在新疆的清军总兵力只有一万五千人。显而易见,如此单薄的兵力根本无法应对大规模的起义浪潮。因此,库车起义爆发之后,反清风暴迅速遍及天山南北。清廷在新疆大部分地区的统治很快就被推翻,残余清军只得退守塔城、巴里坤与哈密。

虽然大起义颠覆了清政府在新疆的统治,但起义的领导权却落到了大大小小的封建宗教头目"伯克"手里。这些头目趁机而起,起义的成果终被各

第六章
收复新疆 巩固塞防

族封建主和宗教上层人物所据有，新疆出现了割据纷争、各自为王的混乱局面。这里总共有五个封建割据政权：即以喀什噶尔为中心的金相印、司迪克政权；以乌鲁木齐为中心的妥得璘（妥明）政权；以库车为中心的黄和卓政权；以和阗为中心的玛福迪、哈比布拉汗政权；以伊犁为中心的迈孜木杂特政权。这些割据政权的混战，给伺机入侵新疆的外国侵略者以可乘之机。

喀什噶尔由伊斯兰教白山派首领马木提艾来木占据称王。不久，柯尔克孜族部落头目司迪克，联络回族封建主金相印，在混乱中夺取了喀什噶尔，由司迪克称王。马木提艾来木致书中亚的浩罕汗国，欲借助外部势力驱逐司迪克。

司迪克也有同样的想法，派出金相印亲自到浩罕进行联系，想把流亡浩罕的黑山派和卓后裔请回喀什噶尔，对抗白山派首领马木提艾来木，以增强自己的政治实力。然而，鹬蚌相争，渔翁得利，尘埃落定之后，整个南疆却落到了一个名叫穆罕默德·雅霍甫的伯克手里，此人在汉文史籍上，被称为阿古柏。

1865年1月，地处新疆西面的中亚浩罕汗国利用金相印、司迪克向其求援的机会，派陆军司令阿古柏带领侵略军进入新疆。阿古柏先后攻下天山南路的英吉沙尔、喀什噶尔、叶尔羌与和阗等地。1867年又攻占了乌什、阿克苏和库车。阿古柏在喀什噶尔悍然宣布建立"哲德沙尔汗国"（意即七城汗国），自立为"毕条勒特汗"（意为洪福之汗），据有南疆，开始了他在南疆长达十余年的统治。1870年后，阿古柏势力又逐渐向天山北路扩展，他在北疆打败了妥得璘政权，乌鲁木齐和吐鲁番也被纳入了"哲德沙尔汗国"的"版图"。

阿古柏

整个新疆几乎完全沦为异域。

阿古柏盘踞在新疆，和沙俄及英国狼狈为奸，对新疆人民实行残酷的奴役和掠夺，把新疆搞得民不聊生。不过，虽然占据了大片土地，但阿古柏的政权依旧十分脆弱。当时曾对喀什噶尔进行"访问"的俄国军事观察员库罗巴特金上尉就认为，阿古柏"没有得到人民的支持"，"因而，他从一开始执政的时候起，就决定依靠军队的力量，而使它成为这个国家拥有特权的、统治的阶级"。

自1865年阿古柏入侵新疆以来，新疆各族人民英勇抗敌，前仆后继，不断进行着夺回家园反抗侵略者的斗争。

此时，居住在迪化，出身于将门世家，武功绝伦的汉族民团首领徐学功，看见汉人到处被掳掠屠杀，便号召一些汉人对阿古柏侵略军与叛乱的东干人作战。他的部队逐渐发展，竟有数千之众，兵强马壮。

徐学功约义军孔才攻奇台、沈廷秀攻昌吉、赵兴体攻绥来，而自攻迪化，向阿古柏侵略势力发起攻击。徐学功收复满城、围汉城。后来，徐学功率领汉军五百铁骑和清军黑龙江总兵依勒和布的三营步队配合，与阿古柏麾下大将马仲（阿奇木）的三千侵略军激战于沙枣园，马仲被徐学功当阵斩杀，侵略军被击溃。乌鲁木齐都统景廉则将徐民团收编为振武营，归总兵张玉春统带。1873年5月，升任昌吉游击，赏"巴图鲁"名号。这支部队还在石河一带，袭击沙俄侵略军，毙敌一百四十名，缴获了驼、马、洋货及俄银二万两，史上评价其说"乌垣之不陷于俄者，学功之力也"。

不过，盘踞在新疆各地的封建头目和一些民族首领们大多只关心保护自己的利益，不能一致对外。他们有的贪生怕死，临阵败退，有的甚至认贼作父，拱手出卖祖国河山，致使绝大多数人民抗击侵略者的斗争遭到失败，造成新疆千里领土沦陷，数百万同胞被蹂躏的历史悲剧。

阿古柏对新疆的入侵，加剧了觊觎新疆已久的俄、英两国的争夺。此时，英、俄两国则都想利用阿古柏达到侵占新疆的目的。

俄国是攫取中国领土最多的国家。通过第二次鸦片战争，俄国共割占了

第六章

收复新疆　巩固塞防

中国东北一百多万平方公里的领土和西北四十四万多平方公里的领土。继而俄国又把侵略目标对准南疆，试图把喀什噶尔置于沙俄的保护之下。当俄国吞并了中亚地区的浩罕、布哈拉和希瓦三个汗国后，便急不可待地策划对东干区的两个主要中心——伊犁和乌鲁木齐实行军事占领。1871年夏，俄国土尔克斯坦总督考夫曼趁新疆处于混乱时机，以科尔帕科夫斯基为"伊宁远征军"长官，率兵近两千人占领中国西北边陲重镇伊犁，宣称"伊犁永归俄辖"。此外，俄国还欲派兵前往乌鲁木齐。显然，俄国想把新疆据为己有。第二年，俄国向喀什噶尔派出使团，与阿古柏订立《喀什噶尔条约》，以承认阿古柏政权为交换条件，俄国得到在南疆通商等权益。俄国的目的是把新疆从中国的版图中肢解出去，再一次蚕食中国的领土。

英国的势力一方面不断向长江流域渗透，另一方面对中国的西北、西南边疆也是垂涎三尺。阿古柏侵入南疆后不久，英国侵略者已频繁到喀什噶尔表示对他的支持。英国为了抵消俄国的影响，于1873年底派遣道格拉斯·福赛斯率领一个三百人的庞大使团到达喀什噶尔，向阿古柏转交了女王的信件和英印总督送给的一万支步枪和八门火炮，并于次年春签订了分裂中国领土的《英国与喀什噶尔条约》。阿古柏为得到英国的庇护，对英国使节说："女王就和太阳一样，在她的温和的阳光里像我这样可怜的人才能够很好地滋长繁荣"，声称"从这里到伦敦任何人都可以自由来往"。英国同样无视清政府对新疆的领土主权，以承认所谓的"哲德沙尔汗国"为独立国而换取了在新疆的特权。阿古柏也"遣使"到英国，并从英国人手中得到武器弹药的资助，阿古柏一心投入英国的怀抱，成为英国势力插足新疆的工具。

不仅如此，1873年，阿古柏还派遣他的外甥阿吉托拉出使奥斯曼土耳其帝国，声明承认奥斯曼土耳其帝国为其宗主国。同时，土耳其国王也册封阿古柏为"艾米尔"（统治者）。不久，阿古柏从土耳其购得新式步枪六千支，火炮十二门，实力更为增强。

在阿古柏的入侵新疆，以及英俄两国在中国西北你争我夺的大形势下，清政府仅仅控制着新疆塔尔巴哈台、古城、巴里坤、哈密这一线的狭小地区，

整个新疆都几乎成为异域！"万里腥膻如许，千古英灵安在？"左宗棠勇于以收复新疆为己任，正是他爱国与反侵略思想的集中体现。

海塞防争

新疆寇深祸急，清政府早就应该出兵西征收复失地了，但腐朽的朝廷还在争论不休，待兵不发。为了收复新疆，左宗棠表示："既事关君国，兼涉中外，不能将就了局，且索性干去而已。"1872年夏天，左宗棠毅然决定率师进驻兰州。

这年冬季，左宗棠连续在家信中谈及他的想法。他指出：

> 俄罗斯乘我内患未平，代复伊犁。朝廷所遣带兵大员均无实心办事之意，早被俄人识破，此事又须从新布置。我以衰朽之躯，不能生出玉门。惟不将关内肃清，筹布出关大略，遽抽身退休，此心何以自处？我年逾六十，积劳之后，衰态日增。……断不能生出玉门矣，惟西陲之事不能不预筹大概。关内关外用兵虽有次第，然谋篇布局须一气为之。以大局论，关内肃清，总督应移驻肃州，调度军食以规乌鲁木齐。乌鲁克复，总督应进驻巴里坤以规伊犁。使我如四十许时，尚可为国宣劳，一了此局，今老矣，无能为矣。不久当拜疏陈明病状，乞朝廷速觅替人。如一时不得其人，或先择可者作帮办；或留衰躯在此作帮办，俟布置周妥，任用得人，乃放令归，亦无不可。此时不求退，则恐误国事，急于求退，不顾后患，于义有所不可，于心亦有难安也。

第六章

收复新疆　巩固塞防

左宗棠能对规复新疆谋划得如此周密，这正是其甘于以"边荒艰巨为己任"的体现。他认为新疆的局势，"以区区之愚揣之，实非从内预为布置，从新预为调度不可"。所以他"何敢自惜残生，置身事外"！

而此时，清朝政府也已逐渐认清了阿古柏的侵略本质及其巨大的危害性。用武力讨伐阿古柏的提案上了清朝政府的议事日程。鉴于新疆问题的严重性，总理衙门于1873年初向左宗棠询问有关情况。左宗棠在写给总理衙门的复函中，首先指出俄国侵占伊犁带来的严重后果：

俄人久踞伊犁之意，情见乎词。尊处持正论折之，实足关其口而夺其气。惟自古盛衰强弱之分，在理而亦在势。以现在情形言之，中国兵威且未能加于已定复叛之回，更何能禁俄人之不乘机窃踞。

接着，左宗棠提出了收复新疆的应办事宜和用兵方略：

宗棠所以有从内布置、从新筹度之请也，就兵事而言，欲杜俄人狡谋，必先定回部；欲收伊犁，必先克乌鲁木齐。如果乌城克复，我武维扬，兴屯政以为持久之谋，抚诸戎傅安其耕牧之旧，即不遽索伊犁，而已隐然不可犯矣。乌城形势既固，然后明示以伊犁我之疆索，尺寸不可让人。遣使奉国书与其国主，明定要约，酬资犒劳，令彼有词可转。彼如知难而退，我又何求。即奸谋不戢，先肇兵端，主客、劳逸之势攸分，我固立于不败之地。俄虽国大兵强，难与角力，然苟相安无事，固宜度外置之。至理喻势禁皆穷，自有不得已而用兵之日，如果整齐队伍，严明纪律，精求枪炮，统以能将，岂必不能转弱为强，制此劳师袭远之寇乎！……要之，目前要务不在预筹处置俄人之方，而在精择出关之将，不在先索伊犁，而在急取乌鲁木齐。

左宗棠的上述建议可以说为清政府筹划规复新疆从总体上进行了谋略，此后左宗棠在进军新疆的过程中基本上是因循此战略构想进行的。

1874年初，左宗棠调派广东陆路提督张曜所部"嵩武军"抵达玉门关。3月，清廷派前乌里雅苏台将军金顺和凉州副都统额尔庆额率军出关。张曜也随即率军行至哈密。7月，清廷以景廉为钦差大臣、督办新疆军务，金顺为帮办大臣。8月，清廷命左宗棠在肃州设西征总粮台，督办粮饷转运。

经过一年多的准备，左宗棠积草屯粮，调兵遣将，打开关陇通道。然而在即将挥师出关之际，偏偏天有不测风云，东南海疆警报传来。明治维新以后野心勃勃的日本，以琉球船民被台湾高山族居民杀害为借口，出兵台湾。1874年5月6日，日本政府派陆军中将西乡从道率军三千人进犯台湾。清廷连忙派福州船政大臣沈葆桢为督办台防大臣，率自造轮船赶赴台湾，加紧布防。同时日军也因为不服水土而病亡累累，不得不稍许收敛侵略野心。日本虽未敢贸然开战，却在外交上捞到好处。清政府迫于压力，于10月31日同日本签订《台事专条》，以五十万两赔银换取日本从台湾撤军。日本侵台事件虽然和平了结，但这一事件却影响到万里之外的新疆的前途。日本侵台事件在朝野上下引起很大震动。堂堂大清帝国却要屈服于一个弹丸小国，这让清朝野上下痛感加强海防的重要性。一面是新疆告急，一面是海疆有警，以晚清政府捉襟见肘的财力，如何兼顾塞防和海防成为一个战略难题。围绕着"海防"与"塞防"孰轻孰重，清政府内部发生了激烈辩论。

在这次讨论国家安危的决策性会议上，众大臣都认为，自乾隆皇帝平定新疆一百多年以来，每年都要在新疆花费数百万两饷银，这是一个填不满的窟窿。如今又要竭尽天下的财力去赡养大军西征，实在是个得不偿失的下策。还不如依从英国人提出的条件，允许阿古柏政权独立，只要他答应称臣入贡就是了。如果这样办了，也就不必兴师动众，再去西征，就可以专心全力去治理海防了。在弃新疆的种种论调之中，调门最高的便是清廷重臣——直隶总督兼北洋通商大臣、文华殿大学士李鸿章。

李鸿章在《筹议海防折》中论及"筹饷"一条时公然提出放弃新疆的主

第六章

收复新疆　巩固塞防

张。他认为：

> 新疆乃化外之地，茫茫沙漠，赤地千里，土地瘠薄，人烟稀少。乾隆年间平定新疆，倾全国之力，徒然收数千里旷地，增加千百万开支，实在得不偿失。新疆不复，与肢体之元气无伤；海疆不防，则腹心之大患愈棘。

就当时的形势而言，1871年，俄国以"代为收复"的名义武力强占了我国伊犁地区，进而要求阿古柏政权臣服。而阿古柏为了得到沙俄的支持，也对自己祖国浩罕的仇敌摇尾乞怜："我把俄国人看作我最亲爱的朋友！"可以预见，如果清廷不去剿灭阿古柏政权，阿古柏盘踞的大片中国新疆的土地迟早也会成为俄国的下一份盘中餐。沙俄在东方的侵略扩张行动，从来是没有尽头和界限的。

左宗棠见不战而降几成定论，于是决意挺身而出，力排众议。他于4月12日呈上《复陈海防塞防及关外剿抚粮运情形折》和《遵旨密陈片》，提出了海防、塞防并重的观点。针对"论者拟停撤出关兵饷"而放弃新疆等条陈，他强调指出：

> 无论乌鲁木齐未复，无撤兵之理；即乌鲁木齐已复，定议划地而守，以征兵作戍兵为固圉计，而乘障防秋，星罗棋布，地可缩而兵不能减，兵既增而饷不能缺，非合东南财赋通融挹注，何以重边镇而严内外之防？……今若画地自守，不规复乌垣，则无总要可扼。即乌垣速复，驻守有地，而乌垣南之巴里坤、哈密，北之塔尔巴哈台各路，均应增置重兵，以张犄角，精选良将，兴办兵屯、民屯、招徕客、土，以实边塞，然后兵渐停撤，而饷可议节矣。……若此时即拟停兵节饷，自撤藩篱，则我退寸而寇进尺，不独陇右堪虞，即北路科布多、乌里雅苏台等处恐亦未能晏然。是停

兵节饷，于海防未必有益，于边塞则大有所妨，利害攸分，亟宜熟思审处者也。

左宗棠气贯长虹，慷慨陈词。在他看来，如今关陇新平，如果不一鼓作气，及时收复新疆，而放弃这块土地，让它自成一国，这无疑是个遗祸患于子孙万代的罪过。万一阿古柏无能自立，新疆这块土地，不是被英国所狼吞，就是落入沙皇俄国的虎口。如果束手坐视，任列强鲸吞蚕食国土，那么丢掉的就决不仅仅只是新疆，也将失去西北边防的关卡要塞和重镇，使西北边防无以屏障，到那时，边防的兵力不但不能削减，反而会大大增加。从全局来看，它的后果，对内必将严重有损于国威，丧失民心；对外，也必将助长列强的侵略气焰，不利于海防。罢兵乃是误国之计，绝不可行。

左宗棠在奏折中旗帜鲜明地提出，正是为了便于集中全力经营多事的东南海疆，所以才要首先一劳永逸地解决新疆的阿古柏政权，平定西北。不然，就会"我师退一步，则俄人进一步"，"是故重新疆者所以保蒙古，保蒙古者所以卫京师。……若新疆不固，则蒙部不安，匪特陕、甘、山西各边时虞侵轶，防不胜防，即直北关山，亦将无晏眠之日。而况今之与昔，事势攸殊。俄人拓境日广，由西向东万余里，与我北境相连，仅中段有蒙部为之遮阂。徙薪宜远，曲突宜先，尤不可不豫为绸缪者也"。

面对举棋不定的清廷，左宗棠把收复新疆提到保障国家安全的高度，坚决主张打击沙俄气焰："若此时即拟停兵节饷，自撤藩篱，则我退寸，而寇进尺。"放弃新疆就是自撤藩篱，沙俄必将得寸进尺，不但甘肃和陕西堪忧，就是北路蒙古地区也失去保障，这样北京城也会丧失门户，后果不堪设想。

左宗棠的这番宏论，使四座哑口无言，也深深地触动了军机大臣文祥。文祥离位向光绪皇帝奏道："老臣以为宗棠之言深谋远虑，上承先皇高宗之遗志，下惠子孙万代，请陛下决策。"

在此次两派大臣的海防与塞防之争中，清政府经过反复思量之后，考虑到塞防问题事关北半个中国乃至大清根本的存亡，最终采纳了左宗棠的意见，

第六章
收复新疆　巩固塞防

海塞防争才告结束。

清廷随后正式下诏任命左宗棠为钦差大臣，督办新疆军务，还令左宗棠全权节制三军，择机出塞平叛。同时以将军金顺为副帅，调景廉等来京供职。这样，身兼陕甘总督的左宗棠又以钦差大臣、督办新疆军务的新职踏上了收复新疆的征程。这是 1875 年 5 月 3 日，这一天对左宗棠来说可谓意义非凡。他多年甘愿引边塞之苦为荣，决心收复新疆的愿望终于有了实现的可能，真是英雄必有用武之地！

整军备战

对于左宗棠的新使命，署两江总督刘坤一在致左宗棠函中称此为"任天下之至重，处天下之至难"，左宗棠后来也曾谈到当时的境况：

> 臣本一介书生，辱蒙两朝殊恩，高位显爵，出自逾格鸿慈，久为生平梦想所不到，岂思立功边域，觊望恩施？况臣年已六十有五，正苦日暮途长，乃不自忖量，妄引边荒艰巨为己任，虽至愚极陋，亦不出此！而事顾有万不容己者：乌鲁木齐各城不克，无总要之处可以安兵；乌鲁木齐各城纵克，重兵巨饷，费将安出？……伊犁为俄人所踞，喀什噶尔各城为安集延所踞，事平后应如何布置，尚费绸缪。

无疑，左宗棠用兵新疆，"引边荒艰巨为己任"之举，正是出于心怀天下的高度责任感。尽管征途坎坷，困难重重，但他义不容辞地担负起收复新疆的历史重任。在当时的情况下，能够承担起收复新疆重任的唯有左宗棠。对

此，就是左宗棠本人也十分清楚。他在家书中说：

> 现奉谕旨督办新疆军务，应预筹出关驻节。衰病余生，何能担荷重任？惟密谕"英、俄有暗约扰我西路之说，英由印度窥滇之腾越，俄窥喀什噶尔，使我首尾不能顾"。……此时西事无可恃之人，我断无推卸之理，不得不一力承当。

作为陕甘总督，左宗棠对于毗邻地区新疆的局势一直是十分关注，早在朝廷决意西征的几年前，他就已经开始着手做军事上的准备了。在受命出兵收复新疆以后，他更是加紧进行了一系列战争准备。自古用兵西域，都把兵精、饷足作为先决条件，兵精则军需少，饷足则军粮丰。左宗棠也不例外。总的来说，他在出关前的举措主要包括进行军事部署和准备后勤保障两个方面。

在军事部署方面，左宗棠注意从精减人员提高战斗力和制订作战计划两点入手。

首先，他抓紧时间对军队进行精减。左宗棠在"关塞用兵，在精不在多"思想的指导下大力整编军队，他将原来就已经部署在新疆的金顺、景廉等部九十营的兵力裁减到二十三营，又将穆图善、文麟等战斗力不强的部队全部遣散，还对自己的嫡系部队也大事整编，剔除空额，汰弱留强，由一百八十余营减至一百四十余营。整顿队伍精减人员这不但从根本上确保了入疆部队是一支精兵，而且也减少了粮饷供应的负担。除此之外，鉴于阿古柏已经得到英国的军火支持，俄军的装备比较先进，左宗棠相应地也积极改善部队的武器装备。他除了在西安、兰州机器局下令大量仿制洋枪洋炮，还在上海、汉口、西安等地设立机构来采购西洋军火。

在收复新疆的战略构想方面，左宗棠认为应该分两步走，即首先平定北疆，接着再夺回南疆。他根据新疆的地形时分析说："天山南北两路"，"北可制南，南不能制北"。左宗棠召集各军"分统来兰会商办法"，共同讨论军事

第六章

收复新疆　巩固塞防

问题，令刘锦棠"自定出关马步二十余营，以缓进速战为义"。随后，左宗棠确定了消灭阿古柏势力收复新疆的具体步骤。他指出："此次进兵，先北路而后南路。如大军攻剿古牧地乌垣、红庙一带，帕夏敢赴北路之援，官军猛打数仗，自可挫其凶锋。将来下兵南路，声威已张，或易著手。""官军出塞，自宜先剿北路乌鲁木齐各处之贼，而后加兵南路。当北路进兵时，安集延或悉其丑类与陕甘窜逆及上回合势死抗官军，当有数大恶仗。如天之福，事机顺利，白逆歼除，安集延之悍贼亦多就戮，由此而下兵南路，其势较易。是致力于北而收功于南也。"

在进行战斗部署的同时，左宗棠还依照"整军乃能经武"的古训，一面对已出关和准备出关的军队予以整顿，将金顺、景廉、穆图善等部加以裁并，一面强调"精择出关之将"，任用"英锐果敏，才气无双"的刘锦棠总理行营事务，对其他"统领、营哨各员，均酌简相信员弁乐事赴功者用之"，并对各军严加训练。当时，左宗棠麾下历经剿灭太平天国战争的湘军、楚军精锐尚在。而且洋务运动开展后，清军的武器装备也得到很大的改善，枪械方面除配备亨利、马梯尼、林明敦、士乃德等后装单发枪外，还装备有部分在德国购买的毛瑟七响后膛枪。火炮使用较多的是19世纪60年代输入的前装炮，但也装备有阿姆斯特朗式、格鲁森式和克虏伯式后膛新式火炮。

对于这次西征，左宗棠审时度势，根据新疆特殊的地理、气候等因素，分析敌我形势而制定了八字战略指导思想，即"先北后南、缓进急战"。

收复新疆之所以要"先北后南"，一是从新疆南北敌情考虑，南疆是阿古柏军主力所在之地，而北疆主要由白彦虎、马人得等投靠阿古柏的回民残部驻守，战斗力较弱，易于得手。二是从地理上讲，乌鲁木齐为新疆枢纽，占领乌鲁木齐，可以形成以北制南的有利态势。三是出兵北疆，有利于抢先阻止伊犁俄军东向。

收复新疆之所以要"缓进"，是因为西北地区不但粮食匮乏，而且地形险要，粮食转运也很困难。如果不能及时解决粮食问题，左宗棠的大军便无法持续作战。另一方面，也是为了避开严寒、酷暑等极端恶劣天气的影响。左

宗棠利用近一年半的时间筹措军饷，操练将士，创造出制胜的一切条件。

收复新疆之所以要"急战"，是为了抓住战机，速战速决，避免形成旷日持久的消耗战。左宗棠考虑到大清国库空虚，部队军饷难筹，因而大军一旦出发，就必须以迅雷不及掩耳之势，速战速决，力争尽快获取全胜从而尽早收兵。

事实证明，左宗棠的战略指导方针是非常正确的。从收复新疆一役来看，整个战争进程基本执行了"先北后南"的次序，也体现了"缓进急战"的特点。进兵之缓，是指此役总共花了两年多时间，而实际战事之急，总计仅用六个月左右。

在军队的后勤保障方面，左宗棠把精力主要用在了筹集粮饷和安排粮饷的转运上。他事先命西征军前锋部队统帅张曜驻军哈密兴修水利、屯田积谷。为了解决粮运问题，他组织了一个庞大的机构，专门负责军粮采运。经过多方筹集，到1876年夏，运抵前线的粮食已达二千四百八十万斤，可供西征大军食用半年之久，为收复新疆的顺利进军提供了物质保障。

另外，左宗棠还积极筹措军队的饷银。左宗棠此番收复新疆，主要靠东南各省"协饷"。但东南各省的协饷很难按期如数拨付。左宗棠亲自做了深入调查和细致精微的计算，他从一个军人，一匹军马，每日所需的粮食草料入手，推算出全军八万人马一年半时间所需的用度。然后，再以一百斤粮运输一百里为基准，估算出全程的运费和消耗。甚至连用毛驴，骆驼驮运，还是用车辆运输，哪种办法节省开支也做了比较。经过周密计划，估算出全部军费开支共需白银八百万两。西征军的军费每年支出约八百万两，可是实际收到的各省协饷只有五百万两。1875年西征军更是"每年只发一月满饷"。巨大的经费压力使左宗棠常"绕帐彷徨，中宵不寐"。因此收复新疆前后，他曾连上数折，请求敕下各省如数拨解协饷，并主张暂借洋款以补不足。

西征军饷源匮缺的情况受到清廷重视。军机大臣文祥过问了这件事，他亲自去找光绪皇帝陈述利害关系。光绪皇帝御批道："宗棠乃社稷大臣，此次西征以国事而自任，只要边地安宁，朝廷何惜千万金，可从国库拨款五百万，

第六章
收复新疆　巩固塞防

并敕令允其自借外国债五百万。"左宗棠拿到军费，忙命人筹措军械物资，备办粮草，以实现"兵马未到，粮草先行。"

为了筹措军费，左宗棠想尽了也用尽了各种办法。在收复新疆的两年多时间里，总共筹集到饷银二千六百余万两，为收复新疆之役提供了有力的经费保障。

除筹粮、筹饷之外，左宗棠还十分重视粮食和军火物资的转运问题。西征之师须驰骋数千里，筹划转运也并非易事。左宗棠主张关内运粮以车驼为主，关外则以驼运为主，解决了粮食转运的难题。他还通过上海采办转运局、汉口后路总粮台、西安总粮台等转运军火物资。同时，在兰州建立机器局，为西征军修造枪炮。为了对付阿古柏匪徒的洋枪洋炮，左宗棠从广州、浙江调来专家和熟练工人，在兰州造出大量先进武器，还仿造了德国的螺丝炮和后膛七响枪，改造了中国的劈山炮和广东无壳抬枪。经过一段时间扩充军备，已有了一批威力较强的轻重武器。这时的左宗棠已是万事俱备，胸有成竹，决心马到成功，一举夺回新疆被外寇侵占的失地。

左宗棠为收复新疆所做的这一系列战略准备为战争胜利打下了坚实的基础。一切准备就绪后，左宗棠自兰州移师肃州，坐镇河西指挥战争。大军挥师西进，铁骑千万里，气壮山河，烽烟滚滚，直奔玉门关外，剑指阿古柏匪帮。

就在左宗棠的大军磨刀霍霍之时，英国制造了一起意在牵制左氏收复新疆的"马嘉理案"。

1875年2月，英国驻华公使派遣使馆译员马嘉理赴云南，迎接从缅甸非法进入云南的由英国军官柏郎率领的所谓探路队。英方对事先清朝总理各国事务衙门明确表示因边地"不靖"，不予发给"游历护照"的表态置若罔闻，一意孤行。这支一百多人全副武装的探路队在中国云南境内，公然挑衅，遇到阻拦即开枪射击，打死中国边民。边地军民忍无可忍，奋起反击，击毙马嘉理，柏郎率兵仓皇逃回缅甸驻地。这就是所谓的"马嘉理案"。

光绪二年（1876）7月26日，李鸿章和英国政府代表威妥玛签订了《烟台条约》。条约规定清廷向英国方面"抚恤""赔款""惩凶""道歉"和扩大领事裁判权等内容。左宗棠明确表示"马嘉理案""其曲在英",英国人"虚言恫吓,其技已穷"。他指责李鸿章对英交涉过于软弱,不敢据理驳斥,以致把事情愈办愈糟。他大声疾呼:"我能自强,则英、俄如我何?我不能自强,则受英之欺侮,亦受俄之欺侮,何以为国!"

马嘉理案发生地

左宗棠收复新疆的决心丝毫没有动摇,他明白,自己年老多病,为了使"金瓯罔缺",就必须将个人安危置之度外,"至于马革桐棺,寂寞身后,则固非所论耳"。即使"老死西域",他也在所不惜,"非与决战不可!"

肃清北疆

经过近一年的整军备战,1876年3月16日左宗棠率领六万湖湘子弟兵离开兰州西征新疆。陕甘总督府三声炮响,大军开拔,一路西行,浩浩荡荡。4月7日左宗棠抵达肃州,就近指挥收复新疆的战略决战。没有风,没有月,没有人送行,他面对内忧外患,依然信心百倍。"六十许人,岂尚有贪功之念?所以一力承担者,此心想能鉴之。"收复新疆的战争没有退路。汉唐以来,多少人在这里远赴西北绝域。开疆辟土,祖宗遗业,岂能丢掉?

左宗棠带着当年林则徐绘制的新疆地图,肩负着千万人的重托,他将要进行的是名垂青史的战争。他早已将个人生死置之度外,纵然前方是万丈深

第六章

收复新疆 巩固塞防

渊，也百折不回，宁愿马革裹尸！

左宗棠到肃州后，随即令甘肃西宁道、总理行营营务湘军名将刘锦棠率老湘营与楚军主力马步二十四营（步队十七营、马队七营）分四批出星星峡，向哈密进发。随后，提督陶生林又率马队一营由肃州向古城进发，记名提督徐占彪率随即所部蜀军马步五营出关继进。左宗棠限令各军于7月下旬赶至古城集结待命。当时，广东陆路提督张曜所部河南嵩武军马步十四营和总兵桂锡桢的马队一营，驻于哈密；金顺所部马步三十九营和凉州副都统额尔庆额的马队一营，驻于巴里坤、古城一带。左宗棠目送出关各军，心情格外激动。他说："前军已陆续开拔，大约五月内始有战事。万里长驱，每营仅发四个月盐菜，无却步者，忠哉我军。""出塞诸军，英气勃勃"，这正是对为保卫祖国领土而挺进新疆的西征军出关情形的真实写照！

左宗棠收复新疆的第一个战略目标是拿下北路乌鲁木齐、玛纳斯二城，重中之重是攻克乌鲁木齐。

自北疆被阿古柏匪帮侵占后，原陕西回民军的首领白彦虎不惜成为民族败类，从甘肃逃至新疆投靠阿古柏。阿古柏自己盘踞在南疆，另外委派所谓的乌鲁木齐阿奇木伯克马人联合白彦虎代其统治北疆，据有乌鲁木齐和玛纳斯等城，将主要兵力集中于乌鲁木齐东北面的古牧地。

眼见左宗棠大军即将进军新疆，早就对新疆虎视眈眈的沙俄政府派来了一个以索思诺夫斯基中校为首的"科学贸易考察队"。在近一个月的"考察"期间，他们惊愕地发现，面前的这支清军手中使用的武器不再是古老的冷兵器和早期火器，而是19世纪70年代刚刚研发成功的先进火器，比如德国大名鼎鼎的毛瑟步枪的

刘锦棠

"开山之作"M1871型11毫米后膛枪与美国制造的"雷明顿一号步枪"。后者也是一代名枪,闭锁牢固可靠,长距离射击极为精确。清军拥有的近代武器不但质量堪比同时期欧洲军队,数量上也毫不逊色。以左宗棠西征军主力、西宁道尹刘锦棠所部老湘营为例,这支一万三千人的精锐部队拥有各种来福枪多达两万支。

目睹清军的强大实力之后,特务使团的团长索思诺夫斯基毫不含糊地得出了结论:"(阿古柏)事业已告失败,这里不过是时间问题,因为交战双方力量对比悬殊太大。"沙俄侵略者一计不成又生一计,随即"友好"地提出愿向大清帝国的西征大军提供粮食——其真实用意则是妄图使这支"仅因为缺粮而不能打仗的军队"依存于俄国人的给养,以迫使清廷在政治上让步。此外,把产自被俄国霸占的中国伊犁地区的粮食出售给中国,可以牟取高达三十三倍的暴利!这真是"一箭双雕"的如意算盘。然而,经过不懈努力,到了1876年夏季,左宗棠已经搜集了四千多万斤粮食,足可供大军食用一年。沙俄的阴谋也因此落空。

不过,从河西走廊运粮到阿古柏占据的乌鲁木齐路程约八百五十公里,运费差不多是粮食原价的二十倍,要为进抵乌鲁木齐的数万大军提供粮食,每年仅运费一项就得多支出二百万两白银以上,更何况阿古柏的巢穴喀什远在一千八百公里之外。财政窘迫的清廷下诏"只要边地安宁,朝廷何惜千万金",允许左宗棠自借外债。1876年起,由"红顶商人"胡雪岩经手,左宗棠向英国汇丰银行先后借款四次,总计白银一千五百九十五万两。借外债打仗,实属不得已而为之,左宗棠自己也承认借外债是"仰鼻息于外人"。但终究避免了因财力不济,使西征大业功亏一篑的严重后果,也算是两害之中取其轻了。

阿古柏得知清军西进的消息,即由阿克苏亲自赶至托克逊部署防御:他以白彦虎、马人得等率部分守乌鲁木齐等北疆要地,阻击清军;以一部兵力防守胜金台、辟展一线;主力分守达坂、吐鲁番。各地驻兵为喀什噶尔四千八百人,叶尔羌及英吉沙尔四千人,和阗三千人,阿克苏一千二百人,库

第六章
收复新疆　巩固塞防

车一千五百人，库尔勒二千二百人，达坂城九百人，吐鲁番一万八千五百人（其中团练一万人），托克逊六千人，乌鲁木齐六千人，山地卡伦及各地城堡二千人，总计约五万人。

至少从表面上看，阿古柏的军队实力相当不弱。他的军队总兵力达五万多人，由骑兵、步兵和炮兵组成，此外，还有一部分抬枪兵。除了火绳枪这种当时已经过时的古老火器之外，阿古柏军队从英属印度和奥斯曼土耳其帝国获得了一万多支恩菲尔德 M1853 前装线膛枪和斯奈得—恩菲尔德 M1866 后装线膛枪。前者在当时虽然稍显落伍，但这种口径 0.577 英寸的线膛枪曾是当时英军的制式步枪，它的性能可靠，射击精度高，堪称前装线膛枪的完美谢幕；后者则是从前者改造而来，是当时的一流武器。炮兵部队主要使用克虏伯和阿姆斯特朗等较先进的火炮。这些武器主要来自英国，一部分来自俄国与奥斯曼土耳其帝国。阿古柏的军队就武器装备而言比较精良，而且骑兵约占总人数的三分之一，因而火力和机动能力较强。而且由于伊斯兰教宗教信仰浓厚，所以士兵的战斗力确实较为强悍。

尽管武器装备相当精良，浩罕人也一直以善战之名而著称于天山南北，但其实阿古柏统帅的部队只不过是只"纸老虎"罢了。一方面，追随阿古柏而来的浩罕人在军队里享有大量特权，十五个最高级军官"艾米尔"中，竟有十四个是浩罕人；另一方面，备受歧视和压迫的其他各族士兵们则士气低落，时常有逃亡现象发生。库罗巴特金就曾一针见血地指出："从阿古柏军队的士气看，它不适于打硬仗。"

1876 年 8 月，收复新疆之战正式打响。8 月 10 日，刘锦棠和金顺率领大军兵发阜康，声东击西，向敌军发起夜袭，出其不意地逼近乌鲁木齐北面重地古牧地。

进军古牧地有大小两道可走。大道地势平坦，行军方便，但是要经过五十里缺乏水源的戈壁滩；小道水源充足，但阿古柏的军队早已在此严密设防。阿古柏意在迫使清军从大道行军，待到清军人马渴乏之时乘机攻击。清军得悉情况之后将计就计，佯装从大路进兵，待守军松懈大意之后乘夜由小

道奇袭，阿古柏军猝不及防，狼狈逃回古牧地，清军初战告捷。

白彦虎得知清军已兵临古牧地附近的消息后，便从乌鲁木齐率军驻扎于此，企图负隅顽抗。阿古柏也从南疆调遣援军前来助战。刘锦棠审时度势决定潜师夜赴，会和金顺所部，偷袭黄田。夏镇总兵谭拔萃率千总庄伟以开花大炮轰塌东北面城垛，复用开花铜炮并劈山炮紧对缺口连轰，之后令知府罗长佑督同副将杨金龙及庄伟率亲兵操纵克虏伯后膛炮使用开花弹猛烈轰南门左侧，并调集快枪队、劈山炮排列炮台两侧同时轰击；提督谭慎典、谭和义率中军左四旗，参将董福祥，副将张俊率董字两营，各饬勇丁囊土潜伏墙壕，待大炮轰有缺口，即行攻入。17日黎明，南城左侧子墙崩塌，大队清军从缺口冲入城内，并向敌投掷火药包。后续部队迅速挖土填沟，涌入城中，与敌展开巷战。这时，金顺部亦从城东北入城，两军对进攻击。守敌大部被歼，少数由缺口逃出者，亦被预伏之清军歼灭。敌方守将王治、金中万及阿古柏部将多人被击毙。此战，共歼敌近六千人（包括安集延人一千一百六十八人），缴获战马二百余匹以及火炮枪械数千件。清军亡一百五十八人，伤四百五十人。白彦虎因未在城中，幸免一死。他带领残部向南疆逃窜。

清军攻克古牧地后，缴获了王治、金中万给乌鲁木齐守军的求救信一封，上有马人得的批复："乌城精壮已悉数遣来，现在三城（指乌鲁木齐、迪化州城及妥明所筑之伪王城）防守乏人，南疆之兵（指阿古柏军）不能速至，尔等可守则守，否则退回乌城，并力固守亦可。"刘锦棠得此重要情报后，当机立断，决定抓住时机乘虚蹈隙，除留下两营扼守古牧地外，率领大军于8月18日黎明急速向乌鲁木齐挺进，途中不战而下七道湾堡。行至距乌鲁木齐十里处时，侦骑探报乌鲁木齐守敌正纷纷向南逃窜。刘锦棠当即命余虎恩率骑兵三营、谭拔萃率步兵四营由左路追击；命黄万鹏率骑兵一部、谭上连率步兵四营由右路追击；命谭慎典等率步兵三营向乌城疾进。白彦虎、马人得没有料到清军来得如此神速，一闻炮声，即弃城向达坂方向逃跑，因而清军轻而易举地收复了乌鲁木齐。这样，被左宗棠视为"新疆关键"的乌鲁木齐回到了祖国的怀抱。阿古柏所遣援军五千骑行至达坂时，闻乌鲁木齐已失遂止。

第六章
收复新疆 巩固塞防

乌鲁木齐收复后，左宗棠命刘锦棠部驻守乌鲁木齐，防止阿古柏军北犯，并继续清剿山中残敌；命金顺挥军西进。昌吉、呼图壁及玛纳斯北城之敌闻风溃逃，白彦虎也仓皇逃到托克逊。

收复乌鲁木齐之后不久，不料刘锦棠却身染重病，一时卧床不起。因此左宗棠另派金顺部攻取北疆各地。

9月初，金顺部开始攻打玛纳斯城，金顺部总兵邓增、都司张玉林所部，以后膛开花大炮轰城东北角楼，横塌丈余，刘宏发、方春发趁势移卡，逼扎城根，但由于守敌顽抗，互有伤亡，相持不下，但炮战中清军击毙叛军首领韩邢农。后刘锦棠派罗长祜、谭拔萃、董福祥等率部增援，10月13日，伊犁将军荣全亦率部前往合攻，最终于11月6日，董福祥用坑道战将城垣轰毁，俘获清真王妥得璘并将其处斩，顺利占领该城。至此，天山北路为阿古柏军占领之地已经全部收复。此时，新疆已经入冬，大雪封山，行军十分困难。刘锦棠等决定就地筹粮整军，从后方抽调人马，补齐前线各部的编制，以待来年进军南疆。

底定南疆

在清军收复乌鲁木齐之后，左宗棠马上就开始着手谋划进军南疆的下一步战略计划。他详细分析了南疆的局势认为要进兵南疆，就必须集中优势兵力痛歼阿古柏的主力，然后攻破吐鲁番、达坂、托克逊这三城所形成的犄角防线，这样才能为收复喀什噶尔、英吉沙尔、叶尔羌、和阗、阿克苏、乌什、库车、喀喇沙尔等"南八城"铺平道路。

到了1877年的春天，左宗棠麾下大军进攻南疆的时机已经成熟。刘锦棠率领马步兵各营以及炮兵部队自乌鲁木齐逾岭南下，进军达坂城，开始了

收复南疆的战斗。与此同时，张曜和徐占彪分别从哈密和巴里坤西进吐鲁番。这样，西征军对达坂、吐鲁番、托克逊一带的阿古柏势力的主力部队形成了从东面和北面的进攻态势。

左宗棠在北疆的胜利，使得阿古柏十分恐慌。面对着清军已经顺利收复乌鲁木齐和即将大举进攻南疆的局势，阿古柏仍作困兽之斗。他一面请求英国出面"调停"，试图通过英国来说服清政府让其在南疆自行"立国"；另一面下令各部加紧防御，妄图凭借天山之险，布重兵于达坂、吐鲁番、托克逊以图负隅顽抗。

虽然有外国列强的横加干预，但左宗棠向南疆进军的信心和收复整个新疆的决心是不会动摇的，他果断拒绝了英国代阿古柏乞降"立国"的企图，下令继续进军。

位于乌鲁木齐通往南疆一条穿越天山的隧道中的达坂城，以维吾尔族民歌《达坂城的姑娘》而闻名于世。清军若要收复南疆就必须经过达坂城。从达坂至东南方向的吐鲁番有二百里，至西南方向的托克逊为百余里。因此，由于达坂城位置重要，阿古柏也意识到达坂城周围将要发生的战事将决定他的存亡，于是他在达坂重点设防，以大通哈（大总管）爱伊德尔胡里率步骑五千五百人、携炮四门防守，作为天山北面的防御要点。吐鲁番旧有满汉两城，以布素鲁克的侄子艾克木汗率步骑七千五百人、携炮十八门防守。白彦虎、马人得逃到南疆后，阿古柏又派其加强吐鲁番防御。托克逊形势最胜，又为阿古柏侵入新疆后长期经营的老巢，其主力盘踞于这里，阿古柏看到清军来势勇猛，便离托克逊到距此七百里的喀喇沙尔遥控战局，又坚筑两城于此，并令其次子海古拉率步骑六千五百人、携炮八门守御该城。达坂、吐鲁番、托克逊三城构成鼎足之势，而以托克逊为重点，总兵力约有二万余人，妄图凭借天山天险阻止清军南下的攻势。

左宗棠同样也认识到只要达坂、吐鲁番、托克逊"三处得手，则破竹之势可成"。清军总计调集了在新疆的大部分可用兵力多达五十个营，大约二万五千人的部队，又配备了强大的炮兵，准备一举歼灭阿古柏军队的主力。

第六章
收复新疆　巩固塞防

1877年4月，左宗棠指挥清军三路并进：刘锦棠部自乌鲁木齐南下攻达坂；张曜部自哈密西进；记名提督徐占彪部出巴里坤，至盐池与张曜部会师，合力进攻辟展、吐鲁番。

大病初愈的刘锦棠率领清军主力三十个营大约一万五千余人及炮队离开乌鲁木齐南下，乘敌不备，衔枚急进，于4月17日完成对达坂城的包围。海古拉派来增援的骑兵一千五百人被刘锦棠所部余虎恩、谭上连马队击退。致使守敌外援断绝。刘锦棠随后命部将侯名贵、庄伟测定敌军炮台及城垣方位、远近，用四十八门大炮连环轰击，击毁城中火药库。清军乘势攻入城中，守敌或毙或俘，无一逃脱。是役，总计毙敌二千余人、俘敌一千二百余名（其中包括阿古柏大总管爱伊德尔胡里等安集延人二百一十三名），缴获战马八百余匹、枪炮一千四百余件，而清军仅伤亡一百余人。刘锦棠在自己的坐骑中弹立毙的情况下，又"易马而前"，饬各营奋勇攻城。经数日激战，刘锦棠率军攻克达坂城。经过四天的安置整顿，刘锦棠于4月24日夜率军继续前进，次日上午到达白杨河后，分兵两路：一路由道员罗长祜等带领率步骑六营驰往吐鲁番会同张曜等部主攻此地，一路则由刘锦棠步骑十四营直捣托克逊。行九十里至小草湖时，得知托克逊的阿古柏军正四出抢掠，焚烧村堡，准备逃窜，刘锦棠立命骑兵先发，步兵继后，奔袭托克逊。在城郊经过一场激战，重创敌军。经一夜激战，刘锦棠部攻克托克逊。在刘锦棠部进军达坂、托克逊的同时，张曜和徐占彪部分别从哈密、巴里坤西进。两军会师盐池后，4月21日攻克七克腾木，22日占辟展，25日占领胜金台，26日直抵吐鲁番城下。这时，罗长祜等亦率部抵达。白彦虎、海古拉自闻西征大军即将攻托克逊时，便分别从吐鲁番、托克逊"踉跄而逃，曾不停趾也"。26日上午，海古拉等慌忙烧毁存粮及火药，仅率二千余骑逃往喀喇沙尔，将防务交给了马人得。慑于清军的强大战力，马人得不敢负隅顽抗，开城乞降，清军顺利地收复了吐鲁番满汉两城。此役，清军又歼敌二千余人，缴获战马数百匹、枪械二千余件，己方伤亡仅九十余名。

如同当时英国人所评价的那样，左宗棠的西征军"基本上近似一个欧洲

强国的军队",而"和中国人的战术比较起来",阿古柏的"战术只是一个小学生的战术"。阿古柏自以为"设险重叠,有恃无恐",却不料在刘锦棠等部"取急风迅雷之势"的打击下,仅用了不到半个月的时间,清军就彻底打垮了阿古柏苦心经营半年之久的天山防线,全歼其主力部队,使得南疆门户洞开。在先后收复达坂城和托克逊城之后,阿古柏逃往焉耆,留下他的小儿子驻守库尔勒为其垫后。

在收复了达坂、托克逊、吐鲁番三城后,左宗棠决定迅速收复南八城。他命令刘锦棠速谋进取,务出万全;调张曜同赴前行,兼筹粮运;饬徐占彪留吐鲁番办理善后。此时,西征大军已锐不可当,南八城的收复也为期不远。

不久,清军又收复了吐鲁番,阿古柏一看通往南路的门户大开,在西征军的强大攻势面前,自知大势已去,日夜忧泣,1877年5月29日凌晨,穷途末路的阿古柏在库尔勒暴毙。此人的死亡和出生一样是个谜,有说是暴病身亡,有说是被众叛亲离的部下毒杀,而左宗棠在上报清廷的奏章中认为阿古柏是在遭到清军沉重打击之后,于绝望中"仰药自毙"。

阿古柏死后,他的几个儿子在清军压境的情况下依旧为争权夺利展开内讧。最终,他的长子伯克·胡里在垂死之际的内斗中获胜。伯克·胡里为争权夺位杀死了集结残匪向喀什噶尔溃逃的海古拉,在喀什噶尔继承了阿古柏留下的岌岌可危的"汗位"。当其时,白彦虎也率领余众逃窜到开都河一带。阿古柏建立的所谓"哲德沙尔汗国"已处于分崩离析的状态之中。

阿古柏集团陷入内讧,原本是清军趁机进攻的好机会。可是清军也因吐鲁番一线夏季酷热、气候干旱而休整了两个月。由于天公不作美,清军只得放过大好战机。

不久,清廷在"关外军情顺利,吐鲁番等处收复后"的有利形势下,下诏急令左宗棠就南疆和伊犁问题"通盘筹画""统筹全局",迅速密奏。左宗棠在上奏中指出:

  立国有疆,古今通义。……顾祖禹于地学最称淹贯,其论方舆

第六章
收复新疆　巩固塞防

形势，视列朝建都之地为重轻。我朝定鼎燕都，蒙部环卫北方，百数十年无烽燧之警，不特前代所谓九边皆成腹地，即由科布多、乌里雅苏台以达张家口，亦皆分屯列戍，斥堠遥通，而后畿甸宴然。盖祖宗朝削平准部，兼定回部，开新疆、立军府之所贻也。是故重新疆者所以保蒙古，保蒙古者所以卫京师。西北臂指相连，形势完整，自无隙可乘。若新疆不固，则蒙部不安，匪特陕、甘、山西各边时虞侵轶，防不胜防，即直北关山，亦将无晏眠之日。而况今之与昔，事势攸殊。俄人拓境日广，由西而东万余里，与我北境相连，仅中段有蒙部为之遮阂。徙薪宜远，曲突宜先，尤不可不豫为绸缪者也。……方今北路已复乌鲁木齐全境，只伊犁尚未收回；南路已复吐鲁番全境，只白彦虎率其余党偷息开都河西岸，喀什噶尔尚有叛弁逃军，终烦兵力，此外各城，则方如去虎口而投慈母之怀，自无更抗颜行者。……英人为安集延说者，虑俄之蚕食其地，于英有所不利。俄方争土耳其，与英相持。我收复旧疆，兵以义动，彼将何以难之？设有意外争辩，枝节横生，在我仗义执言，亦决无所挠屈。……至省费节劳，为新疆画久安长治之策，纾朝廷西顾之忧，则设行省、改郡县，事有不容已者。

左宗棠这番议论可谓高瞻远瞩。左宗棠不仅阐述了保卫新疆的重要意义，而且第一次正式向清廷提出于新疆设置行省的建议，为清政府的正确决策起到了积极的作用。

就在阿古柏政权行将覆灭之时，不甘寂寞的英国人又插上了一脚。英国人的如意算盘是，让伯克·胡里交出南疆东部，而南疆西部则将作为一个"独立国家"向清朝"朝贡"，从而保留阿古柏政权作为俄属中亚和英属印度之间的缓冲。左宗棠得悉此事之后愤怒地表示，喀什噶尔就是古代的疏勒，"汉代已隶中华，固我旧土"，清军一定要"尽复旧疆"，"岂容他人饶舌"。清廷坚定地支持了左宗棠的正确主张。

在进入秋季天气开始转凉之时，左宗棠果断下令前线清军即日进兵，步步为营。此时清军挟连克三城之余威，乘秋高气爽之际，开始了收复南疆八城的战役。

收复南疆八城的清军以刘锦棠部为前锋，张曜部为后队，总共两万余人。胆小怕事的白彦虎因惧被歼，在劫掠秋粮后就仓皇西逃至库车。10月7日，刘锦棠部不战而入喀喇沙尔。刘锦棠根据敌人西逃库车，立足未稳等情况，决定亲率精兵追击。10月15日，刘锦棠率二千精骑追至布古尔，斩杀敌骑千余。10月18日，追至库车城外，发现大量敌军，刘锦棠在随后跟进的后队大军到达后，猛攻库车，敌军大败，白彦虎率余部向西逃跑。清军收复库车。此时，清军携带的粮食大部分在过水泽时丢弃，剩下的也已吃光，一时间，万余将士陷入断粮的困境。所幸在当地维吾尔族百姓的帮助下，发掘出地窖内的数十万斤粮食，才得以转危为安。左宗棠得悉此事之后惊呼："此局危险之至！"刘锦棠在此役过后率部继续西进，连战连捷。清军先后于22日在铜厂大败白彦虎军，24日拿下阿克苏城，26日收复乌什。至此，势如破竹的刘锦棠部清军，在一个月内疾进一千余公里，连克南疆东四城（喀喇沙尔、库车、阿克苏、乌什）。

新疆南路以阿克苏最为关键，其城北通伊犁，西连乌什，东接库车，迤西达喀什噶尔，又可达叶尔羌、英吉沙尔，稍南而东，则达和阗，为形势所必争。清军的破竹之势，使盘踞在西四城（叶尔羌、英吉沙尔、和阗、喀叶噶尔）的敌军惊恐万分。在清军不可抗拒的攻势面前，阿古柏匪帮内部分崩离析。和阗叛军呢牙斯向清军请降，并主动率兵围攻叶尔羌。伯克·胡里率兵自喀什噶尔增援叶尔羌，打败呢牙斯。紧接着，十二年前投降阿古柏的前喀什噶尔守备何步云与章京英韶乘机反正，率数百满汉兵民占据喀什噶尔汉城。由于伯克·胡里的住宅也在其中，因此他的亲眷也全部成为何步云的俘虏。

在收到何步云通报的伯克·胡里回救喀什噶尔的消息后，刘锦棠果断下令，不等张曜全军到达，分兵三路前去支援何步云：一路由余虎恩率步骑五

第六章

收复新疆　巩固塞防

营从阿克苏取道巴尔楚克直趋喀什噶尔为正兵；一路由黄万鹏率骑兵六营、张俊率步兵三营，经乌什取道布鲁特边境，出喀什噶尔西为奇兵，约定于12月18日两路同抵喀什噶尔；刘锦棠自率一部经巴尔楚克直捣叶尔羌和英吉沙尔，策应收复喀什噶尔。

12月17日，刘锦棠得到敌军内部陷入混乱的情报后，不失时机地发起了全线进攻。清军从南北两路向喀什噶尔发起了钳形攻势。分兵两路进攻喀什噶尔，余虎恩、黄万鹏等按约同时抵达喀什噶尔，当晚一举收复该城。伯克·胡里与白彦虎分别率残部进入俄境。余虎恩、黄万鹏分途追击，至边界而止。12月21日，刘锦棠亲自率领的清军收复叶尔羌（守敌已于先一日逃窜）。刘锦棠派罗长祜等搜剿余孽，自率主力进击英吉沙尔，于24日收复该城，随即派董福祥率部东取和阗，自己轻装赶赴喀什噶尔处理善后。1878年1月2日，董福祥部克复和阗。至此，南八城中的西四城均为西征军夺得。

清军收复南疆西四城的作战，以破竹之势，横扫敌巢，毙敌千余，生俘数千人（内有阿古柏子女八人、阿古柏军头目多人等一千四百人，斩杀金相印父子于喀什噶尔），缴获各种火炮百余门、战马万余匹、枪械数千件，取得了巨大胜利。

官军所到之处，南疆各族人民箪食壶浆、焚香遮道而迎。在平叛期间，还有不少群众自愿为官军引路追剿叛匪。至此，这场借助英、俄两国支持的分裂祖国的叛乱活动，乃告平息。见此情景，住在山中的布鲁特（今柯尔克孜族）十四个部落，也争相内附。这样，新疆全境除伊犁地区外，敌侵占之地全部为清军光复。肆虐新疆十二年之久的阿古柏匪帮终于被彻底从中国领土清除了出去——这一壮举被当时的英国人盛赞为"从一个多世纪前的乾隆时代以来，一支由中国人领导的中国军队所曾取得的最光辉成就"！

仅用了一年多的时间，左宗棠就指挥清军攻克了被外寇侵占的南疆八城，收复了除伊犁以外的新疆大片领土，这是晚清时期清政府对列强出奇制胜的得意之笔，也是左宗棠戎马一生中最华彩的乐章。左宗棠意志坚定、深谋远虑、计划周详、准备充分，而先锋刘锦棠又善于用兵、勇猛绝伦，老湘营军

纪严明、齐心协力，所以生长在江南鱼米之乡的湖湘子弟能够在风沙漫天、冰雪载道的西北绝域扬威立功。左宗棠自己也不无得意地说："戎机顺迅，实史传罕见之事。"事毕，左宗棠上表申奏朝廷，光绪皇帝嘉奖诸臣战功，诏封左宗棠为二等恪靖侯，封刘锦棠为二等男爵，张曜被任命为喀什噶尔参赞大臣，金顺被任命为伊犁将军。

誓收伊犁

左宗棠在收复南疆后，总算是舒了口气。他在家书中总结了前此进兵的经验，充分肯定了西征军将士的功绩：

> 南疆底定，以事功论，原周秦汉唐所创见。盖此次师行顺迅，扫荡周万数千里，克名城百数十计，为时则未满两载也。而决机制胜全在"缓进急战"四字，细看事前各疏可知大概。至其本原，则仁义节制颇有合于古者之用兵。理主于常而效见为奇，盖自度陇以来未有改也。贼以其暴，我以其仁；贼以其诈，我以其诚，不以多杀为功，而以妄杀为戒。故回部安而贼党携，中国服而外夷畏耳。实则我行我法，无奇功之可言，在诸将士劳苦功高。朝廷论功行赏，礼亦宜之。至于锡封晋爵，则在我实有悚息难安之隐。

他还在致刘典的函中写道：

> 新疆用兵，全以关陇为根本，同心断金，乃收其利。前折所陈数千里一气卷舒，虽但指新疆而言，其实则自关陇以至酒泉，自沪

第六章
收复新疆 巩固塞防

鄂以至关陇,何独不然?如琴瑟然,手与弦调,心与手调,乃能成声,此理易晓。周秦汉唐之衰,皆先捐其西北,而并不能固其东南。我国家当天下纷纷时,不动声色,措如磐石,复能布威灵于戎狄,错杂之间,俾数千里邱索,依然全瓯罔缺,以此见天心眷顾,国祚悠长,非古今所能几其盛美也。吾辈数书痴,一意孤行,独肩艰巨,始愿亦何曾及。此而幸能致之者,无忌嫉之心,无私利之见,苟利社稷,死生以之耳!

左宗棠收复新疆的壮举,表明中国完全有能力从俄国人手中夺回伊犁。但是,俄国政府仍想赖账,拒绝了清政府提出的由左宗棠与其交涉索还伊犁问题。清政府于1878年7月决定派署盛京将军崇厚去俄国谈判收回伊犁。左宗棠对清廷偏倚外交谈判索还伊犁的做法只能表示赞同,但他对收复伊犁有他自己的考虑,现在,气势正盛的他希望以武力收复。

1879年,崇厚出使俄国。沙俄一边谈判,一边唆使白彦虎和伯克·胡里不断武装侵扰中国边境,制造事端,进行外交讹诈,并公然野蛮地恫吓说,对中国人"要举起拳头",要"把剑拔出来","用大炮来提出明确的要求","用枪口来发言"。还威胁说,如不满足他们的要求,"就宣布条约被撕毁,不交还伊犁"。俄国人提出的"通商、划界、赔款"三项不合理要求,由于崇厚是个昏庸之辈,他擅自在克里米亚半岛糊里糊涂地与俄国签订了丧权辱国的《交收伊犁条约》(即《里瓦几亚条约》)。按照该约,俄国虽交还伊犁,但割去中国霍尔

崇厚

果斯河以西、特克斯河流域及穆素尔山口等要地,使伊犁以西、以南险要尽失,且俄国还攫得伊犁"代守费"和通商、免税等权益。消息传来,朝野上下,无不义愤填膺。全国之内,也是舆论大哗,群情激愤,要求改约,甚至街谈巷议,无不以一战为快。

沙皇俄国政府的强盗行径和无赖手段,使左宗棠怒不可遏。他拍案而起,向光绪皇帝奏道:

> 武事不竟之秋,有割地求和者矣!兹一矢未闻加遗,乃遽议捐弃要地,餍其所欲,譬犹投犬以骨,骨尽而噬仍不止。目前之患既然,异日之忧何极!此可为叹息痛恨者矣。
>
> 此次与俄人谈判,沙皇包藏祸心,我今索还失地,方要我赔偿军费,趁我多事之秋,欺我少争战之志,多求合之意,妄图讹诈。伊犁乃我国之领土,俄军乘虚入侵,蹂躏我边民,掠取我财物。我今索还土地,俄方竟然要我赔偿军费,如此强盗行径,乃国际公理所不容也,此其一。俄方以划定两国边界为名,行掠夺土地之实,双方并未陈战,一弹未发,我朝公然割地与人,此乃外交所不许也,此其二。俄方之所谓通商,其商人志在谋利,其政府意在广设领事,深入我腹地,坐探虚实,此种通商,为我所不取也,此其三。

左宗棠在奏折中回顾了俄国惯用的狡诈伎俩,坚决主张以武力收复伊犁,并要求亲率大军出关:

> 俄人自占据伊犁以来,始以官军势弱,欲诳荣全入伊犁陷之以为质。既见官军势强,难容久踞,乃借词各案未结以缓之。此次崇厚全权出使,嗾布策先以巽词之,枝词惑之,复多方迫促以要之,其意盖以俄于中国未尝肇起衅端,可间执中国主战者之口,妄忖中国近或厌兵,未便即与决裂,以开边衅,而崇厚全权出使,便宜行

第六章

收复新疆　巩固塞防

事，又可牵制疆臣，免生异议。……就事势次第而言，先之以议论委婉而用机，次决之以战阵坚忍而求胜，臣虽衰庸无似，敢不勉旃！

因此，他决定"明春解冻后，亲率驻肃亲军，增调马步各队，出屯哈密，就南北两路适中之地驻扎，督饬诸军，妥慎办理"。他还"务期内外一心，坚不可撼"，以收复伊犁。他"以为如今之计，当先礼而后兵。我朝可更换使臣，与俄方重开谈判。如沙皇一意孤行，应诉诸武力。臣虽不才，愿当此任。"

光绪皇帝览奏之后，特别肯定和赞许了左宗棠的意见和气魄。于是，清廷将崇厚革职拿问，定为斩监候，并于1880年2月12日派驻英、法公使曾纪泽兼任驻俄公使，赴俄国商谈改定崇厚之前所订的条约，同时还令左宗棠做好军事准备。

1880年5月26日，左宗棠不顾自己近七十岁的高龄，强扶病弱之躯，亲自率领大军离开肃州，出嘉峪关向哈密挺进，誓与沙俄决一死战。

哈密是新疆东部重镇，是联系西域与中原的交通枢纽，素有"中华襟喉""嘉关锁钥"之称，为历代兵家必争之地。左宗棠雄踞新疆东大门，对中俄谈判的中方代表是一个巨大的精神力量，对沙皇俄国则是一块卡进咽喉的硬骨头。同时，左宗棠为表示收复伊犁的决心，"舁榇以行"。他将其棺材从肃州运到哈密，借以表示收复伊犁血战到底的决心。他年近七十，抱病出关，表现出的正

曾纪泽

153

是"壮士长歌，不复以出塞为苦，老怀益壮"的豪迈之情。

左宗棠于6月15日到达哈密，随即下令三支部队齐头并进以收复伊犁：一路由金顺进驻精河从正面佯攻，以牵制俄军主力，且防俄军向东进犯；一路由张曜从阿克苏越过天山进攻伊犁南部；一路由刘锦棠经乌什越冰岭直扑伊犁西面的后路。左宗棠则亲自坐镇哈密统领后路随时准备支援前线，全军号称王师四万。他对收复伊犁的战局充满必胜的信心。

左宗棠在哈密生活的四个月间，大力改善天山运道，多方筹集粮秣，同时加紧训练部队，提高其战斗力。据史料记载，上海"泰来洋行"的德国技师福克，曾在哈密与左宗棠会面，他观看了部队的演练，见清军纪律严明，操练得法，军火枪炮也不落后，于是感慨地说："清军若与俄国交战于伊犁，必将获得全胜。"

然而，正当左宗棠夙兴夜寐全力准备收复伊犁之时，清政府却在俄国的武力威胁和西方列强的外交压迫面前，主战的立场开始有了动摇，有改变以往在新疆问题上的强硬态度而转向妥协的意图。8月11日清廷临战易帅，决定将左宗棠调至北京，此举充分表明了清政府在是否敢于以武力抗俄问题上的举棋不定。

左宗棠接到清政府调他赴京的命令后，大失所望，只能将钦差大臣的关防重任移交给刘锦棠，然后怅然离开哈密。正是："将军一去，大树飘零。"

在甘肃所有的城镇，甚至在最偏远的村庄，左宗棠的离去成为那些日子里人们唯一的话题。回民和汉民都为他的离去感到不安。因为他的存在令他们感到安全可靠。他离开兰州的那一天，所有商铺歇业，全城人都出来告别这个他们已经学会了去畏惧、去信任、去尊敬的人。在一百多里路上排列着百姓，当他经过时向他磕头。在沿途的每个镇子和每座城市，居民们都跑出来迎接这个给大西北带来和平、秩序与繁荣的人。

值得一提的是，此时清廷特使曾纪泽正在俄国商谈伊犁归还中国的问题。左宗棠被调离前线之事，本是清廷转变以武力收复伊犁之举。不过给做贼心虚的俄国人造成了错觉，他们认为清廷召左宗棠进京是为了在朝堂之上讨论

第六章

收复新疆 巩固塞防

对俄国开战的事宜。刚刚在英法共同敌对下被迫结束俄土战争的沙皇俄国，此时元气大伤，已是色厉而内荏，左宗棠的突然回京，使俄国人摸不清底细，所以在谈判桌上，他们嚣张的气焰不得不有所收敛。

在艰苦的谈判中，曾纪泽以左宗棠在新疆的布防为后盾，据理力争，于1881年2月24日与俄方签订了《改订条约》（又称《中俄伊犁条约》）。此条约较之前崇厚签订之约而言，确实争回了一些主权，沙俄同意归还伊犁，取消了原约的割地规定，但却要求割去伊犁霍尔果斯河以西、伊犁河以北的大片领土，中国还要赔偿俄国兵费九百万卢布（折合白银五百余万两），相较原来的五百万卢布新增了四百万卢布；俄商在中国新疆各城贸易，暂不纳税，对于伊犁居民，规定愿迁居俄国入俄籍者，均听所便。这依旧是一个不平等条约。

伊犁条约

虽然《中俄伊犁条约》是俄国人强加给中国的，但较之崇厚，曾纪泽确实也已经尽了他最大的努力，中国得以收回了伊犁九城及特克斯一带地方。恰在中俄两国代表签订条约这一天，左宗棠经过日夜兼程抵达北京。他在得悉《中俄伊犁条约》签订的消息后，大为不满，气愤地说："伊犁仅得一块荒土，各逆相庇以安，不料和议如此结局，言之腐心！"虽然左宗棠"一振积弱之势"的愿望没有实现，而他"不复以出塞为苦"的坚定反侵略举动，确实为伊犁的收回起到了关键作用。这也难怪曾国藩曾经感叹："论兵战，吾不如左宗棠；为国尽忠，亦以季高为冠。国幸有左宗棠也。"诚哉斯言！

收复新疆一役中，以左宗棠为代表的千千万万的中国人，用自己的汗水和鲜血，演奏着这首坚决反击外国侵略、维护中国主权和领土完整、维护中

华民族尊严的宏大乐章。这乐章，数千里一气舒卷，慷慨激昂、雄浑悲壮，充分体现了中华民族的伟大和刚强！

中国的西师，乘累捷之势，扫鸱张之寇，致远穷深，荡击千里，使那场之前被许多人认为不可能取胜的战争，最终以辉煌的胜利而结束。

建设新疆

左宗棠高瞻远瞩，不仅志在夺回失去的疆土，更悉心于经营边陲，美化西域，使其成为一片沃土。他两次率部西征，一路进军，一路修桥筑路，沿途种植榆杨柳树。不出几年工夫，从兰州到肃州，从河西到哈密，从吐鲁番到乌鲁木齐，凡湘军所到之处所植道柳，除戈壁外，皆连绵不断，枝拂云霄，绿如帷幄，这就是被后人所称的"左公柳"。那矗立的柳树有如左公风范长存。

左公柳

第六章
收复新疆　巩固塞防

左宗棠屯田

清代诗人肖雄有一首名诗，专为歌咏"左公柳"而作：

> 十尺齐松万里山，
> 连云攒簇乱峰间。
> 应同笛里迎亭柳，
> 齐唱春风度玉关。

1879年，新任帮办甘肃、新疆善后事宜的杨昌浚见官道两旁柳树成林，即景生情，于是赋诗一首，既颂扬了左宗棠收复新疆的功绩，又对他开发西北的成果大加称赞，诗云：

> 大将筹边尚未还，
> 湖湘子弟满天山。
> 新栽杨柳三千里，
> 引得春风度玉关。

此外，左宗棠在新疆还积极主持开荒屯田和兴修水利。把近代机器生产引入西北，更是左宗棠的一大功绩。西安机器局、兰州机器局和兰州织呢局

157

的创办，揭开了西北地区近代化的序幕。对于左宗棠的上述举措，刘锦棠曾评价说：

> 师行万里沙碛之地，虽酷暑严寒必居营帐，与士卒同甘苦。……垒旁隙地，悉令军士开垦，荒芜既辟，招户承种，民至如归。城堡、桥梁、沟渠、馆舍，每乘战事余暇修治完善，官道两旁树株遍植，迄今关陇数千里柳荫夹道，行旅便之，蚕织、畜牧诸政罔不因势利导。

左宗棠所施行的这些举措为稳定新疆的局势、恢复边疆的经济发挥了重要的作用。

为了新疆的长治久安，左宗棠在督办新疆军务期间曾四次奏请在新疆置行省，设郡县，他在调任两江总督后又作了第五次疏请。左宗棠指出：新疆建省，首先能够加强中央对地方的直接控制，增强西北边疆抵御外国列强侵略的能力；其次，可以有效削弱以王公、伯克为首的地方民族势力的力量，扫除新疆开发的内部障碍；再次，可切实加强新疆与内地的经济、文化交流，促进民族融合，巩固统一局面，推动新疆社会经济的发展。

左宗棠恳切陈词，终于说服了清朝政府，清廷采纳了他的建议，同意着手在新疆建省。1884年11月16日，是新疆历史上一个重要的日子。清廷任命刘锦棠任首任新疆巡抚，又调甘肃布政使任新疆布政使。从此，新疆省正式建立，与祖国的联系更加密切。左宗棠对于新疆的贡献，不仅在于驱逐了阿古柏，收复了新疆，而且在于他为新疆的全面、长远发展奠定了基础，为西北边防的稳固立下了功劳。从这个意义上说，左宗棠不仅是一位天才的军事家，同时也是一位卓越的政治家。

时任新疆巡抚的刘锦棠，制订了建省的具体方案。省会设于迪化（今乌鲁木齐市），下设镇迪道、阿克苏道以下设府、厅、州、县。伊犁仍设将军府，但不再统帅全疆的军政事务，政治中心也移到了迪化。

第六章

收复新疆　巩固塞防

在西方列强欺凌中国之时，左宗棠矢志报国、坚忍不拔，以无畏之言，力排朝堂诸官之昏庸众议；以无畏之行，运筹帷幄、决胜千里，排除万难，平定西北。其知行合一收复新疆之壮举，国人为之称快，亦令侵略者震惊；其维护祖国统一之奇勋，捍卫边疆之殊功，可于张骞、班超二人并驾齐驱！无张、班，无中国之西域；无左宗棠，中国之新疆，今落谁人之掌，亦未可知也！

收复新疆之役乃是左宗棠戎马一生的辉煌顶点，也可谓是中国近代史上最值得扬眉吐气的大事之一，是晚清残阳暮鸦夕照图中最为光彩的一笔。左宗棠借此进入了中国历史上伟大的民族英雄之列。收复新疆是他个人的荣耀和骄傲，更是国家之福。

数千年来，中华民族每至危难之时，总有无数壮士心决，豪杰义烈。他们挺身而出，前赴后继，顽强地扛起民族的脊梁，力挽狂澜于既倒，以抱残守缺之志，出血海而不折，为存亡续绝之业，仰首青天，锵然唱一声黄钟大吕，秦腔激越：待从头，收拾旧山河，朝天阙！

第七章
烈士暮年　抱恨终天

入京辅政

从新疆到达北京的第三天,左宗棠就被委以重任,清廷任命他为军机大臣、总理衙门大臣并管理兵部事务。左宗棠之所以得到了如此显赫的的权力和地位,一方面是因为慈禧太后有通过左宗棠来牵制奕䜣和李鸿章的用意,另一方面也是因为清廷迫于列强的压力想以调左宗棠入京之机向俄国表明一下求和的姿态,从而有助于应付业已激化的中俄矛盾。但不能忽视的是,左宗棠入京还有一个重要的原因,就是他收复新疆的壮举轰动京城,使得一向以指陈时政、标榜风节为己任的"清流派"特别看重左宗棠。正是在他们的积极建议和一些王公大臣的支持以及慈禧太后对左宗棠的赏识之下,左宗棠才有出任宰辅的可能。

历史使命感和民族责任感以及试图改变军机处、总理衙门一向"积弱"的坚定决心,使左宗棠毅然走上新任。

然而,在抵达北京后不久,左宗棠便很快发现自己置身于一个并不适合他率直性格的环境中。而相应的,不过十几天功夫,大多数京官们都认为左宗棠天生是不合群的人,心目中只有自己,并无同僚,于是对他的印象大坏。这到底是为什么呢?

左宗棠出身贫寒,又长期生活在民间,尽管后来身居高位,却依然过着简朴的生活。在西北的时候,他经常穿着布衣,戴着套袖,居住在十分简陋的营帐里。平日里五更天就起床,还喜欢种菜浇园,随时随地都可以跟普通士兵坐在一起就餐,完全习惯于粗茶淡饭。总之,从他身上,根本看不到一个一品大员的尊贵与奢华。

第七章

烈士暮年　抱恨终天

　　而左宗棠进京之后看到朝中这些达官贵人骄奢淫逸的状况，感到不可思议，这里的情况和新疆前线士兵们的艰辛形成十分鲜明的对照，他和这样一个官场处处格格不入，也应该是情理之中的事。

　　早在还没进城之时，左宗棠就遇到了一个腐化堕落的惯例：所有任期结束奉召进京的高官，都要在城门口交纳一笔银子，才能顺利见到皇上。特别是那些刚从油水丰厚的位置上退下来的官员，有时甚至要交纳十万两白银之多。左宗棠来到紫禁城门口，主事太监可恶之极，猛鬼敲竹杠，暗示左宗棠，依照不成文的老规矩，他要交纳四万两白银。左宗棠秉性刚烈，岂肯答应？他坚持认为，如果面见皇上都要交钱，那也应该由朝廷埋单。至于他，哪怕一个铜板也不会掏。他在城门外等了五天，眼看此事就要闹僵，幸亏恭亲王奕䜣顾全大局，从中周旋，代付了这笔银两，左宗棠才如期入宫，晋谒两宫皇太后。

　　第二天，皇太后宣左宗棠觐见。那天慈禧太后身体不适，于是就由慈安太后接见左宗棠。觐见时，左宗棠奏对称旨，慈安太后对老帅的雄风胜概印象极佳。然而，究竟是因为从西北到京城长途旅行的疲劳？还是因为慈安接见时的和蔼可亲？或者是由于各种因素的综合？总之，左宗棠罕见地失去了镇定，在慈安太后面前，他哭了。

　　慈安太后看到了他的泪水，关切地问他为何如此。左宗棠解释说，他的眼睛本来不好，哭是由于一路上被风沙所刺激。他平时都戴着墨镜保护眼睛。慈安太后便执意叫他戴上。左宗棠从口袋里掏出眼镜，却不慎把眼镜掉到地上摔破了。于是慈安太后灵机一动，叫太监取来咸丰皇帝用过的墨镜赏赐给他。运用人情味十足的小恩小惠来表彰左

紫禁城

宗棠的盖世功勋，慈安太后可谓别出心裁，饶有创意。左宗棠戴着先帝的眼镜走出召对的宫殿，这件厚礼随即令他深陷于谦卑和不安中。左宗棠得此恩赏，自然会轰动朝野，有羡慕的、有嫉妒的、有趁机勒索的。

左宗棠被任命为皇帝的军机大臣，掌管兵部，在总理衙门行走。通常这样高级官员的任命，是由太监来传旨，而接旨人要赏给太监一笔可观的银子（至少一万两）。陛见结束后，主管太监前来传旨。当时左宗棠接到任命，一是不知有这样的惯例，二是他这样一个清官确也一时拿不出这么多的银子，还可以推测，就是有银子，依他的性格，只怕也不肯这样赏人，所以只赏给了传旨太监一百两银子。太监的表情非常惊讶，于是左宗棠又给了他五十两。接着太监开始问起咸丰帝的那副眼镜。他竟然找准这个现成的题目来做文章，强行向左宗棠勒索谢礼。左宗棠一怒之下，转背就走，先帝的那副墨镜也不想要了。恭亲王奕䜣见状，再次出面打圆场，索性好人做到底，送佛送到西。主事太监看在恭亲王奕䜣的面子上，谢礼打了个折扣，这才肯让左宗棠领回眼镜。当然，左宗棠此时并不知道背后发生了什么。

几天后，曾国藩的儿子曾纪鸿悄悄地告诉左宗棠，说咸丰皇帝眼镜的问题已经成为宫中的话题。他提醒左宗棠最好满足太监的要求。左宗棠对此事不大在意，只是随口一问：他打算要多少？曾纪鸿说，太监们认为皇帝的眼镜是非同小可的礼品，值得十万两银子，不过他们只要一万两就会满足了。左宗棠觉得这个提议太荒唐，便一笑了之。

过了一段时间，左宗棠再也没有听说此事。后来有一天，他跟曾纪鸿聊天，谈到他的那个忠告太荒唐，并且让他不要把太监和他们的欲望太当一回

第七章
烈士暮年　抱恨终天

事。曾纪鸿说："噢，忘了告诉你，恭亲王担心那些太监捣鬼，为了避免尴尬，花八千两银子摆平了此事。"

这种故事可能只是借名人之名鼓捣出来的传闻，但却十分典型地反映出了紫禁城内的生存环境，以及太监群体对北京官场的挟制。一位保家卫国的大功臣去宫中叙职，尚且要给看门太监封个红包，才能打通关节，想想都令人寒心，大清帝国不亡真是没有天理。更令人震惊的是，奕䜣贵为亲王，权倾朝野，竟然也没有觉得这种勒索有何不妥，反倒是心甘情愿自掏腰包，出来为左大将军打圆场，可见恭王爷也有他的苦衷，对此现状无可奈何，只能顺应，不能逆流而上。左宗棠很快就明白了：他不适合北京的格局，他是那种与京城格格不入的人，他的存在会惹恼那些宫廷阿谀者。

一次召对过后，恭亲王向他引见集合在宫中的权贵。当恭亲王介绍左宗棠认识一些达官贵人时，第一批重臣中就有他的"老冤家"——前湖广总督官文。左宗棠在湖南巡抚骆秉章处做幕客时，官文对他十分尖刻，他曾对左宗棠大肆非议，多次轻蔑地指称左宗棠为"那个师爷"，还一再称左为"佐杂小史"。左宗棠嘲弄般地说道："啊！你还记得我吗？我就是骆秉章身边的那个师爷。"

官文非常窘迫，手足无措，竟然无言以对。一种不安的气氛立刻感染了在场的所有人。恭亲王立刻把另一位要人介绍给左宗棠，打破了尴尬的局面。等到恭亲王介绍完在场所有人员，引见结束后，左宗棠去找官文，可是这位满人早已抽身而退了。

慈安太后在首次召见他以后，没过几天就去世了。慈安太后的突然去世，是一个十分蹊跷的事件，大清国当时的实际统治者慈禧在这个事件中疑点最大。因为后者是个无情而专制的女人，慈安太后一直处在她的伙伴慈禧的阴影之下，一般只是被附带地提及。作为一个秉性温和的女人，她总是远离复杂的宫廷政治，她与慈禧在咸丰死后联手统治帝国，几乎从1861年一直持续到1881年。当时慈禧病重，是众所周知的事情，有人怀疑她会一病不起。当宫内宣布皇太后驾崩时，京城中人一开始都以为死的是慈禧。当大家得知死

去的人是慈安时，无不感到诧异。

左宗棠在慈安去世之前刚刚被召见过，当时这位太后一切正常，毫无身体不适的迹象，他听到这样的消息之后，当然充满疑虑，并且当百官被召集到宫中，朝廷宣布这一消息时，他在大庭广众之下大声公开了自己的怀疑，丝毫不去考虑这种做法会给自己带来什么后果。他怒气冲冲地在庭院里来回顿足，无所顾忌地讲道："我今天还见到太后上朝，说话和平时一样清朗，太后去世肯定不正常！"如果换了别人这样做，恐怕脑袋就会在另一次日落之前搬家了。恭亲王费了很大力气才让他安静下来，可是太监早已把信息添油加醋地反馈上去了。戎马半生的左宗棠似乎还不太清楚"伴君如伴虎"的道理。

从此左宗棠过上了每日上朝值班的衙门生活。他哪里知道日理万机的总理衙门，竟是这样昏昏沉沉地度日。每天，几个老头在这里闲坐、聊天，好像天下太平，什么事也没有发生。若是有一两件公文，就商量来商量去，然后奏明太后，听候谕旨办理。左宗棠这才知道，为什么他在西北每奏请一件事情，总要等得不耐烦，才会有朝廷的答复。

左宗棠进京主政后，把"河道必当修，洋药必当断，洋务必当振作"作为任政要纲努力加以实施，且取得了一定的成效。他亦以身作则，反对结党营私的官场弊端和不负责任的官僚作风。在大庭广众之中，他勇于发声，敢于表态。他指斥尸位素餐的满族大员官文目不识丁，还讥讽八旗子弟不学无术，徒耗膏粱，成事不足，败事有余。他慷慨陈词：

> 自入国门以来，每闲朋侪许与之，谈辄逊谢不遑，且以党附为戒。遇言者指摘枢垣，必面陈勿予驳斥，以开言路。惟事有是非，人有邪正，政有利弊，谋有臧否，苟有所见不敢不言，言之亦不敢不尽也。知我者以为然否。疏稿惟关地方利害、民生疾苦者，始随时刊布。意在外闲牧令，奉有文檄，每不留心省览，付之幕吏，而文书由院行司道，司道行府厅州县，遇连篇累牍帖写，厌其冗长，随意删节，漫无文理，其报张帖日期处所，一纸塞责，上下不相检

第七章
烈士暮年　抱恨终天

校。如是，而望草野周知政令，必达难矣。

尽管左宗棠颇想有所作为，但业已腐败了的朝廷是容不下他的。左宗棠在奕䜣、李鸿章等人的内外夹击之下，深感京师无他留身之处，于是连续告假3个月，随后请求告老还乡。清廷顾及王公贵族的利益，在对左宗棠作了一番"慰留"之后，于1881年10月28日外放左宗棠为两江总督兼南洋通商大臣。这个职位在所有的总督当中有许多方面是最令人垂涎的。但左宗棠觉得他老了，虚弱多病，想退休回乡，在那里平静地度过晚年。然而他的威望太高，为了尽责，他不得不坚持到底。

加强海防

左宗棠并没有因为一次的挫折而后退，他依然在两江总督任上为加强海防和投入抗法战争而努力奋斗着。

1882年2月10日，两江总督兼南洋大臣左宗棠到达江宁。两江总督辖苏、皖、赣三省，南洋大臣则从1873年起例由两江总督兼任，代表朝廷主管南方的对外通商事务并兼及海防。因此，清廷命左宗棠总督两江，既有"安慰"这个老臣之意，也有迫于法国武力进逼而让左宗棠去加以对付之图。

法国试图通过占领越南以其为跳板进而侵略中国的阴谋由来已久。早在19世纪70年代中期，通过两次《西贡条约》的签订，越南主权渐失，法国也声称越南已置于它的"保护"之下。这样，中国的西南边疆已受到法国侵略势力的严重威胁。1880年，茹费理出任法国总理，他更加积极推行殖民扩张政策，增兵越南，策划侵略中国。1883年，法军攻占越南首都顺化，使越南变成法国的殖民地。接着，法国马上把侵略矛头对准了中国，中法关系因而

变得日益紧张，战争一触即发。

正基于这样的形势，左宗棠一上任，便把"防边固圉"作为重要的任务加紧布置落实。他上奏《拟修船坞安置水炮台各节片》，进行战备：

> 此次阅视江苏江防各炮台，工程尚期坚实耐久，惟地势凭高，利于俯击，若遇轮船驶入，则船身贴水，列炮冈阜，与之相持，难于取准命中，似非制寇良图。臣拟除地势合宜各炮台均仍其旧外，各台之凭高俯击测准坠数可以命中者，亦无须更动；此外应傍岸修砌船坞，用木麓铺成水炮台，移炮排列，有警次第施放，可期得准命中，以策全功。
>
> 又，轮船、艇船、蚊子各船炮手，能瞄准取中者虽多，而施放未极便捷。询由各炮领存子药无多，平时操练未能装子施放，恐多耗费之故。拟令各营将领均按照所有炮位领取子药，每炮以百出为度，标记封存，不许动用；此外领取开操子药，每炮按月六次为一轮，每轮三次，俾资演习。其开花炮子或以实子代之，稍资节省。如此则炮手习惯纯熟，施效灵便敏捷，于防务较有实效。虽耗费颇多，究不可吝。
>
> 缘臣于江海水师阅历甚浅，拟俟彭玉麟到金陵，将此两事详细商榷，再行会奏。
>
> 至洋枪中有名"温者斯得"一种，枪身全用螺丝后膛进子，最为利器，实马体呢所不及。臣已饬胡光墉于上海洋行觅购三百杆，交提臣李朝斌收用。适德国商人福克回国，臣又饬购二千杆，并购水雷、鱼雷诸式，邀善制洋匠来华，并教习施放，以期备用。应俟解到金陵演试，再为陈奏。合并声明。

在进行战备的同时，左宗棠还不忘关心民生疾苦。因为上一年长江下游地区发生了洪灾，现在百姓的生活仍然很苦。于是左宗棠在淮河启动大规模的水利建设。他巡视了受灾地区，然后继续向下游走到长江口，视察河上的

第七章

烈士暮年　抱恨终天

防御措施。

疏浚河道，兴修水利一事是左宗棠多年的心愿。他的老家湘阴就在湘江边上，洞庭湖的尾闾，所以从小他便知道水的利害，尝够了水患带给他与他的家人以及地方民众的灾难。为了掌握确切资料，他亲往实地勘查。在响水口，他遇到了几位河工，还有一位年过七十的老治河官员。四十年前，林则徐治河就在他的手下办事，这位治河官员终生奔走于淮、黄治水，到老都没有升官，还恋着治水工地不走。此人姓何，人称何伯，颇受人尊敬。左宗棠特别邀了何伯与其他老河工到响水驻地，向他们请教，并说，"朝廷派我来两江当总督，我就有责任保证老百姓生活的安定，保证地方的安稳。要想民安，就要农田有收成，要想收成好，就目前的情况来看，首要的就是，治理好水患。"何伯与几位老河工大受感动，倾其所知，全向左宗棠报告。

调查研究的结果，几个大的水利工程项目定下来了。为了减轻地方上群众的负担，左宗棠调集湘、淮军数十个营开到了工地。一时间，淮、黄治水工地上人海沸腾、旌旗招展。施工之日，他还指派亲军前往各部督查。

排场是拉开了，但在实际工作中却是难题不断。首先是经费问题，除了几万人的人工工资不在治河经费中开销以外，其他的诸如材料、机械、运输等费用是不可节省，也是根本无法节省的。要想找朝廷开口吧，左宗棠知道，那是不可能的，因为第二次签订的《伊犁条约》虽说在收回疆域上达到了目的，但向俄人赔款已高达九百万两，这已经是弄得慈禧太后焦头烂额，哪还有工夫顾及治河。眼看着热火朝开的工地又要冷下来，左宗棠好不着急。

几经周折，他找来几位盐商，派了大将王加敏、周崇傅在扬州与他们商谈筹款事。王加敏首先发话道："今日兴修水利，这都是与各位息息相关的事。运河两岸的大堤加固了，也是为了运销；人们的生活改善了，与各位也大有关系。现在左帅调湘、淮各营施工，工资费用已节约不少。但材料、和其他开支还得各位解囊"。众盐商知道躲不脱，也就只好"解囊"了。

1882年3月14日，左宗棠在抵南京仅一个多月，就开始查阅江苏营伍情况。他指出如对水陆各营加紧训练，"以后日加振厉，化弱为强，自有成效可

睹"。他通过亲自阅视各营,发现五六十岁的老兵颇多,对此他下令一律加以裁汰,新招募精壮青年补足兵额,这样既免致虚糜,又提高了军队的战斗力。值得一提的是,此次出行视察途中,左宗棠在上海经过租界时,受到了外国人的盛大欢迎,那些一向鄙视清朝官员的外国人急忙在租界"换升中国龙旗,声炮执鞭,迎道唯谨",他们鸣炮十三响向他致敬。第二年左宗棠再次到上海,此景不仅复现,而且外国人"恭谨有加",以至"观者如堵,诧为从来未有之事"。他在一封信中说,这是外国人首次向一名中国官员鸣炮致敬。这一点他肯定是弄错了,但既然他对此深信不疑,也就说明外国人鸣炮向中国官员致敬并不常见,至少在上海是如此。可见外国人畏左宗棠之声威并非一句空话。左宗棠也确在国势一向"积弱"的环境中为中国人争了气。

左宗棠认为"自古谈边防者,不外战、守、和三事,要必能守而后能战,能战而后能和",所以他把加强海防视为防止外国对东南沿海染指的关键。他除了亲赴吴淞口和沿长江校阅海口与内江水师外,还从福州船政局定造了"开济"与"镜清"号两艘快船,从德国购进"南深""南瑞"号巡洋舰,加强了南洋水师的力量。他于1883年5月6日所写的有关筹办海防的奏折,系统地阐发了其精辟的见解。

南洋水师

第七章
烈士暮年　抱恨终天

> 综观往事，窃有不能已于言者。海上用兵以来，文如林则徐，忠而有谋，以之制初起之寇，本有余力，不幸为忌者所间，事权不属，不克竟其设施；武如陈化成，力扼吴淞，苦战不却，不幸右路未战先溃，致夷兵革于右路，力遂不支，遂以身殉。是则议论不协，勇怯不齐，有任其咎者，遗憾至今四十余年，不知伊于胡底！而所谓识时务者，仍以因循粉饰，苟且目前之安，此志节之士所为抱抑塞磊落之怀，扼腕叹息者也！

接着，左宗棠强调法国的入侵已不可避免，他坚决反对那种一味求和的妥协论调。因而他下令一面挑选奋勇兵丁，一面严明赏罚，订立规程，互相激劝，以齐心力，如果遇到有外国兵轮闯入海口不服查禁者，就开炮轰击。左宗棠在家书中笔调激昂地写道：

> 值此时水师将领弁丁之气可用，悬以重赏示以严罚，一其心志，齐其气力，所为必成。我与彭宫保乘坐舢板督阵誓死，正古所谓"并力一向，千里杀将"之时也。

正是为了一吐四十余年之恶气，左宗棠甘愿拼命于疆场也在所不惜，他在给清廷的上奏中表示：

> 总督亲履行间，所办者辖疆江海防务，责无旁贷。遇有寇警，应亲临前敌，督战防所，即其汛地。如敌人轮船冲过白茅沙总要隘口，则防所即是死所，当即捐躯以殉。

壮哉左公！

12月11日，法国侵略军在孤拔的指挥下，向驻扎在越南山西的中国守军发起进攻，正式挑起了中法战争。16日，法军攻占山西。次年3月12日，法

军新任统帅米尔又率军占领北宁。

山西、北宁失守的消息传到北京，清廷大为震惊。李鸿章于1884年4月在法国政府抛出的议和骗局引诱下，向清廷提出"随机因应，早图收束"的建议。清廷随即任命他与法国商议和谈。5月11日，李鸿章与法国代表福禄诺在天津签订了《中法简明条约》。该约的主要内容有：中国承认法国有权保护越南；将驻越清军调回边境；法商可以从越南向中国自由运销货物。这显然又是一个强加给中国的不平等条约。

此时左宗棠的身体已经有了不少毛病，他的左眼完全失明，右眼也不好使了。他因目疾加剧不得已恳请开缺回籍调治，奏荐安徽巡抚裕禄、漕运总督杨昌浚、前两广总督曾国荃自代。清廷决定由曾国荃署两江总督兼南洋大臣。随后，左宗棠便向"兼程莅任"抵达江宁的曾国荃交卸了两江总督一职。

再入军机

左宗棠虽然目疾日益严重，但他并没有安心回籍休养，而是仍留在江宁部署江海防务并关注着前线战局的变化。在频阅越南电报文牍，得知法军横行无忌的情况后，遂上奏请求提前销假。于是，5月3日，清廷下令召左宗棠进京。

此时，左宗棠仍抱有率军前往滇、粤抗法前线的愿望。他在对滇、粤边防的局势作了进一步的了解之后，随即上奏指出：

> 法人既攻北宁、兴化，兵端已开，滇、粤藩篱尽撤，边防之不可不急谋增苞也明矣。滇、粤溃败各营，不足复用，所恃者仅王德榜楚军八营，而分扼镇南关、谅山两处，要区兵分力单，能守而不

第七章

烈士暮年　抱恨终天

能进，坐失事机。自应增调一军为后劲之师，俾王德榜得一意驰驱，免虞后患。庶足绥藩服而伸天讨，收已失之人心，戢异族之凶焰。（因此，他建议由前任浙江提督黄少春在湖南）挑选弁兵五营，驰赴广西镇南关外，为王德榜策应之师。并饬预选臣旧部之散处本籍者，编为数营，名之臣军，营务处营率之同征，以厚其势。如蒙俞旨允行，是黄少春此行，于王德榜为后劲，于臣为前驱，似与时局较为有益。

因为李鸿章的妥协求和得到清廷的认可，本来在对待法国侵略的态度上已摇摆不定的清政府此刻更加动摇，所以未采纳左宗棠的主张，并阻止由黄少春募兵增援滇、粤边境。

5月15日，左宗棠离开江宁趋往北京。行途中，他细心研读了李鸿章与福禄诺在天津议订的《简明条约》五条，并写下了《时务说帖》。在这篇说帖中，左宗棠进一步表示了他愿"亲往视师"，誓与法国侵略者血战到底的英勇气概。他说：

宗棠今春有增灶之请，意在令黄少春纠集旧部，添造水师船只，会同王德榜札饬刘永福挑选熟习海战弁丁，为其管带驾驶，冀收桑榆之效。倘蒙俞允，宗棠亲往视师。窃自揣衰庸无似，然督师有年，旧部健将尚多，可当丑虏。揆时度势，尚有可为，冀收安南仍列藩封而后已。不效则请重治其罪，以谢天下。此一劳永逸之策也。

左宗棠希望能用《时务说帖》打动清廷，扭转中法战争的不利局面。怀抱着这样的心境，1884年6月13日，左宗棠经一个月的水陆兼程，抵达京师。五天后，清廷发布"上谕"：

著左宗棠仍在军机大臣上行走，该大学士卓著勋绩，年逾七旬，著加恩毋庸常川入直，遇有紧要事件，预备传问；并着管理神机营

事务，所有应派差使，毋庸开列。

左宗棠再次担任军机大臣，受命负责全国的所有军事。其中的最后一条是特殊待遇，也许是其他任何汉人京官都未曾享受过的。

也就在《中法简明条约》签订后仅四十多天，法国一手挑起了观音桥事件，反诬中国破坏《中法简明条约》，再派孤拔率远东舰队驶往福建沿海，准备扩大战火。面对战争即将扩大的形势，清廷派遣一向主战的前山西巡抚张之洞署理两广总督。接着，左宗棠又再入军机。这些都表明清廷又有了转向主战的意图。

针对法国新一轮的军事挑衅，左宗棠在奏折中一再强调不能妥协必须以战取胜。他请求让楚军将领黄少春募军赴边，会同王德榜、刘永福等军痛击法国侵略者，"以张挞伐而振天威"。清廷接报，深为赞许。

尽管没有宣战，法国的敌对活动正大大加紧。他们袭击福建海岸，封锁了台湾。8月5日，法国远东舰队的三艘军舰突然袭击台湾基隆。督办台湾防务大臣刘铭传指挥清军顽强抵抗，打退了侵略者的进犯，取得基隆保卫战的胜利。

然而，清廷却因法军侵略基隆而又在动摇不定。清廷乞求列强出面调停，但毫无结果。无奈之下，慈禧太后召开了由御前大臣、军机大臣、总理衙门大臣及六部九卿参加的御前会议。显然，此时慈禧太后在和与战之间仍在徘徊。左宗棠为此愤然疾呼道："中国不能永远屈服于洋人，与其赔款，不如拿赔款作战费。"慈禧太后听到此言，含泪称是。至此，清廷才下了主战的决心。

法军受挫于基隆后，法国政府决定扩大侵华战争，8月19日通过驻华代理公使谢满禄向清政府提出赔款八千万法郎的新条件，并以最后通牒的形式限四十八小时答复，否则下旗离京，由孤拔立即采取军事行动。清政府拒绝了法国的无理要求。8月21日，谢满禄果然下旗离开北京。孤拔指挥的舰队在和平伪装下通过了闽江口的炮台，在福州下锚，于两天后开火，他指挥法国舰队向停泊在福州马尾军港的福建海军发起突然袭击，炮轰江上的战船和

第七章
烈士暮年　抱恨终天

马尾船厂。福建海军的军舰还没有来得及起锚,就被法舰的一排重炮击沉两艘,重伤四艘。福建海军仓促应战,十分被动,广大爱国官兵仍奋勇还击,但已无法挽回败局。经短短一个多小时的海战,福建海军的十一艘战舰均为法舰击沉击伤,官兵伤亡七百余人,福建海军几乎全军覆没。第二天法军又向位于马江北岸的福州船政局开炮,击毁许多厂房和厂内正在制造的舰船。还攻占了后方的炮台,并将之捣毁。由于船政局作了积极布防,法军攻占船厂的计划未能得逞。

马尾之战爆发后的第三天,即8月26日清廷下诏对法宣战。朝廷现在只能指望着左宗棠,不顾他年迈多病,任命他为福建的钦差大臣。如果他年轻十岁,他指定会让法国人付出沉重的代价,可是在他生命的沙漏里,沙粒已经快漏光了。

9月7日清廷任命左宗棠为钦差大臣、督办福建军务。对外,左宗棠一直主战不言和,但他始终无缘与列强的精锐之师正面交锋,未曾痛痛快快地决一雌雄,遂引为平生憾事。在写给儿子左孝宽的家书中,其笔调慷慨激昂:

……但能破彼船坚炮利诡谋,老命固不惜!或者四十余年之恶气,借此一吐,自此凶威顿挫,不敢动辄挟制要求,乃所愿也!

在他的心目中,列强意欲瓜分中国,同样是一群饿鬼,他要跟他们拼老命。左宗棠越老越雄健,越老越愤激,确实因为胸间有一口恶气郁积已久,未曾找到适当的机会畅快吐出。在家书中,他还特别引用兵部尚书、湘军同袍彭玉麟的豪言"如此断送老命,亦可值得",以示"烈士暮年,壮心不已"。语气之豪迈,足令热血男儿肃然起敬。

在此之前,左宗棠曾多次要求奔赴前线同法国侵略者决战,但均没有得到清廷的允准。而此刻,他的愿望终于实现。对于左宗棠以七十二岁的高龄,不顾体弱多病,毅然投身到抗法前线的行动,舆论界曾作出如此评价:"左候

相以闽事吃紧，慷慨请行，所谓一息尚存，此志不容少懈，方之古名臣，曾不多让！"

布置海防

左宗棠于9月15日离开京师后，经过一个月的水陆兼程抵达江宁。经过一番考察之后，他认为江苏的沿海防务布置尚属周密，而福建海防的情形较为吃紧。因此，他决定立即招募楚军旧部，迅速成军，开拔南下，加强福建防务。

12月14日，左宗棠带着刚刚成军的新招募的旧部抵达福州。只差一天，就是他二十年前第一次进入福建追击最后一批太平军的日子。不过，在左宗棠离京以后，主和派又在清廷中枢里占了上风，所以他在与法国的这场战争中注定了不可能有很大的作为。但是左宗棠的一生中没有"屈服"二字，他宁愿抓住不惜死战的机会，也不愿不战而放弃。

此时，福州城内正因此前马尾之败和法军攻占基隆而人心惶惶。左宗棠的到来，使福州人心大定。当左宗棠带领军队进入福州城时，当时的目击者记载说：

> 凛凛威风，前面但见旗帜飘扬，上大书"恪靖侯左"，中间则队伍排列两行，个个肩荷洋枪，步伐整齐，后面一个乘肥马，执长鞭，头戴双眼花翎，身穿黄绫马褂，……主将左宫保是也……盖榕垣当风声鹤唳之秋，经此一番恐怖，一见宫保，无异天神降临，所以敬礼如此也。

第七章

烈士暮年　抱恨终天

福州人民夹道欢迎左宗棠，还在左宗棠行馆的大厅上贴了一副楹联：

数千里荡节复临，水复山重，半壁东南资保障；
亿万姓轺车争拥，风清霜肃，十闽上下仰声威。

左宗棠在阔别福州十八年后重临此地，确实是壮怀激烈、感慨万分的。然而，他此时无暇回顾往事，只有倾其全力投入到派兵援助台湾和部署闽江防务等紧要军务中去。

左宗棠深感台湾孤注大海，为七省门户，若不赶紧支援，就会贻误战机，牵动大局。他到福州后两天，就根据对台湾情形进行的详察，连上数折提出必须妥善筹划支援台湾的主张。

他一方面密令刘铭传速督所部迅速进兵，收回基隆；另一方面根据法军封禁全台海口的严重情况，派杨在元密赴厦门一带探明情形，想办法雇船暗渡营勇援救台湾，并计划等到南洋兵轮赶来时，再行调兵分驻马祖澳芭蕉山等处，以首尾牵制，不让法军肆意久据，从而打破法国舰队对台湾海峡的封锁。刘铭传、王诗正督率各军浴血奋战，力挫强敌，终于保住了台湾。孤拔在攻占台湾的阴谋破灭后，在进攻浙江镇海时，又被中国守军打退，身负重伤，奄奄一息。法军只得退踞澎湖群岛，孤拔不久即在此毙命。左宗棠督军援台，对于扭转台湾危局起到了力挽狂澜的关键作用。

此外，左宗棠尤为重视闽江防务的布置。他派遣福建按察使裴荫森、道员刘倬云等在闽江入海口处和周围的岛上进行竖立铁桩、横以铁缆，垒石填塞主航道，建筑炮台、派兵驻守，布置水雷等一系列的防务工作。左宗棠通过检查防务情况，满怀信心地表示："如狡寇果来，势难插翅飞过。"的确，此时福建前线的防务较之前已大为增强，五个多月前马尾之战的悲剧已绝不可能重演了！

法国侵略者在中国东南沿海受挫后，又把进攻的重点转移到中越边界的陆路战场。于是，两广总督张之洞奏荐老将冯子材任广西关外军务帮办，接替镇南关前敌指挥权。冯子材率军打退猛攻镇南关的法军，将法军逼离长墙，

冯子材

压下山谷，法军全线溃退。随后，冯子材、苏元春、王德榜三路夹击谅山，于第二天克复谅山，大败法军。这便是威震中外的镇南关—谅山大捷。

此刻，左宗棠在福建、张之洞于两广，都取得了重大胜利，法国茹费理内阁甚至因此而垮台，中国抗击法国侵略可谓形势一片大好。

然而，就在中国军队取得镇南关—谅山大捷之后又进而袭郎甲、攻北宁之际，清廷却下令前线停战和撤回前线的军队返回关内，并公开向战败的法国求和。李鸿章提出了"乘胜即收"的主张。他致电总理衙门说：

> 当藉谅山一胜之威，与缔和约，则法人必不再要求……谅山已复，若此时平心与和，和款可无大损，否则兵又连矣。

李鸿章的主张与慈禧太后在不丢掉面子的情况下议和的初衷相吻合。于是，胆小怕事的清廷下令停战撤兵，决意议和。5月13日，李鸿章在天津与法使巴德诺开始谈判，以签订正式条约。

第七章
烈士暮年 抱恨终天

抱恨终天

左宗棠得知清廷将与法国停战、撤兵与议和后，极为愤怒和失望，他上奏直陈：

> ……法人利在缓战，而不在言和；其忽然请和者，大抵越南夏令将交，瘟疫流行，军无斗志。尼格里丧师于外、斐礼避位于内，新旧更替，议论纷歧；增饷征兵，动需时日。且三月新茶瞬将上市，英、俄二国向以茶务为大宗，各国茶商不能任其扰乱。有此数端，故阳饴我以请和之名，阴实便其一举两得之计。我若概从所请，则失地未还、防兵先撤，万一该夷狡焉思逞，而事机已失，言战则要害已为所乘、言和则口舌未能有济，悔无及矣！况上海法租界换竖俄旗，旦夕窥我，举动既多不便；倘因别端肇衅，俄人复藉此生端，则辩论愈难。言战、言和，悉听彼族挟持，而不能自主矣。臣窃谓沿海重兵，不可因目前请和，遽议裁撤。盖曾经战阵之兵，缓急可恃。即和约已定，而糜三数月饷项，可以防叵测而备折冲；较之临事周章，当有间矣。此边军之不可遽撤，所宜防之于后者也。

此时的左宗棠虽然"烈士暮年，壮心不已"，但也回天乏力。他深知一切都无法挽回了。

到了6月9日，李鸿章奉慈禧太后之命，在天津与巴德诺签订了《中法会订越南条约》（又称《中法新约》）。条约的主要内容可以概括为以下几条：

（1）清政府承认法国与越南订立的条约；

（2）在中越边界保胜以上和谅山以北指定两处为通商地点，允许法国商人在此居住并设领事；

（3）降低中国云南、广西同越南边界的进出口税率；

（4）日后中国修筑铁路应向法国商办；

（5）法军退出台湾、澎湖。

当然，在这个不平等条约中，还特别加进了"言明必不致有碍中国威望体面"的字眼，这也算是满足了慈禧太后死要面子的心理。战争最终是以法国不胜而胜，中国不败而败的事实收场了。

左宗棠听到《中法新约》签订的消息，顿时气愤填膺，连声高呼："出队，出队，我还要打！这个天下他们久不要，我从南边打到北边。我要打，皇帝没奈何！"因为悲愤太过，恶气攻心，左宗棠呕血数升，猝然病倒。

"烈士暮年，壮心不已。"可是，暮年重回福州这一段伤心的经历对于左宗棠而言是不堪回首的。十八年前，他心怀宏愿，志存高远，决心要建立一支强大的海军，并且还要把福州建设成一个大型造船中心。但事到如今，他看到他一手规划的大业远未完成。福州船政局已成废墟，那是他创设的海军造船厂，他在西北征战的那些年里，一直关注着这里的进展。这件事他谈了十八年，写了几百份奏章，而中国海军的现状，还是和当初平定太平天国时一样。多年的艰辛努力又付诸东流了，中国不败而败，左宗棠何以心甘？

尽管深为失望，并且身体日益病重，左宗棠仍然不忘对保卫台湾和加强海防提出自己的建议。他请求将福建巡抚移驻到台湾，清廷对此予以采纳，在台湾设立行省，任命淮军名将刘铭传为首任台湾巡抚。

终于，坚持到了6月18日，早已身心俱疲的左宗棠决定向清廷上奏请求告老还乡：

第七章

烈士暮年　抱恨终天

> ……伏念微臣衰朽残年，谬膺重寄；成功未奏，方切疚心。乃乃以多病之躯，上烦宸廑，仰荷圣恩优渥，赏予假期；敢不恪遵谕旨，就地医治。况海氛甫靖，善后宜筹；倘能勉强支持，何敢再三渎请。奈六月初九夜陡患痰涌、气喘诸症，手足瘦瘵、神志昏迷；赶紧进药，逾时始苏。嗣后反复靡常，病势较前加剧。据医者云："实因心血过亏，风邪入里，兼以水土不服所致；万难克日就痊"。微臣自顾葸躬，有负重任；耄老既觉其无为，异地终难于调摄。惟有吁恳天恩，宽予假期，俾得回籍调理；倘获病体渐愈，断不敢稍耽安逸，自外生成。至若钦差大臣关防及随带恪靖各营应如何交卸之处？未敢擅便；伏候谕旨遵行。

业已七十三岁的左宗棠这次接到了清廷"俯如所请"的"上谕"，他的请求得到了批准，但耗尽了毕生心血的他再也无力返回湖南老家了，9月5日，他病逝于福州。临终之前，他在口授遗折中说：

> 此次越南和战，实中国强弱一大关键。臣督师南下，迄未大伸挞伐，张我国威，遗恨平生，不能瞑目！

一代豪杰，死不瞑目，悲乎！

就在这天夜里，暴雨倾盆，忽听一声惊雷，福州城东南角城墙顿时被撕裂一个几丈宽的大口子，而城下居民安然无恙。老百姓纷纷传说，左宗棠死了，此乃天意，要毁我中国之长城。而左宗棠死了，外国人都松了口气。他一死，中国就少了一个硬骨头，主战派的旗帜便倒了。

左宗棠死后，左公行辕标着"肃静""回避"字样的灯笼，换成了罩以白纱的长明灯，沉重的死亡气息，压得人透不过气来。这一盏盏白灯，宣告着一个时代的终结，拥有二等恪靖侯、东阁大学士、太子太保、一等轻骑都尉、赏穿黄马褂、两江总督、南洋通商大臣等七个头衔的左宗棠，这个叱咤风云

数十年的男人，终于退出了历史舞台。

北京接到左宗棠去世的噩耗后，慈禧太后的心情是复杂的，"中国不可一日无湖南，湖南不可一日无左宗棠"之言犹在耳，左宗棠却说走就走了。不过，走了也好！左宗棠这个汉人太刚强、太锋芒毕露了。但态还是要表的，不然还有谁愿为朝廷尽忠呢？光绪皇帝颁发上谕，缅怀他伟大的操守和对朝廷的贡献，宣布天子给予这位忠实臣子的盖棺论定的褒奖：

> 大学士左宗棠，学问优长，经济闳远，秉性廉正，莅事忠诚。由举人、兵部郎中带兵剿贼，迭著战功。蒙文宗显皇帝特达之知，擢升卿寺。同治年间，剿平发逆及回、捻各匪，懋建勋劳。穆宗毅皇帝深资倚任，畀以疆寄，浃陕兼圻，授为钦差大臣，督办陕甘军务。运筹决胜，克奏肤功。简任纶扉，优加异数。朕御极后，特命督师出关，肃清边圉，底定回疆，厥功尤伟。加恩由一等伯晋为二等侯。宣召来京，管理兵部事务，在军机大臣上行走，并在总理各国事务衙门行走，竭谋赞画，悉协机宜。旋任两江总督，尽心民事，

左宗棠墓

|182

第七章
烈士暮年　抱恨终天

裨益地方，扬历中外，恪矢公忠，洵能始终如一。上年命往福建督办军务，劳瘁不辞。前因患病吁恳开缺，迭经赏假，并准其交卸差使，回籍安心调理。方冀医治就痊，长承恩眷，讵意未及就道，遽尔溘逝。披览遗疏，震悼良深！左宗棠着追赠太傅，照大学士例赐恤。赏银三千两治丧，由福建藩库给发。赐祭一坛，派古尼音布前往致祭。加恩予谥文襄，入祀京师昭忠祠、贤良祠，并于湖南原籍及立功省份建立专祠。其生平政绩事实宣付史馆。任内一切处分悉予开复。应得恤典，该衙门查例具奏。灵柩回籍时，着沿途地方官妥为照料。伊子主事左孝宽着赏给郎中；附贡生孝勋着赏给主事，均俟服阙后分部学习行走；廪贡生孝同着赏给举人，准其一体会试。其二等侯爵应以何人承袭，着杨昌浚迅速查明具奏，用示笃念旧臣至意。

左宗棠家书、诗文精选及赏析

左宗棠家书

左宗棠为一代雄才，这是人所共知的，但其还有为人不知的一面，这就是他的家庭观念。左宗棠是一个爱家的男人，他的妻子和孩子在他的感情世界里占有不可动摇的地位。可以这样说：无论贫穷还是显达，他都能始终严于律己，乱世奔波中亦能严于治家教子，保持寒素家风。他大事果断干练，小事则略显细腻啰唆，理财、教子婆婆妈妈。

由于左宗棠长年在外，公务繁忙，家书便是他教育子弟的主要方式。从以下所选的家书中可以一窥他的教育思想。

（其一）与孝威

字谕霖儿知之：

阅尔所写请安帖子，字画尚好，心中欢喜。

尔近来读《小学》否？《小学》一书是圣贤教人作人的样子。尔读一句，须要晓得一句的解；晓得解，就要照样做。古人说，事父母，事君上，事兄长，待昆弟、朋友、夫妇之道，以及洒扫、应对、进退、吃饭、穿衣，均有见成的好榜样。口里读着者一句，心里就想着者一句，又看自己能照者样做否。能如古人就是好人；不能就不好，就要改，方是会读书。将来可成就一个好子弟，我心里就欢喜，这就是尔能听我教，就是尔的孝。

早眠，早起。读书要眼到（一笔一画莫看错）、口到（一字莫含糊）、心到（一字莫放过）。写字要端身正坐，要悬大腕，大指节要凸起，五指爪均要用劲，要爱惜笔、墨、纸。温书要多遍数想解，读生书要细心听解。走路、吃饭、穿衣、说话，均要学好样（也有古人的样子，也有今人的样子，拣好的就学）。此纸可粘学堂墙壁，日看一遍。

咸丰二年廿三夜四鼓父字

（其二）与癸叟侄

癸叟侄览之：

郭意翁来，询悉二十四日嘉礼告成，凡百顺吉，我为欣然。

尔今已冠，且授室矣，当立志学作好人，苦心读书，以荷世业。吾与尔父渐老矣，尔于诸子中年稍长，姿性近于善良，故我之望尔成立尤切，为家门计，亦所以为尔计也，尔其敬听之。

读书非为科名计，然非科名不能自养，则其为科名而读书，亦人情也。但既读圣贤书，必先求识字。所谓识字者，非仅如近世汉学云云也。识得一字即行一字，方是善学。终日读书，而所行不逮一村农野夫，乃能言之鹦鹉耳。纵能掇巍科、跻通显，于世何益？于家何益？非惟无益，且有害也。冯钝吟云："子弟得一文人，不如得一长者；得一贵仕，不如得一良农。"文人得一时之浮名，长者培数世之元气；贵仕不及三世，良农可及百年。务实学之君子必敦实行，此等字识得数个足矣。科名亦有定数，能文章者得之，不能文章者亦得之；有道德者得之，无行谊者亦得之。均可得也，则盍期蓄道德而能文章乎？此志当立。

尔气质颇近于温良，此可爱也，然丈夫事业非刚莫济。所谓刚者，非气矜之谓、色厉之谓，任人所不能任，为人所不能为，忍人所不能忍。志向一定，并力赴之，无少夹杂，无稍游移，必有所就。以柔德而成者，吾见罕矣，盖勉诸！

家世寒素，科名不过乡举，生产不及一顷，故子弟多朴拙之风，少华靡佻达之习，世泽之赖以稍存者此也。近颇联姻官族，数年以后，所往来者恐多贵游气习。子弟脚跟不定，往往欣厌失所，外诱乘之矣。唯能真读书则趋向正、识力定，可无忧耳，盖慎诸！

一国有一国之习气，一乡有一岁之习气，一家有一家之习气。有可法者，有足为戒者。心识其是非，而去其疵以成其醇，则为一国一岁之善士，一家不可少之人矣。

家庭之间，以和顺为贵。严急烦细者，肃杀之气，非长养气也。和而有节，顺而不失其贞，其庶乎？

用财有道，自奉宁过于俭，待人宁过于厚，寻常酬应则酌于施报可也。济人之道，先其亲者，后其疏者；先其急者，次其缓者。待工作力役之人，宜从厚偿其劳，悯其微也。广惠之道，亦远怨之道也。

人生读书得力只有数年。十六以前知识未开，二十五六以后人事渐杂，此数年中放过，则无成矣，勉之！

新妇名家子，性行之淑可知。妃匹之际，爱之如兄弟，而敬之如宾，联之以情，接之以礼，长久之道也。始之以狎昵者其未必睦，待之以傲慢者其交不固。知义与顺之理，得肃与雍之意，室家之福永矣。妇女之志向习气皆随其夫为转移，所谓"一床无两人"也。身出于正而后能教之以正，此正可自验其得失，毋遽以相责也。孟子曰："身不行，道不行于妻子。"

胡云阁先生乃吾父执友，曾共麓山研席者数年。咏芝与吾齐年生，相好者二十馀年，吾之立身行事，咏老知之最详，其重我非他人比也。尔今婿其妹，仍不可当钧敌之礼，无论年长以倍，且两世朋旧之分重于姻娅也，尊之曰先生可矣。

尔婚时，吾未在家。日间文书纷至，不及作字，暇间为此寄尔。自附于古人醮子之义，不知尔亦谓然否；如以为然，或所见各别，可一一疏陈之，以觇所诣也。

咸丰六年正月二十七夜四鼓季父字

（其三）与孝威、孝宽

孝威、孝宽知之：

我于二十八日开船，是夜泊三汊矶，廿九日泊湘阴县城外，三十日即过湖抵岳州。南风甚正，舟行顺速，可毋念也。

我此次北行，非其素志。尔等虽小，当亦略知一二。世局如何，家事如何，均不必为尔等言之。惟刻难忘者，尔等近年读书无甚进境，气质毫未变化；恐日复一日，将求为寻常子弟不可得，空负我一片期望之心耳。夜间思及，辄不成眠。今复为尔等言之。尔等能领受与否，则我不能强之，然固不能已于言也。

读书要目到、口到、心到。尔读书不看清字画偏旁，不辨明句读，不记清头尾，是目不到也。喉、舌、唇、牙、齿五音，并不清晰伶俐，蒙笼含糊，听不明白，或多几字，或少几字，只图混过，就是口不到也。经传精义奥旨，初学固不能通，至于大略粗解，原易明白。稍肯用心体会，一字求一字下落，一句求一句道理，一事求一事原委；虚字审其神气，实字测其义理，自然渐有所悟。一时思索不得，即请先生解说，一时尚未融释，即将上下文或别章别部义理相近者反复推寻，务期了然于心，了然于口，始可放手。总要将此心运在字里行间，时复思绎，乃为心到。今尔等读书总是混过日子，身在案前，耳目不知用到何处。心中胡思乱想，全无收敛归着之时，悠悠忽忽，日复一日，好似读书是答应人家工夫，是欺哄人家、掩饰人家耳目的勾当。昨日所不知不能者，今日仍是不知不能，去年所不知不能者，今年仍是不知不能。孝威今年十五，孝宽今年十四，转眼就长大成人矣。从前所知所能者，究竟能比乡村子弟之佳者否？试自忖之。

读书做人，先要立志，想古来圣贤豪杰是我者般年纪时，是何气象？是何学问？是何才干？我现在那一件可以比他？想父母命我读书，延师训课，

是何志愿？是何意思？我哪一件可以对父母？看同时一辈人，父母常背后夸赞者，是何好样？斥詈者，是何坏样？好样要学，坏样断不可学。心中要想个明白，立定主意，念念要学好，事事要学好，自己坏样一概猛省猛改，断不许少有回护，不可因循苟且。务期与古时圣贤豪杰少小时志气一般，方可慰父母之心，免被他人耻笑。

志患不立，尤患不坚。偶然听一段好话，听一件好事，亦知歆动羡慕，当时亦说我要与他一样。不过几日几时，此念就不知如何销歇去了。此是尔志不坚，还由不能立志之故。如果一心向上，有何事业不能做成？

陶桓公有云："大禹惜寸阴，吾辈当惜分阴。"古人用心之勤如此。韩文公云："业精于勤而荒于嬉。"凡事皆然，不仅读书，而读书更要勤苦。何也？百工技艺，医学、农学均是一件事，道理尚易通晓；至吾儒读书，天地民物莫非己任，宇宙古今事理，均须融澈于心，然后施为有本。人生读书之日最是难得，尔等有成与否，就在此数年上见分晓。若仍如从前悠忽过日，再数年依然故我，还能冒读书名色充读书人否？思之，思之！

孝威气质轻浮，心思不能沉下。年逾成童而童心未化。视听言动，无非一种轻扬浮躁之气，屡经谕责，毫不知改。孝宽气质昏惰，外蠢内傲，又贪嬉戏，毫无一点好处可取。开卷便昏昏欲睡，全不提醒振作。一至偷闲玩耍，便觉分外精神。年已十四，而诗文不知何物，字画又丑劣不堪。见人好处，不知自愧，真不知将来作何等人物！我在家时常训督，未见悛改。我今出门，想起尔等顽钝不成材料光景，心中片刻不能放下。尔等如有人心，想尔父此段苦心，亦知自愧自恨，求痛改前非以慰我否？

亲朋中子弟佳者颇少，我不在家，尔等在塾读书，不必应酬交接。外受傅训，入奉母仪可也。

读书用功，最要专一，无间断。今年以我北行之故，亲朋子侄来家送我，先生又以送考耽误功课，闻二月初三、四始能上馆。所谓"一年之计在于春"这又去月馀矣！若夏秋有科考，则忙忙碌碌又过一年，如何是好？今特谕尔：自二月初一日起，将每日功课，按月各写一小本寄京一次，便我查阅。如先

生是日未在馆，亦即注明，使我知之。屋前街道，屋后菜园，不准擅出行走。如奉母命出外，亦须速出速归。"出必告，反必面。"断不可任意往来。

同学之友，如果诚实发愤，无妄言妄动，固宜引为同类。倘或不然，则同斋割席，勿与亲昵为要。

家中书籍，勿轻易借人，恐有损失。如必须借看者，每借去，则粘一条于书架，注明某日某人借去某书，以便随时向取。

咸丰十年庚申正月三十日

（其四）与孝威

孝威览之：

启行后，廿六日抵章门。途间接涤帅信，宁国府于十二日失守。涤帅方遣李次青观察率所部平江勇三千赴徽郡防守，正值张副宪苟内召，因欠饷军溃，贼遂渐窥岭防。次青抵徽甫数日，分所部两营防丛山，贼至败走。涤所派援之兵亦败。廿五日徽郡遂失，次青未知存亡。徽城大而陋，储粮既乏，百务均未备。次青所部仅二千五百人入城同守；涤翁派援之鲍军门一军又未到。兵单地险，贼多援缓，此城之失，固在意中。惟自此江西兵事日棘，涤翁在祁门，崎岖险阻，地逼势孤，亦殊可危。安庆获贼伪文，知逆首陈玉成有分两路上行之说：一扰皖北，一扰江西。我当率所部五千馀人由安仁、乐平扼婺源，以固江西门户，而通祁门之气，特虑贼踪速至，婺源不可得到耳。

楚军自省至江西，沿途整肃。言者谓为向来未有，众而能整，或可一战。然贼势浩大，时局至艰，未知攸济。燕都夷患逼近，征调川楚勇丁赴援，尤时事之大可忧者。我既挺身任事，亦不敢有所推诿，竭吾心力所能到者为之而已。

尔身体尚未复元，凡百宜知保爱，毋贻我忧。尔母前有携尔往外家之说，未知果否。读书亦可养身，只要有恒无间，不在功课之多。万方多难，吾不能为一身一家之计。尔年幼弱，诸弟更小，须一切禀母命行之。所有读书做

人为终身之计者，吾曾为尔言之。时记我言，免我忧虑为要。

咸丰十年九月初四日章门营次父谕

（其五）与孝威

孝威知之：

接腊月初十日禀，知家中清吉，尔兄弟姊妹均好，甚为欣然。

尔年已渐长，读书最为要事。所贵读书者，为能明白事理。学作圣贤，不在科名一路，如果是品端学优之君子，即不得科第亦自尊贵。若徒然写一笔时派字，作几句工致诗，摹几篇时下八股，骗一个秀才、举人、进士、翰林，究竟是甚么人物？尔父二十七岁以后即不赴会试，只想读书课子以绵世泽，守此耕读家风，作一个好人，留些榜样与后辈看而已。生尔等最迟，盼尔等最切。前因尔等不知好学，故尝以科名欲动尔，其实尔等能向学作好人，我岂望尔等科名哉！来书言每日作文一篇，三六九日作文两篇。虽见尔近来力学远胜从前，然但想赴小试做秀才，志趣尚非远大。且尔向来体气薄弱，自去春病后，形容憔悴，尚未复元，我与尔母每以为忧，尔亦知之矣。

读书能令人心旷神怡，聪明强固，盖义理悦心之效也。若徒然信口诵读而无得于心，如和尚念经一般，不但毫无意趣，且久坐伤血，久读伤气，于身体有损。徒然揣摩时尚腔调而不求之于理，如戏子演戏一般，上台是忠臣孝子，下台仍一贱汉。且描摹刻画，勾心斗角，徒耗心神，尤于身体有损。近来时事日坏，都由人才不佳。人才之少，由于专心做时下科名之学者多，留心本原之学者少。且人生精力有限，尽用之科名之学，到一旦大事当前，心神耗尽，胆气薄弱，反不如乡里粗才尚能集事，尚有担当。试看近时人才有一从八股出身者否？八股愈做得入格，人才愈见庸下。此我阅历有得之言，非好骂时下自命为文人学士者也。

读书要循序渐进，熟读深思，务在从容涵泳以博其义理之趣，不可只做苟且草率工夫，所以养心者在此，所以养身者在此。府试、院试如尚未过，即不必与试。我不望尔成个世俗之名，只要尔读书明理，将来做一个好秀才，即是大幸。军中事多，不及详示。因尔信如此，故略言之。

李贵不耐劳苦，来营徒多一累。其人不能学好，留之家中亦断不可。我写信与郭二叔，求他转荐地方可也。

家中大小事件亦宜留意，家有长子曰"家督"，尔责非轻。长一岁年纪，须增一岁志气，须去尽童心为要。

咸丰十一年辛酉正月二日四更梅源桥行营

（其六）与孝威

孝威知之：

朱少春、彭立凰来营，得尔四月十四日禀件，一切具悉。

尔母脚气虽愈，然频年必数次举发，近时举发更勤。衰老之年气血虚耗，非药饵扶之不可。上年我东行时，以四百金留之家中，除付二百金交翔冈办劈山炮，所存仅二百金。自为尔完婚后，此二百金必已用尽无存。前信托黄南坡代挪二百金付家中，备尔母药饵及先生岁脩之用。嗣有信属尔勿往取，即南坡送来亦不可受当速还之，千万千万。家中缺用，可于少云处通挪，候我寄还。如少云处有银可借，暂借二百金，庶药饵不缺，病可速痊。邹君方既已见效，每日一帖，不可间断。此尔与新妇事也。每岁我于薪水中存二百金为宁家课子之费，上年曾见之公犊，不可多取欺人。家中除尔母药饵、先生饮馔外，一切均从简省，断不可浪用，致失寒素之风，启汰侈之渐。惜福之道，保家之道也。

阅尔屡次来禀，字画均欠端秀，昨次字尤潦草不堪，意近来读书少静、专两字工夫，故形于心画者如此，可随取古帖细心学之。年已十六，所学能否如古人百一，试自考而自策之。古人云："少时不学老时悔。"此语可常玩

味，勿虚掷韶光为要。读书不为科名，然八股、试帖、小楷亦初学必由之道，岂有读书人家子弟八股、试帖、小楷事事不如人而得为佳子弟者？勉之勉之！毋使我分心忧尔。

兵事一切毋须数数问及，我有事饬尔办理可遵命行之，否则不必理会（如刘竹亭、吴翔冈处何必数数往来）。亲旧家佳子弟极少，尔此时在塾读书，亦非讲交游结纳之日，一切往来应酬可省则省，万勿效时俗子弟专在外面作工夫也。切记，切记！

乐平诸捷，化险为平，全赖梅村、克庵及诸将士之力，乃公何力之有？顷奉谕旨褒嘉，并颁赏搬指、翎管、小刀、火镰、荷包等件，望阙叩头谢恩，感激欲涕。我以一书生谬忝戎务，频年泰窃非分，浐擢京卿；兹又特承异数，赐予骈蕃，为自古草茅下士所无之遭际。国恩高厚，报称为难。时局方艰，未知攸济，亦惟有竭尽心力所能到者为之，期无负平生之志而已。

贼势外肆中枵，非必不可了之事。惟军兴既久，饷绌日甚，我军欠饷三月有馀，刻忧饥乏，有时事机必赴而运掉不灵，无如之何。幸诸将士相从日久，知我无丝毫自利之心，尚不至十分迫索耳。儿辈在家，知乃公行间艰苦，必不敢安逸享受，当益刻厉自修以慰我意也。

仲父何时返长沙？事多，不及时作家书，如询近状，可即以此呈览。

咸丰十一年五月十二夜父字景镇大营

（其七）与孝威

霖儿知之：

意城二叔处寄到家书，知近状平安，为慰。

家中所寄各书物均收到。周品恒赍送御赏各件回湘，附寄一信，想已收到。尔母脚气渐瘥，甚为欣慰。然暑月服峻剂，未知是否相安也。新妇名家子，性情气质既佳，自易教诲。但尔幼年受室，于处室之道毫无所知，恐未知所以教也。孟子曰："身不行，道不行于妻子。"修身为齐家之本，

可不勉哉！

　　读书先须明理，非循序渐进、熟读深思不能有所开悟。尔从前读书只是一味草率，故穷年伏案而进境殊少。即如写字，下笔时要如何详审方免谬误。昨来字，醴陵之"醴"写作"澧"，何必之"必"写作"心"，岂不可笑？年已十六，所诣如此，吾为尔惭。行书点画不可信手乱来，既未学写，则端正作楷亦是藏拙之道，何为如此潦草取厌？尔笔资原不差，从前写九宫格亦颇端秀，乃小楷全无长进，间架笔法全似未曾学书之人，殊可怪也。直行要整，横行要密，今后切宜留心。每日取小楷帖摹写三百字，一字要看清点画间架，务求宛肖乃止。如果百日不间断，必有可观。程子作字最详审，云"即此是敬"，是一艺之微亦未可忽也。潦草即是不敬，虽小节必宜慎之。

　　东征局未收之一千七百馀金暂存成静斋兄处。吾意以五百金赒罗近秋，二百四十金赒史聿舟，二百金赒陈明南，百金赒赵克振，二百金还吴翔冈劈山炮，二百四十金还少云，馀仍存静斋兄处候拨。

　　史聿舟之兄来，此人尚老实，然无他长，伊亦求归，遣之为是。大约廿五六始归，我另有信交他带回也。

　　辉楚已来，留此当长夫。营中无好模样，又易懒惯，故我不欲子侄来营也。数月后当仍遣其归。

　　此间欠饷已四月，近复大疫，困惫难堪。去冬由湖南窜江西之贼，今复从福建汀州窜至广信各属。李秀成一股又分窜南康府各属，章门亦颇震动。日间羽书络绎催援，无以应之。涤翁属增募二千馀，足成万人，以便调遣。吾以饷项艰难，未之诺也。

　　佑生来时并带其妻兄刘某来，殊不晓事，此子亦恐不能有所成就。周庆暂安置军装局，如察有毛病，当即逐之。

　　少云是否还淹中？艾生已同去耶？白水洞屋闻已遣人修理，然此时似可不急搬回耳。

文方伯丁外艰，已作书唁之。如有祭幛可搭分者，即人我名为要，可问郭二叔及李仲云兄。

咸丰十一年六月廿三夜父谕

（其八）与孝威

孝威览之：

前一书由意城二叔处转递，计已达矣。顷得览六月二十四午刻一书，具知一切。

吴翔冈所制劈山炮未尝不好，惟须照模制药，又兜用螺丝转，一经损坏，便难觅匠修整。大抵军器不宜太精细，以所用者皆是粗人也。翔冈立意要与人不同，此最是短处。而所赏识之人多无实际，渠荐与我之人，张声恒、章荣先尚略可，然皆由璞军出者，此外则无一堪用之才，难怪其从前带勇，每战辄不如意也。而犹不自痛悔，复意气自矜，恐将来亦难望长进，终是废材。渠来信云尚欠伊银百两、钱卅串，可从静斋先生处馀银内取而还之。我所谓商贾气太重者此耳。此君志趣颇好，然读书太少，自信太过，颇有"亡而为有，虚而为盈"之病。上年欲其来营，亦颇思陶熔一番，或可望其有进。渠既不愿，则不必也。

尔母脚气未愈，须时劝多服滋补之药。有人赠我顶好肉桂二段，当乘便付回。万民旗伞新送四柄，皆江、皖之民也、牌匾亦当寄归。

饷欠四月有馀，无法弥补。兼之军中疾疫繁兴，需用甚急，日以为忧。幸将士知我无它，不忍迫促，大家忍耐，不肯支领，然我因此更觉过意不去。涤帅见我艰难，咨拨婺源、乐平、浮梁三县地丁厘税归我军提用。经理甫一月，渐有生机。从前收厘无多者，今竟多三分之一，每月可得万数千金，不致顿形饥溃。而乐平民风刁悍异常，十年不纳钱粮，不设厘局，且骗学额十

名，自为得计。自归我后，钱粮渐次完纳，厘税已肯捐办，士民颇言怀德畏威。景镇商民则言："如偷漏厘税以欺大人，是欺天也。"

自愧无功德及人，遽得此报，殊为慨然。三代直道之公至今如故，即此可见。以尔信曾以此为虑，故略及之，使尔等勿以此为念耳。

尔年已十六，须知立志作好人。"读书在穷理，作事须有恒。"两语可时时记之勿忘。尔能立志作好人，弟辈自当效法，我可免一番挂念矣。少云已回小淹未？前书交佘都司带来，恐到尚在此书之后。

李逆秀成一股由鄂窜回江西，省城戒严。幸涤帅调鲍春霆由九江回剿，李次青克义宁州后又转战而前，江西当可无虞。惟弋阳、贵溪大股屯集（即彭大顺、朱衣点诸逆从湖南窜江西、福建者），我军士卒病若渐愈，当一击之。若彼时李逆亦回窜广信，亦可就近痛剿。

江西肃清，则饷源可以不匮，可放手办贼也。黄南坡、裕时卿东征之饷，我不取用，李仲云、文式岩，我亦未尝托之。意城昨书言："索饷惟有疲缠一法，以咏芝、沅浦深得此诀为好。"我则不然，直干到底而已。

克庵先生信来，言其太翁病已略愈，八月后可启程来营。石泉先生则须俟冬间葬亲后始能来，不便催促也。

尔小楷全无端秀之气，又横行太稀，尚不如从前之好，须急取家中所有小楷帖（无论是何帖，细心学之，自有长进，即欧书《姚恭公墓志》亦好），每日摹写数百字，乃有长进，断不可悠忽从事。切切。

王兴禀来，荐一姓郭人投效，实属糊涂不堪，见面时当传谕骂之，勿任其来。

五月廿五日已奉旨补授太常寺卿，想湘中已见邸抄，如有邯郸报至，可给银十两，多则不必。

咸丰十一年七月十五夜父字

（其九）与孝威

字谕霖儿知之：

八月初七夜书，是月廿八日抵广信乃始接到。周品恒未到，所带家信药物均未见到，未知果由袁、瑞一带前来，抑或改由大江，殊为悬悬。陶策臣系由大江来，八月初一在长沙起身，至今尚未到，此间盼望甚殷也。

刘兰洲朴勇能战，治军亦严，来此当可得其臂助。余、彭所部亦当继至也。本军勇夫患病者多至一半，非增补生力，从新整理，不能放心。而月饷欠至五月，欲汰补而亦不能，此其苦也。

李秀成大股由鄂回窜江西，直趋广信。比闻大军将至，前月廿三即窜入浙江，浙抚求援甚切。我亦拟驻扎玉山、广丰之交，相机越境剿之，然非俟新军到，训练整齐，亦未可遽也。安庆、池州、桐城各郡县以次收复，江西一律肃清，大局实有转机。惟湖北黄郡、随州，安徽庐州、太平、宁郡尚未克复。然贼势已衰，如果饷足兵精，分道并进，当亦无难料理。李世贤、李秀成两逆人数合计二三十万，尽萃于浙，浙必难支，其兵事乃更不如江西也。吾意浙危则苏州、金陵终难得手，而皖南进兵之路亦两面受敌，意欲先清浙江以撼三吴，而通池州、宁国之师。涤帅以此时力量尚难兼顾，属且于信郡作防军以固江西东北一面，并催增兵合成万人以厚其势，暂时之计亦只合如此耳。

毛寄云中丞求治甚殷，其人心术亦正，大可敬，外间议论信口编造，殊不足信，此湖南福星也。昨复我书一函，今寄尔一阅。李仲云明白悃谨，断无错误。少云听言不聪，往往传之失真耳。

尔在家读书须潜心玩索，勿务外为要。小楷须寻古帖摹写，力求端秀，下笔不可稍涉草率。行书有一定写法，不可乱写，未尝学习即不必写，亦藏拙之一道也。程子云"即此是敬"，老辈云"写字看人终身"，不可不知。

翔冈处已有信与之，且约其来，能抑其矜躁之气，虚心求是，未尝不可有为。炮价及招夫之费记只欠数金耳，尔可向其询明，如须百两以外，当由此间觅便寄还。盐厘局尚少数十金，亦须问明成静斋先生，以便还之，无使受累。

王兴已来营，勉收之，但无用也。

交趾桂已送一枝与胡咏翁，附寄一枝交杨麓生带归矣。

毛中丞待我最厚，闻曾于奏中声叙在幕中事，意在为正人吐气耳。其用心可敬如此，尔等何从知之。

近奉冲圣寄谕，我与涤公均平列。以后事任益重，不知所为报。尔等在家切宜深自敛抑，不可稍染膏粱子弟恶习，以重我咎。切切。此谕。

咸丰十一年九月初三广信大营

（其十）与孝威

霖儿知之：

九月廿六信已到，家中无事，客心已宽。

少云已回小淹，想均安好。捐事尽力，亦草茅忧国之义，况世受国恩者乎？仲云辈贤而多财，不足为训也。

郭大叔为叔容阅定诗稿刊行，我之私怀亦慰。时文虽小道，然是儿心血多注于此，况我曾屡次督渠辈勉作。时文为博科名救穷之具，亦既遵吾惜而习之，少有所得矣，独奈何没之乎？刻资当即觅寄，可以此意告仁叔，求赐点定，勿高其论也。

佑生偕其妻兄刘顺东来，到军后不一月即病，病甚重，已饬佑生资遣之归，佑生又往乐平亲视之，日间尚未回营。此子志趣不甚佳，近来颇不如上年之驯谨，又颇好饮，喜议论，将来恐无所成就，尔外家世泽微矣。佳子弟极难得，吾是以念叔容而悲也。履祥无大过恶，亦毫无长进，将来恐求为耕

田食力之人尚不可得，亦无如之何。

尔在家专意读书为要。当涂夏弢甫先生炘（颖州教授）赠我《小学》《孝经》《近思录》、《四书》四种，刻本极精；又送尔曹龙尾研四枚，亦非易得之物。吾于屯军乐平段家时，无意中得东坡书手卷一轴，元明人题跋颇多，极可爱玩；又石庵先生手书一册，皆至宝。今以与尔曹，好为藏之。若我治军之暇尚有馀力，当翻刻《小学》《孝经》《四书》《近思录》四种以惠吾湘士人。尔曹学业稍进，能供校刊之役则尤幸甚。

吾五十生日，婺源、浮梁、景镇、乐平士民皆不远数百里冒雨而来为吾祝寿。夏弢翁为制寿文，亲送以来，其文甚工，字亦端整，可悬之客座。此老年七十三矣，乃竟如期赶到，尤为可感。广信士民亦同日为我称觞。吾以国恤不敢受馈举觞，诸来祝者但留三日遣去而已。所送幛伞等件，今乘杨秋皋孝廉暂假回湘之便寄归，尔可呈尔母阅后收之，以志各处士民之惠。

月内尚无战事，须俟新募各勇到齐，料理妥当，乃可战也。浙事糜沸日甚，金、处、严各郡县失守后，绍兴又失，杭州可危之至。浙闽督庆瑞奏请我军援浙，浙抚亦然，将来恐须入浙耳。

咸丰十一年十月廿三日父谕

（其十一）与孝威

霖儿知悉：

六月十七日吴都司兰桂因病假归，曾以一函寄尔，并付今年薪水银二百两归，未知接得否。念家中拮据，未尝不思多寄，然时局方艰，军中欠饷七个月有奇，吾不忍多寄也。尔曹年少无能，正宜多历艰辛，练成材器。境遇以清苦澹泊为妙，不在多钱也。

尔幸附学籍，人多以此贺我，我亦颇以为乐。然吾家积代以来皆苦读能文，仅博一衿从人学之年均在二十岁以外，唯尔仲父十五岁得冠县庠为仅见

之事。今尔年甫十七亦复得此，自忖文字能如仲父及而翁十七时否？左太冲诗云："以彼径寸根，荫此千尺条。"盖慨世胄之致身易于寒畯也。尔勿以此妄自矜宠，使人轻尔。

辰下正乡试之期，想必与试。三场毕后，不必在外应酬，仍以闭户读书为是。此心一放最难收捉，不但读书了无进益，并语言举动亦渐入粗浮轻佻一路，恃人不当面责备，自己不觉耳。

吾家向例，子弟入学，族中父老必择期迎往扫墓、拜祠，想此次尔与丁弟亦必有此举。到乡见父老兄弟必须加倍恭谨，长辈呼尔为少爷，必敛容退避，示不敢当；平辈亦面谢之："分明昆弟，何苦客气。"自带盘费住居祠中，不必赴人酒席。三日后仍即回家。祠中奖赏之资不可索领。如族众必欲给尔，领取后仍捐之祠中，抵此次祭扫之费可也。

浩斋先生处送谢敬五十两不为多。先生不知我之所以自处，以为带勇之人例有馀财，非五十金不足慰其意，且先生境遇亦实苦也。

尔大姊病体何如？尔母信来云：大姊意欲勋儿往小淹读书。我颇不以为然，一则相距太远，一则尔大姊多病，岂可累其照料。又勋儿年太幼小，往来须人护送，亦殊不便耳。少云今岁久住安化县城，家中各事不知经理何如。尔母信云："渠意欲来浙学习军事。"我意俟金华克复后再邀其来。盖克复金华后始有驻足之处，否则随营逐队，太劳苦也。又渠既来营，纵有劳绩，不便列保，未免负之。须先说明此意方好。

近日军事尚顺，自七月十七油埠一战克获全胜，阵斩两逆目后，二十一日续获一胜，李逆之气愈衰，日间颇有遁窜江南之意。惟军中疾疫繁兴，营官哨长几于无一不病，打仗出队不能满五成（死者日以于数计，长夫尤甚），实为可伤。饷事艰难万状，上腊之饷始结算清楚，幸士卒都能耐苦耳。

刘竹亭之勇不甚精，故未促其出战。芗泉奉旨赴浙七月馀之久尚迟迟毋行，抵长沙后又不即来（头队甫于七月二十八日抵江西，闻渠二十二日始自长沙启行，大约到此总在此月底矣）。而粤饷、楚饷、江西饷无不搜索殆遍。我之兵事未得其助，而饷事则受其累，已严伤之矣。魏质斋尚觉顺理，然好用

文士，难独当一面。我处帮手殊觉其难，就现在大局言之，人才亦实不多耳。

尔院试文字及考古诗赋何不寄我一阅？县府学台姓名别号何不详写告我？同案何人，亦应将名单开示。尔既受知，我亦应写信谢他才是。

明岁塾师，仲父已荐何人？可写禀告知。

和哥断不准其再来，此子习气已深，万无变好之理也。

草此寄尔，尔复我信可即照书中节次对之。

同治元年八月初九夜龙游县潭石望行营

（其十二）与孝威

孝威知之：

二十日接尔前月晦日一书，得悉一切。

试卷刷印一千五百本，未免太多，履历多未详确。我保同知衔知县后曾保同知直隶州，非虚衔也。特旨以四品京堂襄办军务，后又曾奉特旨以三品京堂补用，并特赏多珍。然后补授太常寺卿、督办浙江军务，补授浙江巡抚。凡此履历皆应详载。数典不可忘祖，岂可忘乃父乎？又吾父母之得四品封是奉旨赏给，与寻常贾恩例得者不同，应载明"特恩诰赠朝议大夫、诰赠恭人"，方昭核实。国恩家庆未可忽也。

吾以婞直狷狭之性不合时宜，自分长为农夫以没世。遭际乱离，始应当事之聘，出深山而入围城。初意亦只保卫桑梓，未敢侈谈大局也。文宗显皇帝以中外交章论荐，始有意乎其为人，凡两湖之人及官于两湖者，人见无不垂询及之。以未著朝籍之人辱荷恩知如此，亦稀世之奇遇。骆、曾、胡之保，则已在圣明洞鉴之后矣。官文因樊燮事欲行构陷之计，其时诸公无敢一言诵其冤者。潘公祖荫直以官文有意吹求之意入告，其奏疏直云：天下不可一日无湖南，湖南不可一日无某人。于是蒙谕垂询，而官文乃为之丧气，诸公乃敢言左某果可用矣。咸丰六年，给谏宗君稷辰之荐举人才以我居首；咸丰十

年，少詹潘君祖荫之直纠官文，皆与吾无一面之缘、无一字之交。宗盖得闻之严丈仙舫，潘盖得闻之郭仁先也。郭仁先与我交稍深，咸丰元年，与吾邑人公议，以我应孝廉方正制科。其与潘君所言，我亦不知作何语。宗疏所称，则严仙舫丈亲得之长沙城中及武昌城中者，与吾共患难之日多，故得知其详。两君直道如此，却从不于我处道及只字，亦知吾不以私情感之，此谊非近人所有。而宗、潘之留意正人，见义之勇，亦非寻常可及矣。吾三十五岁而生尔。尔生七岁，吾入长沙居戎幕。虽延师课尔，未及躬亲训督，我近事尔亦不及周知，宜多谬误，兹略举一二示之。

二伯所言"不愿侄辈有纨袴气"，此语诚然，儿等当敬听勿违，永保先泽。吾家积代寒素，先世苦况百纸不能详。尔母归我时，我已举于乡，境遇较前稍异，然吾与尔母言及先世艰窘之状，未尝不泣下沾襟也。吾二十九初度时在小淹馆中曾作诗八首，中一首述及吾父母贫苦之状，有四句云："研田终岁营儿铺，糠屑经时当夕飧。乾坤忧痛何时毕？忍属儿孙咬菜根。"至今每一讽咏及之，犹悲怆不能自已。自入军以来，非宴客不用海菜，穷冬犹衣缊袍，冀与士卒同此苦趣，亦念享受不可丰，恐先世所贻余福至吾身而折尽耳。古人训子弟以"咬得菜根，百事可作"，若吾家则更宜有进于此者，菜根视糠屑则已为可口矣。尔曹念之，忍效纨袴所为乎？

更有一语属尔：近时聪明子弟，文艺粗有可观，便自高位置，于人多所凌忽。不但同辈中无诚心推许之人，即名辈居先者亦貌敬而心薄之。举止轻脱，疏放自喜，更事日浅，偏好纵言旷论；德业不加进，偏好闻人过失。好以言语侮人，文字讥人，与轻薄之徒互相标榜，自命为名士，此近时所谓名士气。吾少时亦曾犯此，中年稍稍读书，又得师友箴规之益，乃少自损抑。每一念及从前倨傲之态、诞妄之谈，时觉惭赧。尔母或笑举前事相规，辄掩耳不欲听也。昔人有云："子弟不可令看《世说新语》，未得其隽永，先习其简傲。"此言可味，尔宜戒之，勿以尔父少年举动为可效也。至子弟好交结淫朋逸友，今日戏场，明日酒馆，甚至嫖赌、鸦片无事不为，是为下流种子。或喜看小说传奇，如《会真记》《红楼梦》等等，诲淫长惰，令人损德丧耻。此皆不肖

之尤，固不必论。

吾以德薄能浅之人忝窃高位，督师十月，未能克一郡、救一方，上负朝廷，下孤民望。尔辈闻吾败固宜忧，闻吾胜不可以为喜。既奉抚浙之命，则浙之土地人民皆责之我；既奉督办之命，则东南大局亦将与有责焉。有见过之时，无见功之日。每咏韦苏州"自惭居处崇，未睹斯民康"之诗，不知何时始释此重负也。尔辈若稍存一矜夸之心，说一高兴之话，只增我耻，亦当知之。

明年既定负笈入山从伯父读书，可将此帖别写一通，携之案头，时加省览，如日与我对，庶免我忧。此帖亦宜与润儿及癸雯、世延传观，并各抄一分，俾悉我意。

同治元年十月二十三夜龙游城外行营

（其十三）与孝威

霖儿知之：

郭叔处递到尔前后两书，一切俱悉。

所论重经济而轻文章亦有所见，然文章亦谈何容易。且无论古之所谓文章者何若，即说韩、柳、欧、苏之古文，李、杜之诗，皆尽一生聪明学问然后得以名世，古今能几及者究有几人？又无论此等文章，即八股文、排律诗，若要作得妥当，语语皆印心而出，亦一代可得几人？一人可得几篇乎？今之论者动谓人才之不及古昔由于八股误之，至以八股人才相垢病。我现在想寻几个八股人才与之讲求军政、学习吏事亦了不可得。间有一二曾由八股得科名者，其心思较之他人尚易入理，与之说几句《四书》，说几句《大注》，即目前事物随时指点，是较未读书之人容易开悟许多。可见真作八股者必体玩书理，时有几句圣贤话头留在口边究是不同也。

小时志趣要远大，高谈阔论固自不妨。但须时时返躬自问：我口边是如此

说话,我胸中究有者般道理否?我说人家作得不是,我自己作事时又何如?即如看人家好文章,亦要仔细去寻他思路,摩他笔路,仿他腔调。看时就要着想:要是我做者篇文字必会是如何,他却不然,所以比我强。先看通篇,次则分起,节节看下去,一字一句都要细心体会,方晓得他的好处,方学得他的好处,亦是不容易的。心思能如此用惯,则以后遇大小事到手,便不至粗浮苟且。我看尔喜看书,却不肯用心。我小来亦有此病,且曾自夸目力之捷,究竟未曾子细,了无所得,尔当戒之。

子弟之资分各有不同,总是书气不可少。好读书之人自有书气,外面一切嗜好不能诱之。世之所贵读书寒士者,以其用心苦读书,境遇苦寒士,可望成材也。若读书不耐苦,则无所用心之人;境遇不耐苦,则无所成就之人。如朱表兄、黎姊丈即前鉴也,弥当远之。

我在军中,作一日是一日,作一事是一事,日日检点,总觉得自己多少不是,多少欠缺,方知陆清献公诗"老大始知气质驳"一句,真是阅历后语。少年志高言大,我最欢喜。却愁心思一放,便难收束,以后恃才傲物、是己非人种种毛病都从此出。如学生荒疏之后,看人好文章总觉得不如我,渐成目高手低之病。人家背后讪笑,自己反得意也,尔当识之。

闵鹤子先生处既送十二金亦可去得,以其为县试前列之师,非甚有异常知遇之感也。丁稚潢先生处已有回禀来,其赴陕臬时可往送行,不必送礼。刘克庵送四十金与尔,此间无所闻,当由我处还之。

黎婿此间无可位置,可转达之。浩斋先生所荐胡仙槎在常山办转运,大不安静,每日在外,于公事绝不留意,已革逐之。浩斋先生馆地此间无处寻觅,来信亦不及复矣。此谕。

同治二年癸亥正月六日龙游城外大营

（其十四）与孝威

孝威知之：

接闰月二十一日信，知已安抵家中，途间均顺，至为慰意。先两日甫得尔都中四月晦日书，正以尔盘费少，直、东军务正急，颇为悬系，今竟安然无它也。

会试不中甚好。科名一事太侥幸、太顺遂，未有能善其后者；况所寄文稿本不佳，无中之理乎。芝岑书来，意欲尔捐行走分部，且候下次会试再说。我生平于仕宦一事最无系恋慕爱之意，亦不以仕宦望子弟。谚云："富贵怕见开花。"我一书生忝窃至此，从枯寂至显荣不过数年，可谓速化之至。绚烂之极正衰歇之征，惟当尽心尽力，上报国恩，下拯黎庶，做完我一生应做之事，为尔等留些许地步。尔等更能蕴蓄培养，较之寒素子弟加倍勤苦努力，则诗书世泽或犹可引之弗替，不至一旦澌灭殆尽也。

世俗中人见人家兴旺辄生忌嫉心，忌嫉无所施则谀馅逢迎以求济其欲。为子弟者以寡交游、绝谐谑为第一要务，不可稍涉高兴，稍露矜肆。其源头仍在"勤苦力学"四字，勤苦则奢淫之念不禁自无，力学则游惰之念不禁自无，而学业人品乃可与寒素相等矣。尔在诸子中年稍长，性识颇易于开悟，故我望尔自勉以勉诸弟也。都中景况我亦有所闻，仕习人才均未见如何振奋。而时局方艰，可忧之事甚多，外间方面亦极乏才，每一思及辄为郁郁。尔此后且专意读书，暂勿入世为是。古人经济学问都在萧闲寂寞中练习出来。积之既久，一旦事权到手，随时举而措之，有一二桩大节目事办得妥当，便足名世。目今人称之为才子、为名士、为佳公子，皆谈词，不足信。即令真是才子、名士、佳公子，亦极无足取耳。识之。

六年不见尔母及尔曹兄弟姊妹，又两新妇、两孙亦时念之。惟现在汪逆入粤后凶焰尚张，其蓄意在窜江西另寻生路。眷属来闽必从江西取道，暂可

缓之。俟贼踪有定，再由此间派人来接。将来恐须由长沙雇船到九江湖口，换船至江西广信府之河口；由陆路赴福建之崇安，雇船到福建省城，方为妥便也（此路游勇土匪无处无之，来时尚需带勇士百名防护）。

润儿今岁原可不应试，文、诗、字无一可望，断不能侥幸。若因家世显耀竟获侥幸，不但人言可畏，且占去寒士晋身之阶，于心终有所难安也。尔母于此等处总不能明白，何耶？

前接尔信，索银甚急，已托周寿山由福建银号汇兑纹银八百两交芝岑兄收转尔用，想芝岑早已接得。除还借项二百两外，当以二百两送绵师，二百两送芝岑，徐即留芝兄处应酬各项。

同治四年七月初一日书于漳州城大营

（其十五）与威宽勋同

威、宽、勋、同知悉：

二月二十五日信到，尔等长为无母之人矣。以尔母贤明慧淑，不及中寿而殒。由寒士妻荣至一品，不为不幸。然终身不知安闲享受之乐，常履忧患，福命不薄，郁悴偏多，此可哀也。执笔为墓铭，不敢过实，然心滋伤矣。尔等迟出，于母德未能详知，近年稍有知识，于尔母言行仪范当略有所窥。暇时盍录为行述，传示后世，俾吾家子孙有所取法，亦"杯棬遗泽"之思也。志铭写就，遣巡捕粟游击龙山赉归。明日成行，须四月中旬后乃到。先录一通，付尔等阅之。

葬地既不能猝得，城外寺院又不可停，暂奄家堂亦可。如为日稍久，或于屋后蔬圃中为窨室亦可，以地空旷无意外之虞也。二伯意欲存金刚院，亦省城丧事常例。既难民杂处，不免嚣杂污秽，即可不必议及。况尔母于外祖母殁时曾有"不忍遽死其亲"之说，则暂时奄柩中堂尤所宜也。古不择地而葬，而大夫三月，士逾月，已垂之训典倘亦有不忍其亲之意欤？史坡为吾父

母藏魄之所，初拟与二伯两房序葬其西。二伯既以今年三煞在此，未可启土为家，自当别卜吉壤。柳庄土薄水浅，在处皆蚁，人家栋柱无数年不易者，即现在住屋亦然。尔母生时常谓："柳庄田园皆适意，惟乡庄无闻人，多白蚁，未可长子孙，他年须别寻乐土。"余亦以为然。从前谋买山避乱，每往来东大山一带，见其山势逶迤磅礴（指县东北六七十里，若柳庄、左墩则县东南三四十里，别是一枝山也），自平江连云山来（白水洞、梓木洞山脉均自此来），枝脚纷起，大有佳处，惜未略从容寻玩。若于此数十里间觅一安妥之地，较为得之（水至同涵口始合流归湘，即汨水也）。将来营葬时，即为我作一生圹，以慰同穴之意可也。此意亦曾为尔母说过，彼时尔兄弟甫生，姊姊亦小，不知大、二姊尚能记忆否耳。

葬期亦必选择，不可冲犯，但取无凶煞者用之。如不能决，则卜诸母灵亦可。阴阳家言亦不能尽谓其无，但不必过于拘泥。

军中不可持私服，吾此时尚未能成服，须待他时补之。讣则断不发，即家中散讣亦宜斟酌，盖亲友应吊者不待讣，其待讣而吊者亦可不散也。曾见人家有先不散讣，俟吊时同谢帖散者。如须散讣，即可照此办理。

丧事之用鼓吹，盖为祭奠设也（亦取达于幽阴之义）。俗例以此为闹热，殊为非礼。有为设而不作之说者，亦只合生者居丧之礼，而于享荐亡者之意未合。吾以为临葬时，先日启攒，次日家奠，次日祖饯，均用鼓吹，但不以之送迎宾客。非祭奠不用乐，似为得之。

俗例，丧事以题主为重。实则以显者临之，加朱主上，最为失礼，且贱其亲也，可不遵行。古人书主，即择子弟能书者对灵书之。以现在事理言之，丁叟侄、少云婿皆善书者，请其书主为宜。成主之礼宜行，贺主则不必也。出殡仪仗护从可照品级，非第荣其亲，礼不可废。《会典》当考究，有不能备者亦不必拘。丧礼谨严，古人以此为专门之学。世衰礼废，全不讲习。《礼》曰："居丧未葬读丧礼。"尔等宜于苫凷中加意讲求，庶免留遗恨，免为罪人。《切问斋文钞》《经世文编》、望溪先生《丧礼或问》，均可于《礼经》外读之，数种皆家中所有也。

作家以三合土和研极熟为好，可避蚁患、树根之患，棺外两旁两头均宜筑之。惟棺底不宜用三合土，以其含水也；棺上亦不宜，以其绝天气也。

唐以后，丧事多饭僧，虽士大夫亦不知其非。吾家以积世寒儒，故从无饭僧作佛事者。惟古人饭僧以资冥福，亦非无理。尔母生平仁厚，好施予，此意尤当体之。吾意省城难民尚多，或于出殡之日散给钱文，亦胜饭僧十倍。闻有名册在官，尤易预算。届时当请李仲云商量办法（不必令其到门，亦不必先使闻知）。至城中乞丐亦当布施及之，但以钱不以饭菜，庶期简便均匀，省无益之费用。俵给穷民，亦资尔母冥福。此事约须数百千，不必惜也。

二伯年高，近复多病，所有诸事与壬、丁商之，即可得主意。如有疑难决，再请二伯训示，不必以琐事絮聒为要。

地师难觅高者。尔言长沙王君与尔旧识，吾不能知。既请其看地，又不求上吉风水，自可易得。惟吾意既在东大山，自须觅彼间土著人带其同往，一也。须派人挑火食，扛竹兜，带盘缠，在彼盘桓相度，方期有所获，二也。不可迫促从事，既以大事相托，当时加体念。至要，至要。

尔言山场要宽大，又要就近买少许墓田，恐难凑巧。吾意总以卜吉得地为主，山场宽狭、有无墓田可买，均不必打算。惟立契时，须将公私分际、前后交涉各要件仔细检点，乃可成交，免日后唇舌。又买地须彼此情愿，断不可稍涉勉强、稍用势力欺压。此事亦有定数，非人力所能强致。若须用心机，稍近欺压，便非好事，亦断非好地也。

孝子不俭其亲丧事，典礼攸关，自不可过于省约。然用费亦宜计算，不可铺张门面，忘却义理。人言家中光景如此，不能故作寒乞相，此等话亦当留心。理所当用，稍多无碍；所不当用，即一文亦不可用。专讲体面，不讲道理，吾所耻也。

二伯信来云：孝威当母病亟时，曾割臂肉求以疗母。此等处亦见尔天性真挚。但老父力疾督师于外，哀而至毁，独不虑伤厥考心耶？勋、同天分均不高，威、宽宜教督学好。丧葬最重，威、宽宜慎襄大事，庶足慰母，亦令我稍释忧怀，至属，至属。先此谕知。

同治九年三月十二夜平凉营次

（其十六）与孝威

霖儿知之：

尔今日计可行抵静宁矣。今日鄂台递到孝宽书及与尔书，付尔一阅。

家中加盖后栋已觉劳费，见又改作轿厅，合买地基及工科等费，又须六百馀两。孝宽竟不禀命，妄自举动，托言尔伯父所命。无论旧屋改作非宜，且当此西事未宁、廉项将竭之时，兴此可已不已之工，但求观美，不顾事理，殊非我意料所及。据称欲为我作六十生辰，似亦古人洗腆之义，但不知孝宽果能一日仰承亲训，默体亲心否？养口体不如养心志，况数千里外张筵受祝，亦忆及黄沙远塞、长征未归之苦况否？贫寒家儿忽染脑满肠肥习气，令人笑骂，惹我恼恨。计尔到家，工已就矣。成事不说，可出此谕与尔诸弟共读之。今年满甲之日，不准宴客开筵，亲好中有来祝者照常款以酒面，不准下帖，至要，至要。御书四字可恭悬住宅中间，轿厅则不宜也。

孝宽费去之钱约二千有馀两，亲友中分送各项及今岁家用合计总在三千数百，上年廉馀恐将罄矣。到陕局，可问沈观察开一细数来。戴敬堂意竟在将园土屋宇向卖（亦是见孝宽高兴起屋，疑有馀财耳），今年势有不可能，可婉告之（我不买无人肯买，亦是实话，或立契后无现银，认其利息亦可），半送半卖尤不可也。不肯换佃，尽可让他，每年以应收地租钱送之可矣。买府城隍收租地基原无不可，去银近三百两，已过屋价之半，于事尚无不合。

童太守极意照料，归后可往谢之。我不能以私意作函。傅念山信寄去，所刻《三坟记》惜太圆，少生趣耳。《华岳碑》或仍候章伯和来泐沥，可告吉田。

河州已缴马二千数百，枪矛三千数百，仍未歇手。各处扰运之贼均已收回（得归巢者不过数百而已），看来抚局已有八分，惟后此搜薙尚费工夫耳。

前送去化州橘皮，乃前巡捕阎兆桂现署化州于署中老树摘取寄将者，于咳痰之病最宜，可宝之。

同治十一年壬申二月十一日

（其十七）与孝宽

谕孝宽悉：

　　勋、同来省，随我赴酒泉。勋厚同敏，均可爱也。适以省试伊迩，告归长沙，端午后就道。请处分家事，兹条示于后。

　　邑中书院改建未得，余不欲持异议，亦不欲取回原寄廉银。冒侯去任，存项可呈缴县中，为育婴普济经费，聊尽我心。

　　尔兄墓地修筑竣事。前晤刘克庵，亦说平稳。惟须薄置墓田数亩，丙舍数间，为上冢憩息之所。志铭即嵌墙壁。

　　母茔形势佳否，吾难悬揣。惟闻山童土瘠，定非佳壤，不足安尔母体魄，且吾百年后亦必得一栖神之所。堪舆家言断不可信，而水蚁宜避，虽达观者不得无动于衷。刘克翁言八尺坳地好可葬，上年曾为买定。又曾子原亦颇言其佳，似故茔宜改，当卜斯丘。吾与勋、同言之矣，如八尺坳（当即板石坳，刘怀清老屋距此不远）可以建茔，当即谋迁葬，不须别图。合葬亦行古之道，吾意于板石坳可葬，则尔母迁安于右，二姊附右之右（下二尺可矣）；吾百岁后窆于左，尔生母附左之左（下一尺），庶地下团聚不异人间，子孙岁时祭扫亦便也。如定此为新茔，只须请刘元圃、曾子原两君同诣山定穴，不须再求地师；只须诹吉造坟，不论元运，较之寻常卜葬为易。尔兄在日虽坚属不可改葬，惊尔母体魄。此次改卜由我，尔兄弟可无疑也。

　　吾积世寒素，近乃称巨室。虽屡申儆不可沾染世宦积习，而家用日增，已有不能樽节之势。我廉金不以肥家，有馀辄随手散去，尔辈宜早自为谋。大约廉馀拟作五分，以一为爵田，馀作四分均给尔辈，已与勋、同言之，每分不得过五千两也。爵田以授宗子袭爵者，凡公用均于此取之。

　　念恕所呈请安帖子字画端正，吾甚喜之。可饬其照常读书，以求长进。饬勋、同过兰时检箧匣中物赐之。吾本无珍异之物，且赐孙亦不在珍异耳。

诸孙读书，只要有恒无间，不必加以迫促。读书只要明理，不必望以科名。子孙贤达，不在科名有无迟早，况科名有无迟早亦有分定，不在文字也。不过望子孙读书，不得不讲科名。是佳子弟，能得科名固门间之庆；子弟不佳，纵得科名亦增耻辱耳。

吾平生志在务本，耕读而外别无所尚。三试礼部，既无意仕进，时值危乱，乃以戎幕起家。厥后以不求闻达之人，上动天鉴，建节赐封，悉窃非分。嗣复以乙科入阁，在家世为未有之殊荣，在国家为特见之旷典，此岂天下拟议所能到？此生梦想所能期？子孙能学吾之耕读为业，务本为怀，吾心慰矣。若必谓功名事业、高官显爵无忝乃祖，此岂可期必之事，亦岂数见之事哉？或且以科名为门户计，为利禄计，则并耕读务本之素志而忘之，是谓不肖矣！

勋、同请归赴试，吾以秀才应举亦本分事，勉诺之，料尔在家亦必预乡试，世俗之见，方以子弟应试为有志上进，吾何必故持异论。但不可藉此广交游、务征逐、通关节为要，数者吾所憎也。恪遵功令，勿涉浮嚣，庶免耻辱。

丰孙读书如常，课程不必求多，亦不必过于拘束，陶氏诸孙亦然。以体质非佳，苦读能伤气，久坐能伤血。小时拘束太严，大来纵肆，反多不可收拾；或渐近憨呆，不晓世事，皆必有之患。此条切要，可与少云、大姊详言之。

勋、同来言，坚以举家度陇就近侍奉为是，吾断谓不可。吾年已衰暮，久怀归志，特以西事大有关系，遽尔抽身，于心未尽，于义未可。然衰颓日甚，岂能久据要津？西事稍定，当即归矣。挈家累数千里，水陆兼程到陇，不数月或年许仍须整归装，劳费万状，是岂不可以已？陇地苦寒，水土不宜，气候大异，诸孙幼小，虑非所堪。吾方头白临边，岂遑分心内顾！自任疆圻，所有养廉均随手散去，计陕西所存不过二万馀两（合今岁言之）。若眷属西来，盘费用度所耗不资。正恐归休以后两袖清风，无以为养，安能留馀粟分赡子孙？且一家全染官署习气，望其异日茹粗食淡，断有难能。而衰朽龙钟，

更何堪以家累萦心也？是尔曹晨昏侍奉徒有其名，而吾以百年待尽之身怀百年未尽之虑，一如村老野夫，亦可谓无聊极致矣。尔曹思之。

丁叟、壬叟先后夭谢，两妇皆名家女，共抚一子，极为可念。李老姨晚景至此，赡养难丰。吾意欲分致薄少与之。尔兄弟可共计议禀知，以了此愿。外家萧条，二舅欠数百两债，闻尚未清偿，息耗日增，家计日窘。吾意欲为早清夙债，俾得从容。夏经笙处拟由鄂台函致六百两，以供太夫人甘旨。莼农现在兰州，甚能治事，暂不急也。宗族中应赒恤者，除常年义谷外，随宜给予。先近枝，后远族，分其缓急轻重可矣。此后爵田有成，则归爵田支销耳。

西事诸见章奏，大约绸缪之，固可规久远，非一时所能，亦非一手一足之烈。勋、同在此，略有所窥，可详问之，吾不复赘也。

光绪二年丙子五月初六日酒泉营次书

（其十八）与孝同

字谕孝同：

肃孙之名既属重出，新得孙女更名律孙，纪出师之义可也。

哈密炎热异常，旬日已来，左胁左腿风团复发，不痒而痛，周令诊视，谓肝火甚旺，服凉剂不愈，继以大黄数剂，仍不泄动，比加服元明粉，乃略下两遍，所患乃觉轻减。现停元明粉（亦止服过一钱），尚服大黄一二帖，即停止不服，当可复元耳。

宗概从未出过远门，不知行路之难，可传我意，请其秋凉速归。昭熙上年在肃一病几殆，容易调治痊愈，始得生还。此次复又来肃，意欲何为？若云学习公事，试自问可学何事？大营又有何事可学？我年七十矣，从未得子侄之力，亦并不以此望诸子侄。乃子侄必欲累我，一累不已，且至于再，何耶？可以此信给昭熙看，令其速归，勿许久留为要。宗概家贫远出，可给盘

川银五十两。昭熙此来，准酌帮路费十六两。

七月以后天气渐凉，尔可奉生母挈眷回兰，细心读书，专意务正，免贻我忧。楷字总少帖意，是临摹欠工夫，亦由心胸中少书味耳。及时力学，尚不为迟。来禀内有"庶觉阴侵，稍可避暑"两语，"阴侵"两字殊不妥，"侵"或是浸字之误耶？

语云："秀才不中举，归家作小题。"盖谓多做大题则思致庸钝，词意肤泛，摇笔满纸，尽是陈言，何有一语道着？宜其不能动人心目也。要作几篇好八股殊不容易。多读书则义理不隔，肯用心则题蕴毕宣，而又于"法"、"脉"两字细细推寻，多求其合，乃可望有长进。若下笔构思尽归端宽一路，将终身无悟入处矣。兹选定《四书》、诗题廿一道付尔，每月六课，自限一日完卷，寄阅。

父在观其志、就有道，先行其言、是亦为政，而耻恶衣恶食者再斯可矣、今女画、吾亦为之如不可求、曰怨乎曰求仁而得仁、得见有恒者、人而不仁疾之已甚、孔子曰才难、如有所立卓尔、言之得无切乎、曰然则师愈与、子欲善、忠告而善道之、必世而后仁、如知为君之难也、如其善而莫之违也、抑亦可以为次矣、佳句法如何、青眼高歌望吾子、水中盐味得诗禅、重与细论文、同学少年多不贱、鞭心入芥舟、青灯有味似儿时、搔首问青天、渭北春天树、明月前身、百川学海、却望并州是故乡、一寄塞垣深、庖丁解牛、何时一尊酒、江上同舟诗满箧、绿满窗前草不除、自谓是羲皇上人、白云却在题诗处王尊叱驭得忠字、明月入户寻幽人。

光绪六年六月初一日哈密大营

这些家书的主要内容有以下几个方面：

首先是关于读书。在至长子左孝威的信中，就表现了他细腻的一面："读书，要口里读一句，心里就想一句，方是会读书，将来可成就一个好子弟，我心里就喜欢，就是你能听我教；写字，要端身正坐，要悬大腕，五指要抓匀，要用劲，要爱惜笔、墨、纸。"左宗棠强调耕读为本，他并不赞成单纯为

了功名而读书，认为读书的目的主要在于明理。左宗棠本人最为倾心于经世致用之学，他个人的经历也使他对科举有了和常人不同的观点。他说"只要读书明理，讲求做人，及经世有用之学，便是好儿子，不在科名也。……诸孙读书，只要有恒无间，不必加以迫促；读书只要明理，不必望以科名。子孙贤达，不在科名有无迟早，亦有分定，不在文字也。"左宗棠本人最为倾心于经世致用之学，他个人的经历也使他对科举有了和常人不同的观点。他认为："近来时事日坏，都由人才不佳，人才之少，由于专心做时下科名之学者多，留心本原之学者少；且人生精力有限，尽用科名之学，到一旦大事当前，心神耗尽，胆气薄弱，反不如乡里粗才，尚能集事，尚有担当。试看近时人才，有一从八股出身者否？八股越做得入格，人才愈见庸下！"

左宗棠还把读书、立志和作人紧紧相连："读书做人，先要立志。想古来圣贤豪杰，是我者般年纪时，是何气象？是何学问？是何才干？我现在那一件可以比他？想父母命我读书，延师训课，是何志愿？是何意思？我那一件可以对父母？看同时一辈子，父母背后夸赞者，是何好样？斥詈者，是何坏样？好样要学，坏样断不可学，心中要想个明白，立定主意，念念要学好，事事要学好，自己坏样，一概猛省猛改，断不许少有回护，断不可因循苟且，务期与古时圣贤豪杰少小时志气一般，方可慰父母之心。大禹惜寸阴，吾辈当惜分阴。韩文公云：业精于勤而荒于嬉。凡事皆然。……做人、学习断不可揣摩时尚腔调，而不求之于理，如戏子演戏一般上台是忠臣孝子，下台仍是一贱汉！而且描摹刻划，钩心斗角，徒耗心声，尤其于身心有损。"

而在交友上，左宗棠要求儿子慎重择友，要交益友，而不能误交损友。他说："至交友，必择胜我者；一言一动，必慎其悔，尤为切近之图，断不可旷言高论，自蹈轻浮恶习！不可胡思乱作，致为下流之归！""同学之友，如果诚实发愤，无妄言妄动，固宜引为同类。倘或不然，则同斋割席，勿与亲昵为要！"还说："移居省城，迥不若从前乡居僻静，切宜从严约束，勿令与市井为伍，致惹闲事学坏样，是为至要！"

左宗棠还特别注意教育儿子做人低调，谦虚谨慎，勤奋节俭，关注民生。

在给左孝威的信中他说:"吾家积世寒素,吾骤致太多,美已尽矣!须时常酝酿无际气,再重之积累,庶可多延时日。今岁湖南水灾过重,灾异叠见,吾损廉万两助赈,并不入奏。回思道光二十八、九年,柳庄散米散药,情景如昨,彼时吾以世生为此,人以为义可也,至今时位至总督,握掌钦符,养廉岁得二万,区区之赈,为德于乡,亦何足云。有道及此者,谨谢之,慎勿如世俗求叙,至要至要。"

家中关心的是左宗棠在外的安危,挂念的是左宗棠的生活起居,但左宗棠的心却完全放在了国家安危与民族兴亡之中。除了牵挂家中事体以外,他在只字片言之中切切不忘经常通报前线战况与自己的思想动态。我们从家书中可以看到左宗棠的赤胆报国之心:"我辈居一、二品武职,当须拼命报国,但能破彼船坚炮利诡谋,老命固无足惜!或也四十余年之恶气,藉此一吐,自此凶威顿挫,不敢动辄挟挟制要求,乃所愿也。"

我们从左宗棠的家书中看到的不仅是一个爱国将领、封疆大吏的豪迈气概,也看到了他慈祥的一面,真可谓累累家书款款情深。左宗棠家书体现的勤俭谦逊、清白正直、言传身教、自立自强等优良传统和家风,至今仍然是值得珍藏的宝贵遗产。这也难怪左宗棠家书自清以来一直以不同的方式广为流传,百余年来世人或诵或传,爱之不厌,因为它不单是家书,它还是一本教人为人办事、读书明理、爱国奉献的传世之作。

左宗棠诗文

左宗棠一生"本不以诗名",因此传世诗作并不多,但"歌诗合为事而作",心怀天下的他偶一为之,却如"扶风豪士、气韵沉雄",如"龙城飞将、豪气凌云",显示出儒将的魄力和情怀。品读他那些闪烁着爱国主义光辉的诗

作，对于更准确、更深刻地评价左宗棠这个历史人物，是大有裨益的。

左宗棠一生心怀天下，在国家内外交困之际，他纵论天下大事，写出了不少忧国忧民、愤世嫉俗的诗作。他自命"身无半亩，心忧天下。读破万卷，神交古人"，将自己的满腔忧愤，倾注在《燕台杂感》诗中，发出了"国无苛政贫犹赖，民有饥心抚亦难"、"将军莫更纤愁眼，中原生计亦可怜"的深深感慨。

在左宗棠的诗作里，也常常表现出极具时代特色的注重实际、"经世致用"的思想。他青年时期"兼济天下"的壮志，在他后来的《感事四首》中又有了新的发展。"欲效边筹裨庙略，一尊山馆共谁论"，他义无反顾地维护国家统一，终成千秋功业，永垂青史。

辛卯夏仲兄客武昌送别后却寄

西风吹孤禽，瘁羽身不肥。人生奔车中，志士无光辉。忆昨别兄时，盉旦鸣朝晖。念当远焉去，有泪不敢挥。开怀相慰语，蹙蹙恐君悲。携手上河梁，去矣何时归。

别君未匝旬，巨浸城四围。项冥麌黑帜，闽浪堆颇黎。日月澹无色，蛟龙专其威。哀哉泽国民，倏忽阡庐非。传闻鹦渚间，井灶嬉鱼龟。念君不得往，如飞鸟黏黐。

嗟予少啬祐，孤露惟君依。三年客邵陵，相见时亦稀。贫居岂能久，谁复惜分离。华颜苟无凋，白首终可期。尘衣才一洗，忽复载行旗。江湖阻修远，我怀君岂知。蛟龙勿君萋，蝮虺毋君危。一家尽死丧，君我先人遗。念兹并百忧，泣涕以涟洏。

晨之西肆卜，默祷烦灵蓍。遂遇《离》之九，卜士详其词。积阴临阳曦，阴险阳则夷。行者遇此兆，上吉莫如之。忧思积中肠，欲信旋复疑。归为阿嫂说，征途亮无羁。阿喜蹴踏来，强索纸背窥。郁郁低自语，对此增感欷。

湘水去悠悠，大别山巍巍。颜色不可睹，况复音书希。故山有黄精，野涧多蕨薇。何当早归来，与君共锄机。

癸巳燕台杂感八首

（其一）世事悠悠袖手看，谁将儒术策治安？国无苛政贫犹赖，民有饥心抚亦难。天下军储劳圣虑，升平弦管集诸官。青衫不解谈时务，漫卷诗书一浩叹。

（其二）纥烈全金功亦巨，李悝策魏术非疏。公孤自有匡时略，灾异仍来告籴书。不惜输金筹拜爵，初闻宣檄问仓储。庙堂衮衮群英在，休道功名重补苴。

（其三）西域环兵不计年，当时立国重开边。橐驼万里输官稻，沙碛千秋此石田。置省尚烦它日策，兴屯宁费度支钱？将军莫更纾愁眼，生计中原亦可怜。

（其四）南海明珠望已虚，承安宝货近何如。攘输皆俗同头会，消息西戎是尾闾。邦小可无惩虿毒，周兴还诵《旅獒》书。试思表饵终何意，五岭关防未要疏。

（其五）湘春门外水连天，朝发家书益悯然。陆海只今怀禹迹，阡庐如此想尧年。客金愁数长安米，归计应无负郭田。更忆荆沅南北路，荒村四载断炊烟。

（其六）青青柳色弄春晖，花满长安昼掩扉。答策不堪宜落此（苏句），壮游虽美未如归。故园芳草无来信，横海戈船有是非。报国空惭书剑在，一时乡思入朝饥。

（其七）已忍伶俜十年事（杜句），惊人独夜老雅声。一家三处共明月，万里孤灯两弟兄。北郭春晖悲草露，燕山昨日又清明。宵深却立看牛斗，寥寞谁知此际情。

（其八）二十男儿那刺促（长吉句），穷冬走马上燕台。贾生空有乾坤泪，郑綮元非令仆才。洛下衣冠人易老，西山猿鹤我重来。清时台辅无遗策，可是关心独草莱？

感事四首

（其一）爱水昏波尘大化，积时污俗企还淳。兴周有诰拘朋饮，策汉元谋徙厝薪。一怒永维天下祜，三年终靖鬼方人。和戎自昔非长算，为尔豺狼不可驯。

（其二）司马忧边白发生，岭南千里此长城。英雄驾驭归神武，时事艰辛仗老成。龙户舟横宵步水，虎关潮落晓归营。书生岂有封侯想，为播天威佐太平。

（其三）王土孰容营狡窟，岩疆何意失雄台。痴儿盍亦看蛙怒，愚鬼翻甘导虎来。借剑愿先卿子贵，请缨长盼侍中才。群公自有安攘略，漫说忧时到草莱。

（其四）海邦形势略能言，巨浸浮天界汉蕃。西舶远逾师子国，南溟雄倚虎头门。纵无墨守终凭险，况幸羊来自触藩。欲效边筹裨庙略，一尊山馆共谁论？

题疏勒望云图

男儿有志在四方，欲求亲显须名扬。自来尽忠难尽孝，征人有母不遑将。提戎自少贫且贱，学书不成去学剑。膂力刚强原过人，手挽乌号长独擅。适值滇池盗弄兵，东南半壁烽烟横。我时陈师扫群丑，三千貔虎屯长营。提戎牵裾别慈母，誓志从戎来江右。隶我军籍随我征，勇气百倍无与偶。浙闽东粤及秦中，转战所向皆有功。戎马驰驱度西陇，勋名懋著何英雄！

嗣后回酋肆猖獗，我复出关持节钺。提戎敌忾效前驱，马蹄蹴破天山雪。
万里遄征久未归，远羁疏勒隔庭闱。登亭南望一翘首，多情时逐白云飞。
云弥高兮不可步，亲舍迢遥渺何处？边塞秋风匝地寒，吹起心旌无定住。
迩年捧檄来闽疆，絜养犹然憾未遑。同是异乡空陟岵，此怀绵邈长更长。
磋呼举世趋薄俗，每以途人视骨肉。提戎雅有至性存，尚有一言为尔勖：
我今解组老归田，不忘魏阙心犹悬。海防善后事孔急，将士还须猛着鞭。
提戎素来禀慈训，身受君恩逾感奋。终当移孝作忠臣，为我国家扶厄运！

　　桂船大兄提戎从余定回疆，驻军疏勒，将母不遑，因结屋数椽，榜曰"疏勒望云"。复图之索题，爰赋七古志之。

与诗作相比，左宗棠流传下来的文章要更多一些。他的文章中表现出的忧国忧民、经世致用、反抗外侵的光辉思想，也值得我们深入研讨与认真借鉴。

名利说

　　天下圆顶方趾之民无算数，要其归有二，曰名也，利也。人率知之，能言之。然试察其志之所分与其途之所自，合则亦曰利而已矣，乌有所谓名者哉！

　　名有三，曰道德之名，文章之名，一艺一伎之名。古人吾弗能知，吾思夫今人之于名。以道德名者，人因其道德而名之乎？抑已因其名而道德者也？或市于朝，或市于野，归于厚实已矣。以文章名者，亭林顾氏所谓巧言令色人哉？负盛名招摇天下，屈吾身以适他人之耳目，期得其直焉，不赢则又顾而之它尔。以一艺一伎名者，其名细，今之君子不欲居，然亦百工之事也。吾益人而不厉乎人，尽吾力食吾功焉，斯亦可矣。顾伎庸术劣，抑人炫己以求自利者又何比比也！

　　徇私灭公，适己自便，此皆宋儒谢氏所谓小人儒者也，利也。夫恒情所谓求利者有其具，农之畔，工之器，商贾之肆，此以其财与力易之者也。此之所谓求利者亦有其具，不以其财，不以其力，以其廉耻易之而已。诗

曰："不素餐兮、""胡取禾三百廛兮、""不狩不猎，胡瞻尔庭有悬貆兮。"古人盖以为诧矣，今何以恬然若无足深诧，且相与睨而艳之，恤恤乎恐彼之不如耶？廉耻之道衰，嗜利之心竞。意其弊必有受之者，而非斯人之谓哉？

忠义祠记

明季兰州城陷，贼入肃王府。变出仓卒，世子识鋐走匿邸东山子石被执。幕僚二百馀人由邸园上北城，须臾贼至，大索，二百馀人无得免者。今节署园北城隈相传即诸僚友殉难处，两大冢岿然犹在，积砾丛莽间时露白骨，莫之恤也。

肃藩在明室世多贤胄，留心文献，嗜词翰，礼士，为时所称。分封初，高皇颁赐宝物诸藩，肃得宋拓《淳化阁帖》。世子识鋐承其先王命，搜补考订，招致儒士，选缀钩泐，最称善本。世传银锭铁檠，形迹固宛然也。刻成国变，其宗遂亡。计当时王府宾从不乏儒雅之彦，而皆同赴虐焰，并其姓字官职不传，可悲也！

国朝同治五年，总督使者善化杨公岳斌讨回庆阳，留其幕府，即节署旁设糈台，调军食。时贼氛甚炽，人畜乏绝，耕作久废，转馈道塞。兰州斗粮百缗，市无可籴，民饥相食。督标兵弁日夜以粮事赴节署噪索，幕府飞书告急，杨公远在庆阳，他无可诉。

一日标兵结队闯入节署，见操南音者辄杀之，幕府僚佐死者数十人，壮士留节署死者亦百馀人。迨杨公闻变驰归，已无及矣，则尽尸叛乱弁兵于市，觅诸宾从遗骸，归其丧，然亦有死状甚惨，而遗骨无可收者。

余度陇后，勘定平庆泾、宁夏、灵州、巩秦阶、河州各郡邑，乃进驻安定，规复西北，捕治漏逸各贼目。事毕入居节署，就两大冢加封树，冢前建忠义祠，为位祀明肃藩殉难诸君子及杨督部幕府宾从之及于难者。经营两月馀，工竣，宜祭之日，率中军副将及各将校陈香帛酒醴，用特牲祭告，罔敢不虔。

呜呼！死生之故亦大矣。血气之伦，孰不知生之可愉，死之可戚？及事会所迫，往往无所避择，舍生就死惟恐不速者，隐微之所安有甚于生者耳。肃王之社夷矣，世子执矣，共其禄与名者有臣道焉，他何所知。督部暴师于外，留后者有所受之，掣瓶之智，器不可假，兵饥而变，至为不义，一死谢责，他何所知。呜呼！斯非于君臣朋友之义实见其是，而孰能于血渊骨林中坦然由之也？余莅兰州，距标兵乱时才数载，遇害诸人有若翰林侍讲钟君启峋，湖北候补道吴君炳昆，副将张君东阳，均雅故，拜奠之下犹恍遇故人也。并识于此。

陇西首阳山新建圣清庙碑

天下首阳皆以二子名，以在甘肃陇西县者为确。山在前明属渭源。《巩昌府志·艺文类》载明人杨恩《首阳辨》，辨蒲坂、渭源西首阳是非甚悉，而不辨辽西、偃师之附会者；又误解《庄子索隐》，谓此山之西别有首阳。今删录杨氏之辨，参以己论，书之庙碑。盖首阳之说明，则二子之祀定矣。

杨氏之《辨》曰：蒲坂之南山处雷首，《书》曰壶口，雷首至于太岳，又名曰首山。《春秋》传曰"赵简子田于首山"，非二子卧死首阳也。《唐风》"采芬采荃，首阳之巅"，马氏《文献通考》谓："秦风之首阳，已列入《唐风》之末。"是首阳在秦不在晋。《书》曰"导渭自鸟鼠"，传曰"渭水出陇西首阳县，县以山得名"。经传可据如此。又曰：蒲坂去丰镐不及四百里，二子耻食周粟，不当仍居周地。陇西古西羌，周孝王时始封非子于秦，开天水郡，周初未入版籍，故二子饿死于此。又曰：其诗曰"登彼西山兮，采其薇矣"，明言山为西山。蒲坂之山，据堪舆大势为北山，据周都为东山，据蒲坂为南山。惟陇西在中国之西，渭源首阳又在陇西之西，故颜师古云："歌登西山，当以陇西为是。"数说最称辨核，而世犹以辽西、堰师断断争之。许氏《说文》"崵"下曰："崵山，辽西一隅。"后人遂指为首山。按辽西崵山在今

直隶卢龙县南二十五里，孤竹城亦在县南，后人所以误会者。然二子既让其国，即不如泰伯、虞仲远窜荆蛮，亦当逃之国外，以绝国人之望。若徘徊数十里之间，国人求而得之矣，仲子何由得立乎？又使首阳城近孤竹，昆季坚卧不起，仲子得国，有听其饿死之理乎？许氏但云崵山，不云首阳，此附会之宜辨者。刘氏延之曰："首阳在偃师。"按偃师县在今河南，去封朝歌不远。《孟子》明曰："伯夷避纣，居北海之滨。"若之孤竹，之偃师，是非避纣，直就封矣。且其地滨河，非滨海也；居中，非迤北也。此误会之宜辨者。夫蒲坂既无首阳，辽西、偃师又附会不足据，则首阳实在陇西县，二子之祀于此决矣。盖北海即渤海，在今山东、直隶界，当陕西之东北。二子自东而西；以就文王之养。及武王伐纣，正谏不从，东既不可归，周又不可留，乃益西遁，逾越周境，至首阳之下饿死耳。其诗曰"吾安适归矣"，正谓此也。故曰以渭源首阳为最确。至杨氏引《庄子》"北至岐山，西至首阳"，《索隐》谓"首阳在岐山之西"，遂疑寰中有五首阳，则杨氏读书卤莽耳。岐山县今属陕西凤翔府，陇西县适当其西。故自岐山至首阳，必云西，此正陇西首阳之证，非又一首阳也。

山有两贤墓，后人祠其上。岁久倾圮，县丞冯君森楷从军其地，集资新之。《诗》云"高山仰止，景行行止"，冯君有焉。经始于同治十三年十月，落成于光绪元年四月。军主范君秉诚以书来请曰：愿有记。余谓二子高节，孔子贤之，孟子圣之，司马迁作《史记》入之列传，如日月在天，江河在地，妇人小子皆知有此两人者。惟其生而饿死荒裔，死而天下争其饿死之所，亦百世而下闻者兴起之征也。余是以辨之，以定陇西之纪，而表冯君之贤。

饮和池记

轮挹河流上西城，傍堞迤行，东人节园。园西北阜叠石崚嶒，高逾仞，疑积石也。阜下抟泥沙，煅石为灰，剂为三池款之，静极明生，黄变为碧，

如湘波然。绕澄清阁，供烹饪、汲饮、灌溉。暇游其上，谋目谋耳者应接靡暇，树石其发肤，风其态度，月其色，或作响如球钟，或涓涓如笙磬，则其声也。祷曰：河伯丐我多矣，其有以溉吾人民。池溢北出，少东，迤而南绕瑞谷亭，如经三受降城，曲折银夏间也。又南趋隆阜下，如出壶口，过龙门而面二华。渠中石起，上立数石，则砥柱然。遵射堂东而南，清流汩汩，注大池中，命曰"饮和"，与古之大陆何以异也？用工万九千馀，皆亲军力，未役一民也。用钱五百馀缗，使者之俸余也。弥月毕工，役之征缮之暇，未废事也。呼民取饮，则瓶罍瓢勺罂盎之属早具，乏者或以织柳之器来，或手匊而饮，老者、弱者、盲者、跛者群熙熙然知惠之逮我也。记此落之。凡有事于此者，条其衔名碑阴。

虽然与大清一代的其他大诗人、大文学家相比，左宗棠的诗文存在着少而芜杂，过于直白、浅露，多为政治主张的诗文化表达，缺少经锤炼的传世之作等不足，但客观地说，左宗棠并非一介武夫，也不是普通的爱国将领，而是一个彪炳千秋的有诗才将略的儒将。他的爱国诗文是中国近代史上的重要思想瑰宝，理应受到足够的重视与准确的评价。

左宗棠大事年表

嘉庆十七年（1812年11月10日）（十月初七） 生于湖南省长沙府湘阴县之南乡左家塅（今湖南省湘阴县金龙乡新光村）。

嘉庆二十一年（1816） 4岁。随父亲左观澜迁往长沙左氏祠。

嘉庆二十二年（1817） 5岁。开始系统学习《论语》《孟子》，兼读朱熹《四书章句集注》。

嘉庆二十五年（1820） 8岁。开始学做应试八股文。

道光六年（1826） 14岁。应童子试县试，次年应府试，名列第二。本应再参加学政主考的院试，因母亲去世回家丁忧，未能取得秀才资格。

道光九年（1829） 17岁。于长沙书肆中购得顾祖禹《读史方舆纪要》一书，开始潜心研读。同时还在读顾炎武的《天下郡国利病书》和齐召南的《水道提纲》，开始致力于经世致用之学的研究。

道光十年（1830） 18岁。结识江宁布政史贺长龄，得以阅读贺长龄的大量藏书。

道光十一年（1831） 19岁。考入长沙城南书院，师从贺长龄之弟，主张经世致用之学的贺熙龄。因品学兼优，深得贺熙龄的器重。

道光十二年（1832） 20岁。纳资捐了一名监生，参加乡试，中第18名举人。与周诒端结婚。

道光十三年（1833） 21岁。赴京参加会试不中。

道光十五年（1835） 23岁。二次进京参加会试，因湖南溢中一名，只被取为"誊录"，不甘屈就，返回家乡。

道光十六年（1836） 24 岁。应湖南巡抚吴荣光之召，主讲渌江学院。结识两江总督陶澍，并结下深厚友谊。

道光十八年（1838） 26 岁。第三次赴京参加会试落第，遂下决心不再参加会试，决意举业。同年，在南京拜会陶澍，与陶澍结为亲家。

道光二十年（1840） 28 岁。因陶澍去世来到安化小淹陶家，教陶澍的儿子陶桄读书。共 8 年。

道光二十三年（1843） 31 岁。购得淮阴南乡柳家冲田 70 亩，从此有了自己的产业，并自号"湘上农人"。

道光二十六年（1846） 34 岁。编成《朴存阁农书》。

道光二十九年（1849） 37 岁。到长沙开馆授徒。

道光二十九年（1850） 38 岁。在长沙湘江舟中见到辞官回乡的林则徐。

咸丰二年（1852） 40 岁。太平军大举围逼长沙，携全家避隐白水洞。在胡林翼、江忠源的盛言举荐下，来到长沙开始一佐湘幕，并凭借不凡的胆略，迫使太平军自动从长沙撤围。

咸丰二年（1853） 41 岁。1 月因太平军攻克武昌，随张亮基入鄂并协助张亮基积极筹划抵御进攻湖北的太平军，成功将太平军驱逐出境。因张亮基调补山东巡抚，于 10 月回湖南，仍居湘东白水洞。

咸丰三年（1854） 42 岁。4 月开始第二次幕湘。6 年的时间里，辅佐骆秉章"外援五省，内清四境"。

咸丰九年（1860） 48 岁。1 月因"京控案"辞去骆秉章幕府职务。6 月，因曾国藩大力举荐，开始以四品京堂候补，襄办两江总督曾国藩军务。随后两个月的时间，建成楚军。9 月，率楚军从长沙出发，去江西增援曾国藩。11 月，到达赣东北重镇景德镇，力挫太平军。

咸丰十年（1861） 49 岁。1 月，清政府发布谕旨，着以三品京堂候补。11 月，开始督办浙江军务。

咸丰十一年（1862） 50 岁。1 月，补授浙江巡抚。

同治二年（1863） 51 岁。5 月，补授闽浙总督，仍兼署浙江巡抚。

左宗棠大事年表

同治三年（1864） 52岁。3月，率兵攻下杭州。清廷赏加太子太保衔，并赏穿黄马褂。10月（九月），试制的第一艘蒸汽船，在杭州西湖下水。

同治五年（1866） 54岁。4月，因镇压太平军余部有功，被赏双眼花翎。7月（六月），清政府同意设厂造船的建议。中国最早的近代造船企业应运而生。9月（九月），调任陕甘总督，走上了协剿西捻军的道路。

同治七年（1868） 56岁。开始全力镇压陕甘回民军。以剿抚兼施的策略，解决了西北问题。

同治九年（1870） 58岁。9月，主持成立西安制造局，制造武器弹药。

同治十一年（1872） 60岁。8月，创办近代规模较大的军用企业兰州制造局。

光绪元年（1875） 63岁。创办兰州火药局。5月，以钦差大臣的身份督办新疆军务。

光绪二年（1876） 64岁。4月，到达肃州，在城南设置西征军大本营。用一年半的时间，摧毁了阿古柏政权。

光绪三年（1877） 65岁。开始筹建甘肃织呢局。

光绪六年（1880） 68岁。5月，率军离开肃州，出嘉峪关向哈密挺进，决心武力收复伊犁。8月，接到入京陛见的谕召。曾纪泽抓住洋人怕中国动兵的心理，一举收回伊犁。甘肃织呢局正式开工生产。

光绪七年（1881） 69岁。2月，入值军机，成为拥有处理朝廷军政大权的要员。10月，被清廷任命为两江总督兼办理南洋通商事务大臣。

光绪七年（1882） 70岁。2月，接任两江总督后，开始整顿江海防务，筹划反法侵略。

光绪十年（1884） 72岁。6月，再入军机。9月，清政府从战争的需要出发，任命其为钦差大臣，督办福建军务。12月，到达福州。

光绪十一年（1885） 73岁。6月18日因病情恶化，请求回籍调理。9月5日凌晨，与世长辞。11月1日，灵柩运抵湖南长沙。次年，遗体被隆重安葬在湖南善化县八都杨梅河柏竹塘山之阳。

左宗棠家谱

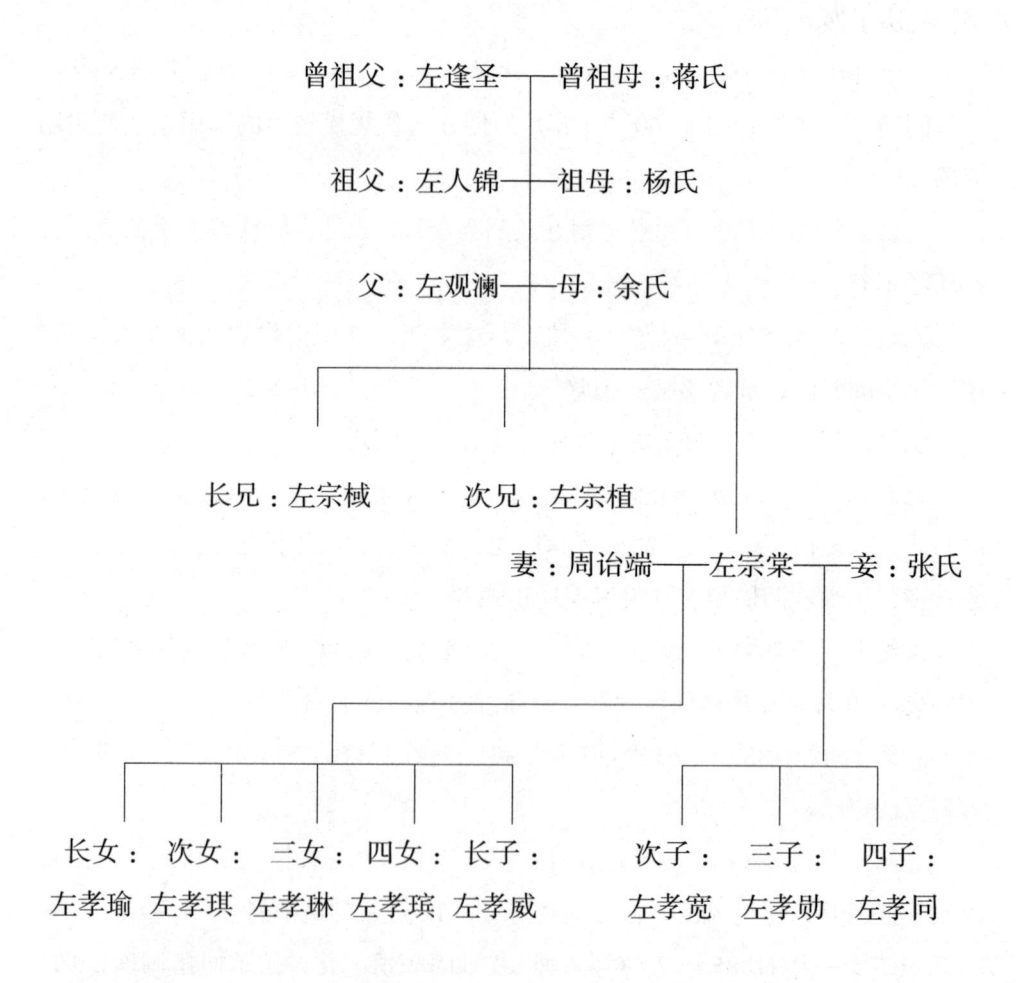

曾祖父：左逢圣 —— 曾祖母：蒋氏

祖父：左人锦 —— 祖母：杨氏

父：左观澜 —— 母：余氏

长兄：左宗棫　　次兄：左宗植

妻：周诒端 —— 左宗棠 —— 妾：张氏

长女：左孝瑜　次女：左孝琪　三女：左孝琳　四女：左孝瑸　长子：左孝威　次子：左孝宽　三子：左孝勋　四子：左孝同

参考书目

[1] 左宗棠：《左宗棠全集》，岳麓书社，2009。

[2] 王闿运：《湘军志》，《湘军史料四种》第一，岳麓书社，2008。

[3] 郭振镛：《湘军志评议》，《湘军史料四种》第二，岳麓书社，2008。

[4] 朱德裳：《续湘军志》，《湘军史料四种》第三，岳麓书社，2008。

[5] 王安定：《湘军记》，《湘军史料四种》第四，岳麓书社，2008。

[6] 赵尔巽等：《清史稿》，中华书局，2012。

[7] 罗尔纲：《太平天国史》，中华书局，1991。

[8] 郭廷以：《近代中国的变局》，九州出版社，2012。

[9] 苏同炳：《中国近代史上的关键人物》，百花文艺出版社，2013。

[10] W.L. 贝尔斯：《左宗棠传》，王纪卿译，江苏文艺出版社，2011。

[11] 孙占元：《左宗棠评传》，南京大学出版社，2011。